자본주의와 사회주의 : 성장과 분배

CAPITALISM AND SOCIALISM :
EFFICIENT GROWTH VS. EQUAL DISTRIBUTION

김휘국 지음

문명의 흥망성쇠는 주로 정치와 경제의 상호 작용에 달려 있다. 번영하는 경제력은 국가가 정치적 영역을 확장하기 위해 군사력을 증강할 수 있게 하는 반면, 과도한 군사력 확장은 경제적 쇠퇴와 정권의 붕괴를 초래한다. 민주주의 정치는 권리의 평등을 추구하는 반면, 자본주의 경제는 달러의 효율성을 추구한다. 정치적 평등과 경제적 효율성은 본질적으로 상충 관계에 있다. 1991년 구 소비에트 연방에서 공산주의의 몰락은 경제적 효율성의 심각한 상실이 정치적 평등이라는 이상을 뒷받침할 수 없다는 것을 증명하였다.

경제에서 효율적 성장과 정치에서 평등한 분배는 모든 국민국가의 당연한 목표이다. 민주주의 정치는 평등, 즉 1인당 1투표에 기반을 두고 있으며 자본주의 경제는 효율성, 즉 단위 비용당 더 많은 이익을 기반으로 한다. 따라서 자본주의 국가는 경제성장의 효율성뿐만 아니라 소득분배의 평등을 추구한다. 그러나 효율과 평등은 상충 관계에 있으므로 효율성이 높을수록 일부 평등성을 잃고, 더 많은 평등은 어느 정도만큼 효율을 잃게 된다. 이를테면 특정 연도의 국민소득(GDP) 계정에서, 투자가 많아지면 소비가 줄지만 미래에 소득이 증가하나, 소비가 많아지면 투자가 감소하여 자연히 미래 소득이 감소하게 된다.

미국에서 공화당은 더 많은 성장을 위한 정책을 선호하는 반면, 민주당은 더 나은 분배를 위한 정책을 지지한다. 민주당의 정책은 부자로부터 가난한 사람에게 부를 이전함으로써 소득의 더 나은 분배 즉 가난한 사람들의 복지를 위해 더 많은 세금을 걷는다. 한편 공화당의 정책은 더 많은 성장을 위해 투자를 장려하고 세금을 줄인다. 따라서 정부 정책은 정권의 변화에 따라 시계추처럼 성장 또는 분배를 향해 움직인다. 그러나 특정 기간의 제한된 자원으로 인해 정치 체제는 부자와 빈자 간의 소득 격차를 충분히 줄일 수 없다. 따라서 물질적이든 유전적이든 운명적 초기조건을 극복하기 위하여, 개인의 꾸준한 노력과 결연한 의지력이 중요하다.

정치에서 민주화가 없는 국가경제는 견제와 균형의 부재로 인해 정경복합체를 형성하여 공정한 경쟁을 저해하며, 사회의 부패를 증가시키고, 시장에서 독점을 조장한다. 그 결과 자원 배분이 왜곡되어 여기에서 병목 현상이 발생하고 저기에서 유휴 용량이 발생하여 경제적 효율성이 저하되고 장기적으로 국부가 감소하게 된다. 따라서 정치, 경제, 사회의 상호작용은 경제 발전 과정에서 분명히 나타난다. 개발도상국의 정치 경제적 발전은 세 가지 가능한 경로 중 하나를 선택한다: (i) 정치와 경제의 동시적 발전, (ii) 경제성장 우선의 독재적 경로, (iii) 정치발전 우선의 민주적 경로 중 하나이다. 이를테면 현재 중국과 같은 독재 국가에서는 민주화가 없는 경제 성장으로 정치권력이 경제를 지배하여 공평한 경쟁을 저해하고 자원의 배분을 독점 왜곡하여 지속적인 경제성장을 방해하며 사회정의의 구현을 위태롭게 한다. 한국은 경제성장을 우선하는 독재적 경로로서, 박정희 대통령은 수출주도형 경제정책으로 한강의 기적을 이루었으나, 정치적 후진으로 독재에 저항하는 반정부 세력이 사회 혼란을 초래하여 경제성장을 저해해 왔다.

사회주의는 자본주의의 불평등과 불의에 대한 대응으로 등장하여 다양한 형태로 발전하였다. 자본주의와 사회주의 관계는 근본적으로 경제에서 '효율적 성장'과 정치에서 '평등한 분배' 간의 문제로 접근하여 해결해야 한다고 생각한다. 이 책의 제목은 자본주의와 사회주의: 성장과 분배(Capitalism and Socialism: Efficient Growth vs. Equal Distribution) 이며, 1 경제 변혁의 역사, 2 자본주의의 이론적 배경, 3 사회주의의 역사적 고찰, 4 자본주의 경제의 성장과 발전, 5 자본주의와 민주주의: 효율적 성장과 평등한 분배 순으로 논의하면서, 자본주의와 사회주의 체제가 갈등하는 역사 속에서 성장과 분배의 문제에 대한 해답을 얻고자 한다. 이책은 필자의 영문 저술인 세계문명사 제7권 *The Transformation of Politics, Economy, and Science*(2020)을 기초로 하여 그동안 발전한 인공지능(AI)의 혜택으로 내용을 보완하였다.

자본주의와 사회주의의 갈등은 인류의 시작부터 지금까지 지속되어 왔으며 앞으로도 계속될 것이다. 따라서 문제 해결을 위해 학자들은 이론적으로 꾸준히 연구하고 정치가들은 실제에서 실현가능한 정책을 계속 발전시켜 나가야 할 것이다.

본 저술은 초판을 전자책으로 출간하였으며 본 수정판은 종이책으로 출간한다.

끝으로 이 책의 발간을 위해 애써주신 한국전자도서출판 고민정 대표님과 직원 여러분의 노고에 진심으로 깊은 감사를 드린다.

저자 김휘국, 겸허한 마음으로
미국 워싱턴에서, 2025년 6 월

김휘국(Hugo W. Kim)

Website: http://hugokim.icks.org

김휘국(1941-) 박사는 1959년 사범학교를 졸업하고 근 3년간 초등학교 교사로 봉직한 후, 육군사관학교에 입학하여 1966년에 육군소위로 임관 되어 전후방에서 복무하였다. 군 유학생으로 워싱턴에 있는 미국가톨릭 대학교에 유학하여 경제학 석사와 박사학위를 취득하고 귀국하여 국방대학원에서 가르쳤다. 전역 후 미국 워싱턴으로 이주하여 대학에서 가르치면서 선배 교수들과 함께 국제한국학회(ICKS)를 창립하였고, 연례 학술회의를 주간하며 학술지를 발간하면서, 국제 전략문제연구소(CSIS) 객원연구원으로 5년간 극동 문제 연구 활동에 참여하였다. 김 박사는 2008-2018 기간에 워싱턴 버지니아 대학교에서 학기마다 대학원 2학급을 가르치며, 학술논문을 발표하고 시사논단과 수필을 기고하였다. 김 박사는 『세계문명사』를 집필하여 문명사 전집 9권을 2020년에 영문으로 출간하였고, 한국어 전자책으로 『세계문명사: 정치철학·경제사상과 함께』(2022), 『인생의 회고: 개인과 사회와 국가』(2022), 『세계질서의 변화와 자본주의의 미래』(2024), 『인생의 회상과 노년의 향기』(2024)를 출간하였다. 김 박사 내외는 현재 워싱턴 근교에 거주하고 있으며, 두 딸은 성혼하여 VA와 CA에 살고 있다.

차례

제1장_경제 변혁의 역사

History of Economic Transformation • 001

제2장_자본주의의 이론적 배경

Theoretical Background of Capitalism • 057

제1장
경제 변혁의 역사
History of Economic Transformation

╲╲ 경제 변혁의 주요 단계
The Main Stages of Economic Transformation · 002

그림 I-0-1: 선진경제를 지향하는 경제 변혁

경제 변혁의 주요 단계

The Main Stages of Economic Transformation

경제 변혁의 역사는 경제가 시간이 지남에 따라 변화, 진화 및 성장하여 한 경제 시스템에서 다른 경제 시스템으로 이동하는 과정을 말하며, 종종 중요한 사회적, 정치적, 기술적 변화를 수반한다.

1. 선사시대 및 고대 농업 경제: (a) 선사 시대 경제: (1) 수렵 채집 사회: 초기 인간 사회는 사람들이 사냥, 낚시, 채집으로 유목생활하는 자급자족 경제 였다. (2) 농업으로 전환과 동물 가축화(~기원전 10,000년)는 근본적인 변화를 의미했다. 그것은 영구적인 정착지, 잉여 생산, 그리고 초기 무역의 증가를 가져왔다. (b) 고대 농업 경제: (1) 초기 무역 시스템: 메소포타미아, 이집트, 인더스 계곡 등에서 도시 국가의 출현은 장거리 무역을 촉진했다. 물물교환 시스템은 점차 발전하여 기원전 600년경에 돈(예: 동전)이 도입되었다. (2) 노예 경제: 고대 그리스 및 고대 로마와 같은 사회에서 노예는 농업, 광업 및 건설 분야에서 생산을 주도하는 주요 노동력을 공급하였다.

2. 중세 경제(500-1500): (a) 봉건제도: 유럽을 지배한 국가는 영주들이 땅을 소유하고 농민들이 보호를 받는 대가로 땅을 일구었다. 경제 활동은 지역화되었고, 물물교환이 일반적이었다. (b) 이슬람 및 아시아 무역 네트워크의 부상: 실크로드와 인도양을 가로지르는 번성한 무역은 다양한 지역을 연결하여 문화 및 경제 교류를 가능하게 했다. (c) 시장 경제로의 전환: 중세 후반에 이르러 마을의 성장과 길드의 발전은 시장경제를 향하여 초기 자본주의의 토대를 마련했다.

3. 근세 초기 경제(1500-1750): (a) 중상주의: 유럽 강대국들은 식민주의, 자원 획득, 독점 무역을 통해 부를 축적하는 데 중점을 두었다. 대서양 노예 무역은 이 제도의 필수 요소가 되었다. (b) 상업 혁명: 세계 무역 증가, 은행 개혁, 주식 회사(예: 네덜란드 동인도 회사)의 부상으로 경제가 확장되었다. (c) 농업 발전: 유럽의 인클로저 운동과 농업 기술의 개선은 농업의 생산성 향상으로 이어졌다.

4. 산업 혁명(1750-1900): (a) 기계화: 증기 기관과 같은 기계의 도입은 섬유 및 철과 같은 산업의 생산 공정을 변화시켰다. (b) 도시화: 농촌 인구가 공장 일자리를 찾아 도시로 이주하면서 산업 도시 중심지가 급속히 성장했다. (c) 자본주의: 산업 혁명은 사적 소유와 시장 주도 경제를 특징으로 하는 지배적인 경제 체제로 자본주의를 공고히 했다. (d) 제국주의: 유럽 강대국들은 아메리카, 아프리카, 아시아에 식민지를 건설하고 정치 경제 군사적 지배를 강화했다.

5. 20세기 경제 체제(1900-1990): (a) 사회주의와 공산주의의 부상: 마르크스주의 이론에서 영감을 받은 소련과 중국과 같은 국가들은 불평등을 해소하기 위해 중앙계획경제를 채택했다. (b) 대공황(1930년대)으로 세계 경제의 붕괴는 완전 고용과 경제적 안정을 위한 정부의 개입 정책을 강조하는 케인즈 경제학이 지배하였다. (c) 전후 재건: 국제통화기금과 세계은행과 같은 기관이 세계 경제를 안정시키기 위해 설립되었다. 브레튼우즈 체제는 국제 무역과 통화 정책을 규제했다. (d) 냉전과 경제 모델: 냉전은 세계를 미국이 주도하는 자본주의-민주주의 국가와 소련이 주도하는 사회주의 또는 공산주의 정권으로 나누었다. 소비에트 모델은 경제에 대한 국가 통제를 촉진하는 반면, 자본주의 블록은 자유 시장 경제를 수용했다.

Table I-0-1. Transformation of the Economic System
경재 체제의 변혁

연대 Chronology	경제체제(경제사상) Economic System	주요 부분 및 동력 원천 Major Sector & Power Sources
~500 AD	고대 농업경제 Ancient Agrarian Economy	Agriculture Men & Animals
500~1000	중세 봉건제도 Manorial & Feudal System	Agriculture Military Service
1500~1750	근세 초기의 중상주의 Early Modern Economy	Pre-Industrial Colonial Trade Wind & Waterpower
1750~1900	산업 혁명과 산업자본주의 Industrial Revolution	Steam Engine Adam Smith: Free Trade
1900-1990	20세기의 현대 자본주의 Modern Capitalism	2nd Ind. Revolution 1870-1914 3rd Ind. Revolution: Digitalization
1990-2015	세계화와 정보화 시대의 경제 Globalization & Information Age	Automation and AI Gig Economy

6. 세계화와 정보화 시대(1990~2015): (a) 세계화: 20세기 후반부터 통신, 운송 및 기술의 발전으로 인해 무역 및 투자 흐름이 더욱 국제화되었다. 다국적 기업이 성장했고 많은 경제가 점점 더 상호 의존하게 되었다. 중국이 세계 경제에 통합되면서(2001년 WTO에 가입한 이후) 이러한 변화에서 핵심적인 역할을 했다. (b) 기술 혁신: 인터넷, 디지털 기술 및 자동화의 부상은 산업을 변화시켜 정보 경제 또는 지식 경

제의 발전으로 이어졌다. 많은 국가가 제조업 기반 경제에서 서비스 기반 경제로 전환하면서 기술, 금융, 헬스케어가 핵심 부문으로 부상하고 있다. (c) 신자유주의: 1980년대와 1990년대에 많은 정부, 특히 미국과 영국의 정부는 규제 철폐, 민영화, 경제 문제 해결을 위한 시장 기반 접근 방식을 강조하는 신자유주의 정책을 채택하여 자유시장 자본주의를 도모하였다.

21세기 경제의 주요 변화와 전망: 1. 중국과 인도의 경제적 부상: 20세기 후반 이후 중국과 인도는 급속한 경제 성장을 경험했다. 중국은 중앙 계획 경제에서 시장 지향 경제로 전환하여 세계 2위의 경제 대국으로 부상했다. 2. 지속 가능성과 기술 혁신: 21세기는 기후 변화, 자동화, 인공 지능의 부상과 같은 새로운 경제적 과제에 직면하고 있다. 이러한 과제는 성장과 환경적 지속 가능성의 균형을 맞추는 새로운 경제 모델을 요구하고 있다. 3. 디지털/녹색 경제: 디지털 통화, 인공 지능 및 기계 학습의 부상, 재생 가능 에너지원에 대한 추진은 세계의 산업과 경제를 변화 시키고 있다. 경제 변혁의 미래는 사회가 기술적, 환경적 변화에 어떻게 적응하느냐와 밀접한 관련이 있다.

경제 변혁의 역사는 기술적, 정치적, 사회적 요인에 의해 주도되는 끊임없는 변화이다. 경제가 계속 발전함에 따라 새로운 도전과 기회가 세계 경제 시스템의 미래를 형성할 것이다. 변화의 과정은 현재진행형이며, 지속 가능성, 혁신, 부의 공평한 분배에 관심이 높아지고 있다.

고고학자들에 의하면, 300,000~200,000 BC에 현대의 인간이 동 아프리카에 살았으며, 125,000 BC부터 점차 북상하여 100,000 BC에 지금 이집트와 중동지역에 정착하였다. 이들 일부는 75,000 BC에 인도지역으로 이주하였고, 다른 한 집단은 40,000 BC에 유럽으로 이주하였다. 동남방으로 이주한 집단은 50,000 BC에 오스트레일리아와 동남아 지역으로 이주하였고, 이들 일부가 25,000 BC에 중국에 이주하였으며, 15,000 BC에 베링해를 경유 북미 대륙에 도착한 것으로 추정한다.

빙하기에 지구는 표면과 대기의 기온 하강으로, 북극의 얼음층과 고지대 빙산이 장기간 확장되고, 이러한 빙하기와 온난기가 수억 년간 순환되어왔다. 가까이는 15,000 BC에 지구 온난화가 시작하였으나, 13,000 BC에 다시 지구의 온도가 하강하여 1,000년 이상 빙하기가 지속하였다. 이 시기에 유럽의 평균 기온은 지금보다 여름에는 섭씨 5~8도가, 겨울에는 섭씨 10~12도가 낮았다. 약 11,000 BC에 온난화가 다시 시작하여 8,000 BC에 지금 수준이 되었고, 6,000 BC에 온난화가 극에 달하여 기온이 지금보다 섭씨 2~3도가 높아, 북반구 고산지대에까지 삼림 지역이 확대되고, 얼음이 녹아 해상 수위가 135m까지 상승했다. 인간은 이러한 기온의 변화에 따라 적응하면서 삶의 형태가 변화하였다. 사학자들은 선사시대를 석기, 청동기, 철기 시대로 구분한다.

(a) 석기 시대(The Stone Age): (1) 구석기 시대는 300,000-10,000 BC

기간에 인류가 유목 생활을 하며 사냥, 고기잡이, 곡물과 과일 채집 등으로 식생활을 하였다. 그들은 오래전부터 불을 사용했고, 돌과 나무로 된 원시적 도구를 사용하며, 동굴이나 은신처에서 추운 겨울에는 체온 유지를 위하여 개를 껴안고 잤다. (2) 중석기 시대는 10,000-5,000 BC 기간으로, 유목 생활을 지속하고 도구는 더욱 진화하였다. 점차 반영구 공동체로 해변에 있으면서 조금 떨어진 내륙에 소형 캠프를 설치했다. 그들은 사냥과 곡물 채집에서 점차 농사를 짓고 가축을 길들여 식품을 조달하며 정착하여 공동체를 이루었다. (3) 신석기 시대는 5,000-3,000 BC 기간에 농경하며 가축을 사육하였다. 마을과 소도시에 정착하면서 집을 지어 보호하고, 곡물은 창고에 보관하며, 육류와 생선은 장기간 보존하는 방법을 개발하였다.

(b) 청동기 시대(Bronze Age): 일반적으로 3300~1200 BC 기간에 암석 등에서 노출된 연한 금속인 구리(copper)에 주석(tin)을 첨가하여 내구성이 강한 합금으로 청동(bronze)을 만들어, 병기나 여타 도구를 제조하였다. (1) 도시화: 기술의 발전으로 최초 도시와 복잡한 사회가 출현하였고 문자 시스템이 발전하였다,(2) 무역과 경제: 주석과 구리의 수입을 통해 장거리 무역이 번창하고 시장과 초기 형태의 돈/교환 시스템이 발전하였다. (3) 사회적 계층: 명확한 노동 분업과 계급 시스템이 존재하였고 왕, 사제 및 관료제가 출현하였다. (4) 전쟁과 군대: 전차, 개선된 무기 및 요새화된 도시의 도입, 그리고 영토의 확장과 방어가 정치 생활의 중심이 되었다.

(c) 철기 시대(Iron Age): 선사시대의 마지막 단계로서 일반적으로 1200 BC에 시작하였다. 철기 시대의 주요 특징: (1) 철제 도구와 무기: 철은 주석이나 구리보다 더 풍부하며, 제대로 제련될 경우 청동보다

더 강하고 내구성이 뛰어나 농기구 개선, 더 효과적인 무기, 그리고 광범위한 군사 확장을 촉진했다. (2) 농업 발전: 철제 쟁기와 도구는 식량 생산을 증가시켜 더 큰 인구를 수용했다. 더 나은 장비로 인해 새로운 지역으로 농업이 확장되었다. (3) 도시화와 국가 형성: 도시, 왕국, 초기 제국이 성장하고. 공식적인 법률, 화폐, 및 서면 기록이 발전하였다. (4) 전쟁 증가 및 확장: 철제 검, 갑옷, 마차는 전쟁의 본질을 변화시켰다. 많은 사회가 더욱 군사적이고 확장주의적이 되었다. (5) 문화 및 종교 발전: 주요 종교와 철학 시스템의 출현(예: 조로아스터교, 초기 힌두교, 그리스 철학)하였고 예술, 건축, 문학의 성장을 가져왔다.

선사 시대 경제는 주로 사냥, 채집, 그리고 나중에는 농업에 의존하는 자급 자족 생활에 기반을 두었으며 주요 측면은 다음과 같다. 1. 수렵 채집 사회: 초기 인류는 식량과 자원을 찾아 이곳저곳으로 이동하는 유목민이었다. 그들은 생존을 위해 자연 환경에 의존했다. 2. 농업 혁명: 약 10,000년 전, 인간은 식물을 경작하고 동물을 가축화하기 시작하여 정착 공동체와 농업 발전으로 이어졌다. 이로 인해 잉여 식량 생산으로 인구 증가가 가능했다. 3. 물물교환 시스템: 무역은 물물교환을 통해 이루어졌으며, 상품과 서비스는 돈을 사용하지 않고 직접 교환되었다.

I. 고대 그리스, 로마, 게르만, 비잔틴, 이슬람 문명

A. 메소포타미아와 이집트: 메소포타미아에서 수메르인은 기원전 3000년경 티그리스 강과 유프라테스 강 유역에 독립 도시 국가를 세웠다. 셈족은 메소포타미아의 강 유역으로 이주하여 후대의 문명들을 발전시켰으며, 그 중에서 바빌로니아 제국은 함무라비

의 통치(1792-1750 BC) 하에서 지배적 위치를 차지하였다. 기원전 2000년경 인도-유럽어족인 히타이트족이 소아시아로 이주하여, 바빌론을 파괴하고 왕국을 세웠으며, 그 세력은 시리아와 팔레스타인 북부에 도달했다. 이집트인들은 나일강 유역에 또 다른 문명을 세웠는데, 초기 왕조는 2700 BC까지 4세기 동안 지속되었고, 중기 왕국은 기원전 2200년까지 5세기 동안 지속되었다. 왕조의 흥망성쇠는 새로운 왕국(기원전 1550-1070년)을 만들어 영토를 남쪽과 동쪽으로 확장했다. 기원전 1200년경, 히타이트의 멸망과 이집트의 약화로 인해 근동에 권력 공백이 생겼고, 이로 인해 작은 왕국이나 도시 국가가 등장했다. 바다 민족들 - 필리스티아인, 시칠리아인, 사르데냐인, 에트루리아인 - 이 소아시아와 시리아를 휩쓸었다. 페니키아인들은 지중해에서 '상인, 조선업자, 항해자, 식민지 개척자'가 되었다. 그리고 히브리어는 새로운 왕국을 세웠다. 그들 모두는 기원전 8세기에 아시리아가 근동을 지배할 때까지 정치적 자유를 누렸다. 아시리아 제국은 기원전 605년 갈대아와 메디아 연합군에 패배했고, 기원전 539년 페르시아의 부상에 의해 정복되었다.

B. 고대 그리스인들은 기원전 750-500년 동안 도시 국가의 진화와 그리스 도시의 식민지화라는 두 가지 발전을 경험했다. 각 도시 국가는 지역 애국심에 의존하는 시민들의 단결이 필요했으며, 이로 인해 전투에서 팔랑크스를 형성하는 새로운 군사 시스템이 만들어졌다. 인구 증가와 경작지의 부족으로 인해 그리스인들은 지중해와 흑해로 이주할 수밖에 없었다. 그로 인해 식민지와의 무역이 증가했다. 그리스 도시 국가 중 스파르타인은 군사 국가를 세웠고, 아

테네는 민주주의 제도를 발전시켰다. 고대에 그리스는 페르시아 전쟁과 펠로폰네소스 전쟁이라는 두 가지 주요 전쟁을 치렀다. 다리우스가 페르시아 제국의 세력을 확장하자, 신흥 그리스인들은 페르시아에 대항하기 위해 이오니아의 그리스 도시들을 지원했다. 페르시아 전쟁(기원전 499-449년)은 그리스의 자유와 동양의 전제주의 사이의 갈등에서 기인하였으나, 그보다는 페르시아의 확장과 그리스의 개입에 대한 복수에서 비롯되었다. 다리우스는 기원전 490년에, 크세르크세스는 기원전 480년에 그리스 도시들을 침공했지만 둘 다 패배했다.

전쟁이 끝난 후 아테네는 기원전 478년 페르시아에 대항하는 델로스 동맹을 결성했고, 이 동맹은 그리스 제국주의의 도구가 되었다. 펠로폰네소스 전쟁(기원전 431-404년)은 아테네의 세력이 커지면서 스파르타인의 두려움이 고조되어 일어났다. 아테네는 결국 스파르타에 함락되었지만, 그리스 도시들은 너무 지쳐서 기원전 338년 필리포스 2세가 그리스 도시들을 코린트 동맹에 가입시켜 외교 문제를 통제하고 국내 문제에 자치권을 부여하면서 그리스 도시들을 지배하게 되었다. 그의 아들 알렉산더 대왕은 그리스 도시들의 반란을 진압하였고 소아시아, 시리아, 팔레스타인, 이집트, 페르시아를 침략하고 정복했다. 현대 파키스탄을 정복하고 인더스 계곡으로 들어갔다. 알렉산더는 페르시아 왕정을 무너뜨리고 그리스-마케도니아의 통치를 이 지역으로 확장했지만, 기원전 323년 알렉산더가 사망한 후 그의 제국은 마케도니아, 시리아, 버가모, 이집트 등 4개의 헬레니즘 왕국으로 나뉘어 그의 강력한 장군들이 통치했다. 헬레니즘의 이상은 동양과 문화 교류를 통해 제국의 세계주의를 추구했지만, 그들의 통치는 과도하게 확장된 영토와 자원을 통제하는 데 효율성을 잃었고, 떠오르는 로마가 지배하게 되었다.

C. **고대 로마:** 로마 군주제는 기원전 753년 7명의 부족 지도자로 구성된 과두 정치로 시작되어 에트루리아인을 추방함으로써 로마 공화국(기원전 509-30년) 이 수립되었다. 기원전 133년까지 로마는 평민 하층민에게 정치적, 사회적 평등을 확대함으로써 보다 민주적인 제도를 발전시켰고, 이탈리아와 나중에는 지중해 지역에서 정치적, 군사적 통제를 확대했다. 로마는 세 차례의 포에니 전쟁으로 카르타고를 멸망시켰고, 네 차례의 마케도니아 전쟁을 통해 마케도니아를 정복했다. 133-30 BC기간에 영토 확장은 소규모 토지 소유자의 쇠퇴와 정부의 부패로 심각한 문제에 직면했다. 로마의 개혁가들은 암살당했고, 공화정은 마리우스 대 술라, 폼페이우스 대 카이사르, 옥타비아누스 대 안토니우스의 내전(3회)을 통해 제국으로 편입되었다. 아우구스투스(27-14 BC)는 라인강과 다뉴브 강, 유프라테스 강, 아라비아와 아프리카로 국경을 제한하는 방어적 제국주의를 추구함으로써 로마를 도시 국가에서 로마 제국으로 변모시켰다.

그는 군대를 군단, 근위대, 보조군으로 재편성했으며, 군대를 로마화의 주력으로 사용했다. 내전이 멈추자 로마인들은 평화와 번영을 이루었다. 군사적 확장과 지속적인 전쟁은 경제적 몰락을 초래했다. 지방 소도시의 도시화는 경제 중심지가 지방으로 이동하게 만들었고, 이는 이탈리아의 인구 감소를 가속화했다. 코모두스 이후 제국이 급속히 쇠퇴하자 디오클레티아누스(AD 284-305)는 제국을 동쪽과 서쪽으로 나누어 더 많은 보급, 급여 및 모집을 요구하는 공격적인 개혁을 추구했다. 콘스탄티누스(AD 272-337)는 313년 밀라노 칙령을 선포하면서 기독교를 합법적인 종교로 인정했고, AD 330년에 수도를 콘스탄티노플로 옮겼다. AD 400년 이래 제국 군대는 게르만족 신병에 크게 의존해 왔으며, 정부 내의 군사 및 민간 직책은 모두 게르만으로 채워졌다. 군대에 의한 로마화(Romanization)는 군사화(Militarization)를 의미하였고, 군대와 공무원에 게르만을 충원하므로서 제국의 야만화(Barbarization)를 초래했다. 결국 서로마 제국은 476년 내적으로는 기독교의 부상과 외적으로는 게르만의 압력에 의해 게르만족의 손에 떨어졌다.

D. 게르만 왕국, 비잔틴 제국, 이슬람의 부상: 로마 제국이 멸망한 후 게르만, 비잔틴, 이슬람의 3대 세력이 부상하여 다투었다. 우선 훈족은 4세기 후반에 흑해 지역으로 이주하여 서고트족, 반달족, 동고트족, 롬바르드족, 부르고뉴족, 프랑크족, 앵글족과 색슨족 등 게르만족을 밀어냈다. 서쪽으로 이동하면서 서고트족은 스페인에 정착하여 왕국을 세웠으나 713년에 이슬람교도에 의해 정복되었다. 반달족은 서쪽으로 이동하여 스페인을 경유 지브롤터 해협을 건너 북부 아프리카에 정착했지만 534년 유스티니아누스에게 패배하였다. 훈족의 지배를 받던 동고트족은 독립을 되찾고 491년 로마에 왕국을 세웠지만 535년 유스티니아누스에게 정복당했다. 롬바르드족은 이탈리아 북부와 중부를 침략하여 568년에 왕국을 세웠지만 774년 샤를마뉴에 의해 정복되었다. 부르고뉴 왕조는 사보이아에 정착하여 리옹으로 퍼져 나갔고, 로마 땅으로 이주했지만 532년 프랑크족에 의해 전복되었다. 프랑크족이 갈리아의 북쪽 모퉁이에서 일어나자 클로비스(482-511)는 메로빙거 왕조의 왕좌를 물

려받아 갈리아와 독일을 정복하고 수도를 파리로 옮겼다. 이 왕조는 751년 페핀 3세가 카롤링거 왕조를 열 때까지 남아 있었다. 앙겔스와 색슨족은 409년 로마 군단이 철수한 후 브리튼을 정복했다.

한편 동쪽은 크게 동로마 제국과 페르시아 제국의 두 세력으로 나뉘어 있었다. 나중에 비잔틴 제국이라고 불리게 된 동로마 제국에서 유스티니아누스(527-65년)는 페르시아와 평화 조약을 맺고 아프리카 북부의 반달족, 이탈리아의 동고트족, 스페인의 서고트족 남부 해안을 멸망시켜 지중해 세계를 회복시켰다. 제국은 확장된 국경을 유지할 수 없었지만. 유스티니아누스는 로마법을 제국의 기초로 성문화했는데, 이는 서양 문명에 큰 기여를 했다. 반면에, 페르시아는 616-19년에 비잔틴 제국으로부터 시리아, 팔레스타인, 이집트를 침략하여 점령하였다. 비잔티움 제국의 황제 헤라클리우스(610-41년)는 10년간의 준비 끝에 과거의 복수를 위해 후방에서 흑해를 통해 페르시아를 반격했다. 그 이후로 페르시아는 극도로 약화되었고, 페르시아 제국의 마지막 왕국인 사산 왕조(224-651)는 이슬람의 부상과 함께 마침내 아랍에 의해 무너졌다.

II. 고대 농업 경제(Ancient Agricultural Economy)

고대 경제는 문명에 따라 더 복잡하고 다양했으며 주요 측면은 다음과 같다. 1. 농업과 무역: 메소포타미아, 이집트, 그리스, 로마와 같은 고대 문명은 농업에 크게 의존했다. 그들은 관개 시설을 개발하고 이웃 지역과 무역을 했다. 2. 화폐 제도: 화폐의 사용이 나타나기 시작했으며, 보리, 은, 금과 같은 초기 형태의 화폐가 등장했다. 이것은 무역과 경제적 거래를 촉진시켰다. 3. 전문화와 노동:

고대 경제에서는 도예, 금속 세공, 직조와 같은 특정 직업에 종사하는 사람들과 함께 전문 노동이 부상했다. 4. 경제 사상: 아리스토텔레스와 크세노폰과 같은 고대 학자들은 경제 원리와 사회에서 부의 역할에 대해 글을 썼다.

A. 고대 그리스의 농업: (a) 주요 작물: 곡물(밀과 보리), 올리브, 포도가 포함되었다. 이 작물들은 지중해성 기후에 잘 적응하였다. (b) 토지 소유권: 토지 소유권은 사회적 지위에 결정적인 역할을 했다. 부유한 지주들은 대개 대토지를 통제하고 있었고, 소규모 농부들은 자신의 땅을 경작했다. (c) 노동: 노예 제도는 흔했고, 많은 노예들이 농장에서 일했다.

B. 고대 로마의 농업: (a) 주요 작물: 그리스와 마찬가지로 고대 로마의 주요 작물은 곡물, 올리브, 포도였으며, 로마는 특히 이집트에서 수입한 곡물에 크게 의존했다. (b) 라티푼디아(latifundia)는 대저택으로 부유한 로마인들이 소유하고 있었으며 주로 노예 노동에 의해 운영되었다. (c) 도시 시장: 로마와 같은 도시의 성장은 인구의 증가로 농산물에 대한 수요를 창출하여, 도시의 시장과 농촌의 생산지 사이에 장거리 무역이 발전 하였다.

C. 고대 그리스와 로마의 경제적 영향: (a) 무역: 그리스와 로마의 경제는 모두 농산물을 수출하고 부족한 상품을 수입하는 등 광범위한 무역에 종사했다. (b) 사회 구조: 토지 소유권은 사회 계층의 핵심 요소였으며 대규모 지주가 상당한 정치적, 경제적 권력을 보유했다.

D. 고대 중국의 농업: 특히 벼농사는 중국 경제의 기초였다. 국가는

토지와 농업 생산을 조직했고, 실크로드와 같은 무역로는 교류를 촉진하는 데 도움이 되었다. E. 마야와 아즈텍 문명: 아메리카 대륙에서 마야인과 아즈텍인은 옥수수, 콩, 호박을 주요 작물로 재배하여 농업에 크게 의존했다. 그들의 경제는 조직화된 무역을 포함했지만, 주로 지역 교류에 초점을 맞추었다.

02 중세의 경제(500-1500)
Medieval Economy

중세는 '서로마 제국의 몰락과 르네상스 시작' 사이의 5-15세기(1000년) 기간으로 전통적으로 3 구간으로 나눈다. 중세 초기(c. 500-1000): 서로마 제국은 서기 476년에 붕괴되어 정치적 분열과 프랑크족, 서고트족, 동고트족과 같은 게르만 왕국의 부상으로 이어졌다. 비잔티움 제국(동로마 제국)은 유스티니아누스 1세와 같은 황제 아래에서 번영했다. 기독교의 전파는 유럽 전역으로 확대되었고, 가톨릭 교회는 통치와 교육에서 중심적인 역할을 했다.

7세기에 이슬람이 부상하면서 이슬람 칼리파의 급속한 확장이 이루어졌다. 샤를마뉴 대제(Charlemagne, AD 800년경)의 카롤링거 왕조는 서유럽의 많은 지역을 통일하려고 했다. 바이킹(Viking)은 793-1066 AD기간에 스칸디나비아에서 온 항해 전사, 무역상, 탐험가로서, 그들의 습격과 원정은 유럽에 지속적인 영향을 미쳤으며 노르만디, 영국, 러시아 지역에 정착하였다. 마자르족(Magyar)은, 9-10세기에 우랄 지역의 유목민 전사로 유럽 전역을 습격하였으며, 독일의 레흐펠트 전투에서 오토 1세에게 결정적인 패배를 당하여 유목민 생활을 끝내고 헝가리에 서서히 정착하였고, 서기 1000년 스테판 1세는 기독교로 개종하여 헝가리 왕국을 세웠다. 이와같이 이슬람의 부상, 바이킹의 침략, 마자르족의 습격으로 유럽 전역은 혼란 속에서, 지주와 농업 노동자 사이에 자생적 사회계약으로 봉건제도가 태동하였다.

중세 전성기(c. 1000-1300): 봉건제도는 왕, 영주, 봉신, 농민이 계층 사회를 형성하는 지배적인 사회 및 경제 체제가 되었다. 가톨릭 교회는 중요한 정치 권력을 가지고 있었으며, 교황은 종종 군주들과 충돌했다. 십자군 전쟁(1096-1291)은 유럽의 기독교인들이 무슬림의 지배로부터 성지를 되찾기 위해 시작한 일련의 종교 전쟁이었다. 도시와 무역의 발전은 상인 계급의 부상과 봉건제도의 쇠퇴로 이어졌다. 대학이 설립되어(예 : 옥스포드, 파리, 볼로냐) 스콜라주의와 학습을 촉진했다. 중세 후기(c. 1300-1500): 흑사병(1347-1351)은 유럽 인구의 약 3분의 1을 죽였으며 경제적, 사회적 격변을 초래했다. 영국과 프랑스 사이의 백년 전쟁(1337-1453)은 국가 정체성을 형성했다. 대분열(1378-1417)은 가톨릭 교회의 권위를 약화시켰다. 르네상스는 이탈리아에서 시작되어 인문주의, 예술, 과학을 강조하며 근대로의 전환을 알렸다.

I. 중세 경제의 주요 특징

산업화 이전의 중세는 농업을 중심으로 경제가 이루어졌다. 경제는 대부분 농촌 지역에서 이루어졌으며, 인구 대다수가 농업 활동에 종사하여 식량, 원자재 및 기타 필수품을 생산하였다. 중세 경제의 주요 특징은 아래와 같다.

1. 농업 경제: (a) 자급자족 농업: 대부분의 사람들은 생계를 농업에 의존했다. 그들은 기본적인 필요를 충족시키기 위해 식량을 직접 재배하고 가축을 키웠다. (b) 육체 노동: 농사 및 기타 노동 집약적인 작업은 간단한 도구를 사용하여 수동으로 수행했다. 밭을 갈거나, 씨를 뿌리거나, 수확하는 데 도움을 줄 기계가 없었다. (c) 계절의 리듬: 삶은 자연의 계절을 중심으로 이루어졌으며, 파종과 수확 시기에 따라 일상이

결정되었다. (d) 현지 시장: 상품은 현지에서 생산되고 소비되었다. 지역 사회를 넘어서는 무역은 제한적이었다.

2. 자급자족 경제: 대부분의 사람들은 농촌 공동체에 살았고 주로 자신의 소비를 위해 상품을 생산했다. 물물교환 시스템이 일반적이었는데, 현금이나 주화가 부족하여 상품이나 서비스가 직접 교환되었다. 잉여 생산은 종종 무역이나 지역 시장을 지원하는 데 사용되었지만, 전반적인 경제는 대규모 상업 무역에 적합하지 않았다.

3. 노동 집약적 작업: 산업화 이전 경제의 농업 방식은 집약적인 인간 노동을 필요로 했다. 이 노동은 일반적으로 가족에 의해 제공되었으며, 초안 동물이나 쟁기와 같은 원시적인 도구를 제한적으로 사용했다. 많은 사회에서 노동력은 농노, 농민 또는 노예에 의해 제공되었으며, 특히 봉건 제도에서는 더욱 그러했다.

4. 제한된 기술 발전: 기술 혁신은 느렸는데, 사용된 대부분의 도구와 기계가 기본적이고 종종 수작업이었기 때문이다. 노동 분업이 거의 없었고 대부분의 노동자는 다양한 작업을 스스로 수행했다. 장인 정신은 지역화되었고, 제조는 일반적으로 소규모였으며, 집이나 지역 작업장에서 수행되었다.

5. 사회 구조: (a) 봉건 제도: 많은 지역에서 사회가 봉건 제도 하에서 조직되었으며, 농민들은 영주가 소유한 토지를 경작하고 생산물의 일부를 영주에게 대가로 바쳤다. (b) 위계질서: 지주와 귀족이 상층에, 농민이 최하위에 위치하는 명확한 사회적 위계질서가 있었다. (c) 지역사회 상호의존성: 사람들은 지원과 생계를 위해 긴밀한 공동체에 의존했다.

6. 무역 및 현지 시장: (a) 농업이 주요 초점이었지만 어느 정도의 지역 무역도 있었다. 시장은 종종 도시나 마을에서 운영되었으며, 곡물, 가축, 옷감, 도구와 같은 상품이 교환되었다. 일부 지역에는 장거리 무역이 존재했지만 열악한 교통 인프라와 효율적인 통신 네트워크의 부족으로 인해 제한되었다. (b) 중상주의: 무역은 식민지 확장에 초점을 맞추었으며, 국가는 수출과 자원 통제를 통해 부를 축적하는 것을 목표로 했다.

7. 자연과 기후에 대한 의존성: 농업 경제는 가뭄, 홍수 또는 농작물 질병과 같은 환경 요인에 매우 취약하여 기근이나 경제적 쇠퇴를 초래할 수 있었다. 계절의 순환적 특성은 토지의 생산성을 결정했고, 경제의 성공은 수확과 밀접한 관련이 있었다.

II. 중세 유럽의 봉건제도(Medieval Feudalism)

봉건제도는 대략 9 세기에서 15 세기 사이에 유럽의 대부분을 지배한 계층적 사회로 경제적 및 정치적 체제였지만 세계의 여러 다른 지역에서 변형이 나타났다. 그 특징은 다음과 같다.

1. 토지 소유권과 봉건 피라미드: (a) 왕/군주: 피라미드의 꼭대기에 있는 군주는 모든 토지를 소유했지만 충성심과 군 복무의 대가로 귀족이나 영주에게 큰 영지(영지)를 분배했다. (b) 귀족/영주: 영주는 땅을 통제하고 그 사용을 감독했다. 그들은 충성, 군사적 지원 또는 지불에 대한 대가로 그 일부를 봉신들에게 주었다. (c) 기사/봉신: 봉신은 영주로부터 더 작은 땅(영지)을 하사받았고 그 대가로 군대 복무와 보호를 제공했다. (d) 농민/농노: 봉건제 밑바닥에는 소작농이 있었는데, 대개는 토지에 묶여 있던 농노들이었다. 그들은 영주와 기사들을 위해 땅

을 일구고 그 땅에서 살며 농사를 지을 수 있는 권리와 보호를 받았다. (아래 도표 참조)

Table I-2-1. Feudal Pyramid of Power
봉건 권력의 피라미드

Obligation To Upper Level	Major Player	Compensation To Followers
↑	KING	Land
Money & Knights	NOBLES	Land(fief)
Protection & Military Service	NIGHTS/Vassals	Land & Protection
Food & Services	PEASANTS	↓

2. 장원 시스템: (a) 장원은 봉건 사회의 경제적 단위였다. 영주들은 영주의 성, 농민 마을, 농지 및 공동 구역을 포함하는 영지를 관리했다. (b) 농민들은 상품과 농작물을 생산하여 장원의 경제를 지탱했다.

3. 상호 의무: 봉건제도는 상호 의무에 기반하여 구축되었다. 영주들은 땅, 보호, 정의를 제공했고, 봉신들은 봉사와 충성, 때로는 재정적 기부를 제공했다. 농노는 땅을 경작했고 종종 세금을 내거나 생산물의 일부를 영주에게 바쳐야 했다.

4. 병역 의무: 기사는 기사도의 규범에 묶인 봉건제의 중심이었다. 그들은 땅을 대가로 영주를 섬겼고 장원과 그들의 군주를 방어할 책임이 있었다.

5. 분권: 권력은 지방화되었는데, 왕들은 종종 먼 지역에 직접적인 통제력을 행사하기 위해 고군분투했다. 이로 인해 자신의 영토를 통치하는 강력하고 반독립적인 영주가 등장했다.

6. 법적, 사회적 틀: 봉건 사회는 종종 관습법에 따라 운영되었으며, 분쟁은 지역 영주가 감독하는 봉건 법원을 통해 해결되었다.

봉건제도의 쇠퇴: 중세 후기에 이르러 봉건제도는 아래 요인으로 인해 쇠퇴하기 시작했다. 1. 경제적 변화: 무역, 도시, 화폐 기반 경제의 부상으로 봉건 영지의 토지 기반 경제에 대한 의존도가 감소했다. 2. 흑사병: 흑사병은 유럽의 인구를 감소시켰고, 노동력 부족을 증가시켰으며, 농노에 대한 영주의 권력을 약화시켰다. 3. 중앙집권화: 군주들은 점차 권력을 공고히 하여 더 강력한 중앙 정부를 만들었다. 4. 기술 발전: 장궁이나 화약과 같은 혁신은 전쟁에서 기사의 지배력을 감소시켰다. 5. 사회 불안: 농민 반란과 중산층의 성장이 경직된 봉건적 위계질서에 도전했다.

봉건제도는 유럽의 문화, 통치 및 사회 구조에 지속적인 영향을 미쳤으며 수세기 동안 통치 시스템과 충성심, 서비스 및 사회 질서에 대한 아이디어에 영향을 미쳤다. 결론적으로 산업화 이전의 농업 경제는 농업 생산에 기반을두고 있었으며 자급 자족 생활, 지역 시장 및 육체 노동에 대한 강한 의존도를 특징으로 하였다.

III. 중세 농업 자본주의(Medieval Agricultural Capitalism)

중세 장원제도에서 농노는 영주를 위해 생산하고 가족의 연명을 위해 노동을 하였기 때문에 기술 발전에 관심이 없었다. 토지소유자인 영주는 식량 공급이 보장되는 것에 의존하여 농산물을 팔려고 생산하지 않았기 때문에, 기술 개발을 압박하는 경쟁이 없었다. 영주는 군사력을 통하여 그들의 세력과 재산을 확장하였고, 군사 장비의 매입이나 여타 영주와 동맹을 강화하기 위해 부를 사용하였으며, 새로운 생산기술 발전에 투자할 관심이 없었다. 14세기에 유럽의 인구 위기는 농업경제 체제를 다음과 같은 이유로 뒤집어 놓았다. 즉 농업생산이 기술적 한계에 도달하여 성장이 멈추었다. 기후 한랭화로 대 흉년이 왔으며, 흑사병으로 인구가 급감하고, 백년전쟁으로 인력과 자원이 고갈되어 농업생산이 감소하였다. 봉건영주들은 전쟁으로 영토를 확장하여 농업생산을 보충하였고, 군사비용을 감당하기 위하여 농부들에게 더 많은 부담을 요구하였다. 영국은 농민반란으로 지주는 토지를 팔고 도시로 이주하거나 계약을 조정하였다.

장원제도가 붕괴하고 소작농이 증가하여 농산물을 시장에 자유롭게 판매하고 이윤이 발생하여 기술투자에 관심이 생겼다. 자본과 생산수단을 가진 지주와 일부 소작농은 타인의 노동력을 이용하여 경제적 안정을 도모하였고, 나머지는 자기 노동력을 파는 자유 노동자가 되었다. 이는 봉건주의 몰락의 시작이며 상업자본주의 발전의 실마리가 되었다. 봉건주의 장원들은 자급 자족으로 시장의 역할을 제한하였고, 이는 자본주의를 향한 실마리가 되었다. 농업에서 새로운 기술과 개척이 자본주의 성장을 촉진하였다. 봉건제도의 붕괴는 임금 노동자와 자본주의 상인계층을 분리하여 상업자본주의 체제로 발전시켜, 자본 사유화로 개인이 투자를 판단하고 생산, 소비, 분배가 시장에서 자유경쟁으로 결정되었다.

농업자본주의는 생산이 사적 소유, 임금 노동 및 이윤 추구를 포함한 자본주의 원칙을 중심으로 조직되는 경제 체제를 말하며, 농산물은 주로 생계나 지역 소비가 아닌 시장에서 판매하기 위해 생산 되었다. 이는 농업이 대부분 지역적 용도 또는 봉건적 의무를 위한 것이었던 전통적인 농업 경제에서 자본주의적 역동성을 가진 보다 시장 중심적인 접근 방식으로의 전환을 나타낸다.

A. 농업 자본주의의 특징: 1. <u>시장 지향적 생산</u>: 농업 자본주의에서 농부나 지주는 자신의 소비를 위해서가 아니라 시장에 팔기 위해 농작물과 상품을 생산한다. 목표는 더 넓은 국내 또는 국제 시장에 참여하여 수익을 창출하는 것이다. 2. <u>사적 토지 소유권</u>: 토지를 국가 또는 영주가 소유하는 봉건 제도와 달리 농업 자본주의는 토지의 사적 소유권을 강조한다. 이를 통해 토지 소유자는 토지 판매 또는 임대를 포함한 이윤 동기에 따라 결정을 내릴 수 있다. 3. <u>임금 노동</u>: 농노나 노예를 사용하는 대신, 농업 자본주의는 임금 노동에 의존한다. 노동자들은 농장에서 일하기 위해 고용되며, 그들은 노동에 대한 대가로 종종 현금으로 임금을 받는다. 이 노동력은 종종 이동이 잦으며 계절적 주기로 일할 수 있다. 4. <u>자본 투자</u>: 기계, 비료, 새로운 농업 기술의 도입은 농업 자본주의에서 흔한 일이다. 이는 생산성을 높이고 농부들이 더 넓은 시장에서 경쟁할 수 있도록 하는 투자로 간주된다. 5. <u>계급 분화</u>: 농업 자본주의는 지주(자본가)와 농업 노동자 사이의 더욱 뚜렷한 분열을 초래한다. 토지를 소유한 사람들은 부를 축적하는 반면, 노동자들

은 종종 불안정한 조건에서 임금을 받기 위해 노동력을 제공한다. 이러한 계급 분열은 사회적 긴장의 원인이 될 수 있다. 6. <u>농산물의 상품화</u>: 자본주의 농업 체제에서는 농산물(예: 곡물, 가축, 면화 등) 이 상품화되어(생계를 위한 것이 아니라) 무역과 이윤을 위한 제품으로 취급된다.

B. 역사적 맥락: 1. 인클로저 운동(Enclosure Movement): 유럽, 특히 영국에서 농업 자본주의의 부상을 촉진한 중요한 사건 중 하나는 인클로저 운동이었다. 여기에는 이전에 농민들이 사용하던 공유지의 사유화가 포함되었으며, 이로 인해 많은 소규모 농민들이 토지에서 벗어나 임금 노동이나 도시 중심지로 밀려났다. 2. 식민주의와 세계 시장: 식민지 시대에는 농업 자본주의가 전 세계적으로 확산되었다. 식민지화된 지역들은 종종 자급자족 농업에서 유럽 시장을 위한 환금작물(예: 설탕, 담배, 면화) 생산으로 전환하도록 강요받았고, 이는 자본주의 농업을 세계 경제에 확고히 했다. 3. 산업 혁명: 산업 혁명은 또한 농업 자본주의의 발전에 중요한 역할을했다. 기계, 운송(예: 철도) 및 화학 비료의 기술 발전은 농업을 변화시켜 더 효율적이고 수익성이 높아졌지만 시장과 자본에 더 많이 의존하게 되었다.

C. 영향 및 비판: 1. 효율성과 성장: 농업 자본주의는 농업 생산성을 높이고, 기술 발전을 도입하며, 농업 부문의 경제 성장을 촉진하는 데 기여한 것으로 알려져 있다. 2. 노동 착취: 비판가들은 농업 자본주의가 종종 농민과 농업 노동자의 노동을 착취하며, 많은 사람들이 부채와 빈곤의 악순환에 갇혀 있으며, 특히 변동하는 상품 가격에 의존할 때 더욱 그렇다고 주장한다. 3. 환경적 결과: 산업화된 농업으로의 전환은 토양 고갈, 수자원 남용, 단일 재배 농업으로 인

한 생물 다양성 손실을 포함한 환경 악화로 이어질 수 있다. 4. 사회적 불평등: 농업 자본주의는 특히 남반구에서 부유한 지주와 빈곤한 농업 노동자 사이에 뚜렷한 분열을 일으키면서 사회적 불평등을 악화시킬 수 있다. 요약하면, 농업 자본주의는 농업 생산이 자본주의 시장에 통합되는 것을 의미하며, 생존이나 봉건적 의무보다 이윤과 시장 참여를 우선시함으로써 운영되는 방식을 변화시킨다.

03 근세 초기의 경제(1500-1750)
Early Modern Economy

유럽은 14세기에 대 흉년(1315-17), 흑사병(1347-51), 백년전쟁(1337-1453) 등으로 인구가 급격히 감소하였으나, 점차 회복하여 1500년 경부터 경제가 계속 성장하였다. 인구의 증가로 식품 수요가 증가하여 농업이 성장하고, 농업 잉여와 함께 피복과 주거의 수요가 증가하여 제조업이 발전하였다. 잉여와 부족은 교환을 필요로 하여 상업이 병행 발전하였고, 생산-소비-교환의 과정에서 유통을 원활하게 하는 화폐와 금융의 기능이 긴요하였다.

근대 초기 유럽은 르네상스, 종교 개혁, 지리상의 발견, 과학 기술의 발전 등으로 인해 정치적으로 국가주의가 일어나 교회의 영향력이 약화되고, 경제적으로 봉건제도가 붕괴하여 중상주의 경제 체제로 발전하였다. 농업사회로부터 제조업과 무역업이 발전하여 토지 귀족이 지배하던 봉건사회로부터 제조업자와 상인들이 지배하는 자본주의 사회로 변화하여, 경제 체제는 점차 농업자본주의에서 상업자본주의로 발전하는 중대한 변화를 가져왔다.

I. 근세초기 경제의 동향 및 발전

1. 중상주의의 부상(16-18세기): 중상주의는 무역, 귀금속의 축적, 식민지 확장에 대한 국가의 통제를 강조하는 지배적인 경제 이론이었다. (a) 핵심 원칙: 국가들은 유리한 무역 균형(수출 > 수입)을 추구했다. 각국 정부는 관세와 독점과 같은 보호주의 정책을 시행했다. 식민지는

모국에 원자재와 시장을 제공했다. (b) 예제: 스페인과 포르투갈: 아메리카 대륙(포토시, 사카테카스)의 은광과 금광에서 막대한 부를 쌓았다. 잉글랜드와 프랑스: 강력한 무역 회사 설립했다(예: 영국 동인도 회사, 프랑스 동인도 회사). 네덜란드 공화국: 은행, 해운 및 무역을 기반으로 한 상업 제국을 건설했다(네덜란드 동인도 회사, VOC).

2. 가격 혁명(16-17세기): (a) 지속적인 인플레이션: 아메리카 대륙에서 은과 금의 유입, 인구 증가, 상품에 대한 수요 증가, 화폐 경제의 확장, 그리고 더 많은 사람들이 물물교환 대신 화폐를 사용하여 물가가 상승했다. (b) 효과: 상인과 지주에게는 이익이 되었지만, 임금 노동자와 농민에게는 피해를 주었다. 농업, 광업 및 산업에 대한 투자를 장려했다.

3. 농업 혁명(17-18세기): (a) 농업 기술의 혁신은 식량 생산의 증가로 이어졌다. (b) 주요 개발 사항: 작물 회전(예: 노퍽 4코스 시스템), 인클로저 운동(영국의 공유지 사유화), 종자 드릴(Jethro Tull) 및 선택적 육종과 같은 새로운 도구 및 기술. (c) 영향: 식량 공급이 증가하여 인구 증가를 지원했다. 잉여 노동력을 창출하여 농촌 노동자를 도시로 밀어냈다(도시화).

4. 과학 및 기술의 발전: (a) 기술 진보: 조선, 항해 및 지도 제작의 혁신은 세계 탐험과 무역을 촉진했다. (b) 과학 혁명: 과학과 기술은 상당한 발전을 이루어 산업 혁명의 토대를 마련했다.

5. 세계 무역과 자본주의의 확장: (a) 식민지 제국: 유럽 열강들은 원자재, 시장, 노동력을 얻기 위해 식민지를 착취했다. (b) 대서양 횡단 노예 무역은 삼각 무역 시스템(유럽 → 아프리카 → 아메리카)의 필수 요

소가 되었다. (c) 상업 자본주의: (1) 은행, 신용, 주식회사의 확대로 네덜란드는 암스테르담 증권 거래소를 열었다(1602). (2) 금융 중심지: 런던과 암스테르담은 지배적인 무역 및 금융 중심지가 되었다. (3) 보험 및 신용: 런던의 로이드(Lloyd's)와 같은 기관은 무역 위험을 관리하는 데 도움을 주었다.

6. 원시 산업화 및 초기 공장(18세기): (a) 국내 시스템(퍼팅 아웃 시스템): 상인들은 직물 생산을 농촌 가정에 아웃소싱 했다. (b) 제조업의 부상: 섬유, 조선, 제철과 같은 산업이 성장하였다. (c) 산업 혁명의 선구자: 기계화와 공장 기반 생산의 기초가 되었다.

7. 사회적, 정치적 변화: (a) 국민 국가(Nation-States): 근대 국민 국가의 개념이 구체화되기 시작 했으며, 중앙 집권적 정부가 경제 정책에 대한 더 많은 통제력을 갖게 되었다. (b) 도시화: 무역과 경제 활동의 증가는 도시와 도심의 성장으로 이어졌다. (c) 소비 사회: 소비주의가 증가하여 더 많은 상품을 구할 수 있게 되고 중산층이 성장했다.

결론: 근대 초기에는 중상주의, 금융 자본주의, 농업 혁신, 식민지 무역 확대가 부상하여 산업 혁명과 현대 세계 경제의 무대를 마련했다.

II. 상업자본주의(Commercial Capitalism)

상업자본주의는 중상주의(Mercantilism) 를 말하며 금은 통화주의(Bullionism)의 가장 단순한 형태로서, 화폐의 저장을 거부하고 그 유통을 강조한다. 엘리자베스 여왕은 강력한 스페인에 대항하여 영국을 방어하기 위해 충분한 자원을 확보하는 것이 급선무였다. 의회에서 무역 및 해양법을 제정하고, 국제거래에서 무역흑자가 되는 것이 국가를 부유하게 한다는 개념으로, 화폐의 순수한 유입이 국가가 외국과의 무역에서 득실을 나타내는 척도라고 믿고 경제적 국가주의를 추구하였다. 그러나 중상주의는 이론적 오류였다고 후에 밝혀졌다.

A. 상업자본주의의 특징: 1. 시장 지향성: 상품과 서비스는 주로 개인적 용도가 아닌 시장에서 교환을 위해 생산된다. 2. 이윤추구: 주요 목표는 구매 및 판매 활동을 통해 수익을 창출하는 것이다. 3. 사유 재산: 자원과 생산 수단은 사적으로 소유된다. 4. 경쟁적 시장: 가격은 정부나 전통에 의해서가 아니라 자유 시장에서의 경쟁에 의해 결정된다. 5. 금융 혁신: 상업 활동을 지원하기 위해 은행, 증권 거래소 및 기타 금융 기관이 부상했다.

B. 역사적 맥락: 상업 자본주의는 르네상스와 지리적 탐험의 시대에 크게 발전했다. 1. 십자군 전쟁은 동방과의 무역로를 재개하여, 유럽인들을 향신료, 비단 및 기타 사치품을 포함한 동양의 부와 다시 연결시켜 주었다. 2. 탐험의 시대: 새로운 땅과 무역로를 발견하고, 특히 스페인과 포르투갈은 아프리카, 아시아, 신세계로 향하는 새로운 무역로를 개척하여 방대한 국제 무역 네트워크를 구축했다. 3. 식민지 시대: 유럽 열강들은 자원을 착취하고 상품 시장을 개척하기 위해 아프리카, 아메리카, 아시아 등 세계 전역에 식민지를 건설했다.

C. 경제적 및 사회적 영향: 1. 경제 성장: 무역과 시장의 확장은 부의 증가와 경제 발전으로 이어졌다. 2. 도시화: 상업 및 무역의 중심지로서의 도시들이 성장했다. 3. 사회적 이동성: 부유한 상인 계급의 출현으로 사회적 계층의 이동이 증가하였다. 4. 문화 교류: 무역을 통한 다양한 문화와 교류하게 되었고, 상호 작용으로 유럽의 지식과 문화를 풍

요롭게 했다.

D. 상업자본주의 예: 한자 동맹(Hanseatic League) 은 북유럽의 무역 도시들의 동맹이며, 베네치아 공화국은 지중해의 주요 무역 강국으로 상업자본주의가 발전하여, 산업 혁명의 토대를 마련하였고 현대 자본주의의 길을 닦았다.

E. 중상주의에 관해 조셉 슘페터(1883-1950) 는 다음을 언급하였다. 1. 자동조절 개념: 만일 여러 가지 여건이 지나치게 방해하지 않는다면 무역 메커니즘은 각국의 화폐, 주식, 물가, 소득, 이자 등과의 관계는 장기적으로 균형을 이룬다. 2. 국제무역의 일반이론: 금과 은의 이동이 자동조절 되고 국제간의 상품 이동도 자동조절 된다. 3. 자유무역을 향한 일반적 경향: 자유무역의 확산은 일반적 자유 방임 법도의 일부로서 확산하기 시작하였다. 4. 지역적 분업의 혜택: 외국보다 더욱 적은 노동력으로 상품을 생산하는 방법을 고려하여, 리카도의 비교우위 개념의 전조로 보았다.

04 산업혁명(1750-1900)
Industrial Revolution

산업혁명은 18세기 중반부터 19세기 초반까지 영국에서 시작된 기술의 혁신과 제조 공정의 전환으로 일어난 사회, 경제 등의 큰 변화이다. **제 1차 산업혁명은 1760-1830년 기간에 영국이 주도**하였으며 그 이유는 다음과 같다.

첫째, 수요 측면에서, 잉글랜드 웨일즈의 인구는 1751년에서 1851년 사이에 세 배로 증가하여 그들의 필수품에 대한 엄청난 수요를 창출했다. 농업 혁명은 농산물의 잉여를 창출했고, 이윤이 증가하면서 그들은 더 많은 제조 제품을 구매할 수 있었다. 또한 생계형 수준 이상으로 생활하는 중산층이 출현하여 수요를 창출했다. 소비자 혁명은 산업 혁명보다 앞섰다. 미국, 아프리카 및 아시아의 해외 시장은 원자재 구입과 공산품 수출에 매우 중요하였다.

둘째, 공급 측면에서는 더 많은 입력을 사용하고 기술 발전에 따른 생산성 향상을 통해 산업 생산을 확대했다. 18세기 후반의 급속한 인구 증가는 새로운 공장을 위한 비숙련 노동 풀을 제공했다. 그리고 상대적으로 많은 수의 숙련된 기계공과 기술자를 이용할 수 있었다. 기업 투자는 유능한 중앙은행과 잘 발달된 유연한 신용 기관, 증권 시장, 주식과 채권 매매 등에 의해 자금을 조달했다. 석탄 철광석과 같은 풍부한 광물 자원은 대부분 제조 공정에 사용할 수 있었다. 발명과 혁신을 통한 신기술의 채택은 산업화에 필수적이었다. 면화 산업의 급속한 기계화, 철광석을 코크스로 제련하는 새로운 공정, 지속적인 개선을 통한 증기 기관의 발명은 산업화를 향한 돌파구를 마련했다.

셋째, 시장 측면에서 영국 정부는 사유재산을 보호하고, 더 적은 제한, 더 낮은 무역 장벽, 더 낮은 이자율, 더 낮은 세금으로 효과적인 개입을 통해 유리한 시장 환경을 제공하여 기업 활동을 장려했다. 영국은 중상주의적 보호무역주의를 포기하고 자유무역 정책을 받아들였고, 이로 인해 1700년에서 1770년 사이 영국의 무역량은 두 배로 증가했다. 그러나 식민지 시장은 18세기 동안 일부 산업에 중요한 역할을 했기 때문에 제국의 이익을 위한 보호 조치가 적용되었다.

넷째, 교통과 통신 분야에서 영국은 더 나은 설계와 더 가벼운 운송수단으로 도로와 새로운 턴파이크를 개선했다. 그들은 강을 이용하고 운하를 건설하고 항구를 개조하고 연안 및 해협 간 운송을 위한 부두 시스템을 건설했지만 해상 운송 부문은 상대적으로 늦었다. 농장 운송은 두 바퀴 수레를 훨씬 더 무거운 짐을 운반하는 네 바퀴 수레로 교체하여 업그레이드 되었다. 더 나은 운송수단으로 시간과 노동력을 절약할 수 있었고, 그 덕분에 농산물이 더 저렴한 비용으로 런던과 영국의 다른 도시로 빠르게 유입될 수 있었다. 철도의 출현은 운송 비용을 줄였다.

영국이 대륙보다 산업혁명에 유리: 유럽 대륙에서 산업 혁명은 불리한 내부 및 외부 조건으로 인해 영국보다 상당히 느렸지만 대륙에는 적어도 2,000명의 숙련된 영국 기계공이 있었고 1825년에 영국 장비가 해외로 판매되고 있었다. 영국과 대륙 국가들 사이에는 차이점이 있었다. 첫째 영국인들은 유용한 지식을 응용함으로써 기술적 진보를 이루기 위해 '경험주의, 실용주의, 개인 공리주의에 대한 프리미엄을 가지고 있었는데, 이는 대륙 국가들의 데카르트적 접근이나 합리적 접근 방식과는 달랐다. 기계를 수입 한 후에도 프랑스는 엄청난 세부 사항이 부족하여 시장에서 영국인과 경쟁할 수 없었다. 둘째 대륙에서 국가가 엔지니어링 인재의 많은 부분을 흡수했다. 그러나 영국에서는 숙련된 장인이 대부분 민간 부문에 고용되어 더 효율적인 생산을 하였다. 프랑스와는 달리, 영국에서는 국가가 국민의 적이 아니었다. 셋째 프랑스 혁명과 나폴레옹 전쟁은 대륙 경제의 생산 능력을 파괴하고 자원 배분을 왜곡시켰다. 그리고 나폴레옹의 대륙 봉쇄체제는 영국과 대륙 국가들의 무역을 방해했다. 그러나 영국의 환경은 100년 동안 농업을 발전시키고 산업을 진흥시키는 일에 있어서 대륙보다 더 안전하고 평화로웠다. 원자재, 금융 서비스 및 운송 비용은 영국보다 프랑스에서 더 비쌌다. 프랑스는 너무 가난해서 공산품의 대량 소비와는 거리가 멀었고, 당시 영국인은 프랑스인보다 훨씬 부유했다.

중상주의 정책은 유럽의 통치자들이 국내 산업을 보호하거나 세수를 늘리기 위해 취한 것이었다. 중상주의적 입장은 18세기 중반까지 유럽 정치경제의 지배적인 현실이었지만, 개입의 정도는 시대와 장소에 따라 달랐다. 항해법 외에도 영국은 식민지 무역을 계속 통제하는 다른 무역법을 통과시켰다. 식민지 주민들은 새로운 법안이 통과될 때마다 점점 더 화가 났고 이러한 제한을 우회할 방법을 찾기 시작했다. 밀수와 불법 복제는 큰 사업이 되었다. 프렌치 인디언 전쟁 동안, 영국은 식민지들이 범법자들을 막기 위해 열심히 일하지 않도록 그들의 협조가 필요했다.

삼각 무역과 무역제한 우회: 전쟁이 끝난 후, 영국은 식민지를 탄압하고 새롭고 더 제한적인 법령을 통과시켰다. 식민지가 무역 제한을 우회하는 또 다른 방법으로 삼각형 무역로를 이용하는 것이었다. 삼각 무역은 16세기 후반부터 19세기까지 유럽, 아프리카, 아메리카를 연결한 대서양 무역 시스템을 의미한다. 이 네트워크는 세 지역 모두의 경제적, 사회적, 정치적 발전의 중심이었지만, 동시에 수백만 명의 아프리카인 착취와 노예제에 깊이 뿌리내리고 있었다.

1. 구조와 루트: 삼각 무역은 세 가지 단계로 운영되었다. 제1단계 유럽에서 아프리카로: 유럽의 배들이 섬유, 화기, 도구, 금속 제품, 알코올과 같은 제조된 상품을 실어 항구를 떠났다. 이 상품들은 서아프리카의 항구에서 아프리카 왕국이나 상인들에 의해 종종 포획된 노예들과 거래되거나 판매되었다. 제2단계 아프리카에서 아메리카로 - 중간 항로: 배들은 아프리카의 노예들을 대서양을 가로질러 아메리카, 특히 카리브해, 브라질, 북미 남부 식민지로 수송했다. 중간 항로는 잔혹함과 높은 사망률로 악명이 높았으며, 과밀, 질병, 학대 등으로 인해 사망률은 10%에서 20%이상에 달했다. 제3단계 아메리카에서 유럽으로: 아메리카에서 노예들은 팔렸고, 배는 설탕, 당밀, 담배, 면화, 쌀, 인디고, 그리고 럼과 같은 농장 제품을 구입하여 유럽으로 다시 수송되어 소비자의 수요와 산업 성장의 원동력이 되었다.

2. 경제적 및 사회적 영향: (a) 유럽에 대한 영향: 무역은 막대한 부와 자원을 가져왔고, 이는 특히 영국을 위해 산업화 및 식민지 확장을 자금 조달하는 데 도움을 주었으며, 영국은 지배적인 식민 강국으로 부상했다. 유럽 경제는 식민지 원자재와 노예 무역에서의 이익에 크게 의존하게 되었다. (b) 아프리카에 대한 영향: 포로가 된 사람들에 대한 수요는 많은 서부 및 중앙 아프리카 지역에서 전쟁의 증가, 사회적 혼란 및 인구 감소로 이어졌다. 아프리카 사회는 왕국들이 노예를 잡으

러 다니고 유럽 상품, 특히 총기와 교환하면서 불안정해졌다. 이는 갈등을 더욱 촉발했다. (c) 미국 대륙에 대한 영향: 포로가 된 아프리카인의 노동은 카리브해, 브라질 및 미국 남부의 농장 경제의 기본이 되었다. 이 시스템은 인종적 위계와 사회적 분열을 공고히 하여 노예 제도가 폐지된 후에도 오랫동안 지속되었다.

3. 역사적 중요성: 삼각무역은 단일 경로가 아니라 항구와 관련된 상품에 따라 변동하는 서로 겹치는 무역 네트워크였다. 이는 서구 식민지주의의 주요 동력이며, 대서양 경제의 부상과 결국 아메리카에서의 독립 운동에 기여했다. 식민지들은 강력한 경제 인프라를 발전시켰다. 이 시스템은 19세기 대서양 포로 무역의 폐지와 나중에 노예제 자체의 폐지로 결국 해체되었으나, 그 유산은 오늘날에도 사회를 형성하는 데 계속 영향을 미치고 있다. 삼각 무역은 수백만 명의 아프리카인들의 강제 이주, 농장 경제의 부상, 아메리카 대륙에서의 인종 계층의 고착화 등 깊은 경제적, 인구학적, 문화적 영향을 남겼다. 이는 현대 대서양 세계의 발전과 식민지 착취 및 노예제의 지속적인 결과를 이해하는 데 중요한 주제로 남아 있다.

I. 제1차 산업혁명의 발전과 주요 측면

A. 주요 발명: 1. 방적 제니: 1764년 제임스 하그리브스(James Hargreaves) 가 발명한 이 기계는 한 명의 작업자가 한번에 여러 개의 실을 동시에 방적할 수 있게 하여 직물 생산량을 크게 늘려 섬유산업의 기계화로 이어졌다. 2. 증기 기관: 제임스 와트(James Watt) 가 개선한 증기 기관은 기계, 기차, 선박에 동력을 공급하여 산업과 운송에 혁명을 일으켰다. 3. 전보: 메시지를 장거리로 빠르게 보낼 수 있도록

하여 통신에 혁명을 일으켰다. 4. 철도: 철도의 발달로 상품과 사람의 대량 운송이 가능해졌고 이는 추가적인 산업 확장을 촉진했다.

B. 경제적 영향: 1. 생산성 향상으로 경제성장: 방적하는 제니와 증기 기관과 같은 혁신은 생산성을 크게 높여 상품의 대량 생산을 가능하게 했다. 이로 인해 섬유, 석탄 채굴 및 철 생산과 같은 산업이 성장했다. 2. 공장 시스템: 공장의 부상은 상품이 가정에서 생산되는 전통적인 가내 공업을 대체했다. 공장은 생산을 중앙 집중화하고 상품의 대량 생산을 가능하게 했다. 3. 도시화: 공장의 부상은 사람들이 일자리를 찾아 농촌 지역에서 도심으로 이동함에 따라 도시의 성장으로 이어졌다. 이러한 변화는 급속한 도시화와 생활 조건의 중대한 변화를 가져왔다. 4. 교통 개선: 산업의 발달로 운송의 수요가 증가하여 운하, 철도, 증기선 건설을 포함한 교통을 개선하였다.

C. 사회적 변화: 1. 노동 운동: 공장의 가혹한 노동 조건은 노동자들이 더 나은 임금, 시간 및 조건을 추구함에 따라 노동 운동의 부상으로 이어졌다. 그 결과 결국 노동 조합이 설립되고 다양한 노동법이 제정되었다. 2. 중산층: 산업 혁명은 또한 산업 및 비즈니스 분야에서 새로운 직업 기회가 등장함에 따라 중산층의 성장으로 이어졌다. 3. 환경의 영향: 산업화는 삼림 벌채, 대기 및 수질 오염, 천연 자원 착취를 포함한 심각한 환경 변화를 초래했다.

D. 세계적 전파: 1. 유럽과 북아메리카: 산업 혁명은 영국에서 유럽과 북아메리카의 다른 지역으로 빠르게 퍼져나가 광범위한 경제적, 사회적 변화를 초래했다. 2. 제2차 산업혁명: 19세기 중반, 철강 생산, 전기, 내연기관 개발의 발전으로 특징지어지는 제2차 산업화의 물결이

일어났다.

E. 영국과 대륙 간의 산업화 차이: 1. 산업화의 최초 장애는 기술적 지식의 부족에 있었다. 영국은 대륙으로 기술이전을 방지하려고 기술자들이 1825년까지 영국을 못 떠나게 하였고, 특히 섬유제품 생산에서 1842년까지 중요한 기계와 부품의 수출을 금지하였다. 그러나 영국이 입법으로 기술이전을 금지하는 것은 효과가 없었다. 1825년에 이미 2,000명의 영국 숙련 기술자가 대륙에 거주하였고, 영국의 장비는 합법 비합법적으로 해외로 팔렸다. 1840년에 대륙 국가는 공학자와 기술자를 양성하는 기술학교를 설립하였다. 2. 대륙 국가들이 영국의 산업화를 따라잡기 위하여 정부의 역할이 중요하였다. 그들 정부는 기술교육의 비용을 준비하고 발명자들과 외국 기업인들에게 보조금을 지급하고 외국의 산업 장비에 대해 수입 관세를 면제하고 공장에 재정지원을 하였다. 정부가 사회 간접자본에 투자하여 수송에 시간과 비용을 절감하였다. 3. 대륙 공동자본 투자은행이 산업화를 위하여 큰 의미가 있었다. 이 은행은 수천의 크고 작은 투자자들의 저축을 동원하여 산업에 이용될 자본을 공급하였다. 이전에는 대륙 은행들이 상업이나 사적 은행이었으나, 투자은행이 예금을 받아 거대한 자금으로 철도, 광산, 중공업 등에 대규모 투자를 하였다. (See *Western Civilization* by Jackson Spielvogel, 2020)

II. 산업 자본주의(Industrial Capitalism)

산업 자본주의는 18세기 말과 19세기 초 산업 혁명 중에 등장한 자본주의의 단계이다. 농업 경제와 소규모 생산에서 대규모 공장 생산, 기계화 및 기술 혁신을 통한 산업화 경제로의 전환이 특징이다. 이는 사회적, 경제적, 정치적 구조를 변화시켜 현대 세계 경제의 토대를 마련했다.

A. 산업 자본주의의 주요 특징: 1. 공장 시스템: 생산이 소규모 작업장에서 대규모 공장으로 이동 했으며, 기계 및 조립 라인이 생산성을 크게 높였다. 2. 기술 혁신: 방적 제니, 증기 기관, 동력 직기와 같은 기계의 발명은 섬유, 운송 및 광업과 같은 산업에 혁명을 일으켰다. 3. 자본 축적: 부는 산업 자본가(공장과 사업체의 소유자) 의 손에 집중된 반면, 노동자들은 임금을 위해 노동력을 팔았다. 4. 도시화: 공장의 성장은 사람들이 일을 위해 농촌 지역에서 도심으로 이주함에 따라 도시의 확장으로 이어졌다. 5. 노동 착취: 산업 자본주의는 특히 초기 단계에서 긴 노동 시간, 열악한 노동 환경, 낮은 임금으로 특징지어졌다. 노동 착취는 노동 운동에 불을 붙였고 개혁을 요구했다. 6. 세계 무역과 제국주의: 선진국들은 원자재와 상품을 위한 시장을 찾았고, 이는 세계 무역 네트워크의 확장과 식민주의로 이어졌다. 7. 분업: 업무의 전문화는 효율성을 높였지만 개별 노동자의 자율성과 기술을 감소시켰다. 8. 계급 제도의 출현: 사회는 산업 부르주아지(자본가 계급) 와 대규모 프롤레타리아트(노동 계급) 가 성장하면서 뚜렷한 계급으로 나뉘게 되었다.

B. 산업 자본주의의 영향: 1. 경제 성장: 비록 불균등하게 분배되었음에도 불구하고 전례 없는 경제 발전과 부의 창출을 촉진했다. 2. 사회 변화: 사람들이 도시 및 산업 생활에 적응함에 따라 가족 구조, 여성 역할 및 사회적 역학이 변화했다. 3. 환경적 결과: 산업 자본주의는 삼림 벌채, 대기 및 수질 오염, 자원 고갈을 포함한 심각한 환경 파괴를 초래했다. 4. 노동 운동의 부상: 노동자들은 더 나은 임금, 노동 조건 및

권리를 요구하기 위해 노동 조합과 운동을 조직하여 중요한 정치 및 사회 개혁으로 이어졌다. 5. 이데올로기적 대응: 산업 자본주의는 사회주의, 공산주의, 무정부 주의와 같은 비판과 대안을 촉발하여 불평등과 불의를 해결하고자 했다.

III. 사회주의(Socialism)의 부상

산업 혁명은 경제적, 사회적으로 큰 변화를 가져왔다. 이는 농업 사회에서 증기 기관과 같은 기술 혁신에 힘입어 산업 및 도시화된 사회로의 전환을 의미했다. 이 시기에는 공장이 들어서고, 대량 생산이 이루어지고, 교통과 통신이 크게 개선되었다. 그러나 산업 혁명은 많은 노동자들에게 가혹한 노동 조건, 장시간 노동 및 낮은 임금을 가져왔다. 부유한 공장주와 투쟁하는 노동계급 사이의 이러한 불균형은 정치적, 경제적 이데올로기로서의 사회주의를 낳았다. 사회주의는 자본주의 체제의 불평등과 불의에 대한 대응으로 등장했다. 앙리드생시몽, 로버트오웬, 샤를 푸리에와 같은 초기 사회주의자들은 경쟁보다는 협력에 기초한 사회 조직 모델을 제안했다. 그들은 생산수단의 공적 소유와 부의 보다 평등한 분배를 옹호했다. 칼 마르크스와 프리드리히 엥겔스는 노동자가 생산수단을 통제하는 계급 없는 사회를 주장한 공산당 선언(The Communist Manifesto, 1848) 이라는 저작으로 사회주의 사상을 더욱 발전시켰다. 그들의 사상은 급진적이고 다양한 사회주의 운동과 정당의 기초를 놓았다.

A. 사회주의의 핵심 원칙: 1. 집단적 소유: 사회주의는 자원과 산업이 개인이나 기업이 아닌 공동체나 국가에 의해 소유되고 관리되어야 한다는 생각을 조장한다. 2. 경제 계획: 시장의 힘에 의존하는 자본주의

와 달리, 사회주의는 인구의 필요를 충족시키기 위해 생산과 분배가 통제되는 계획 경제를 강조한다. 3. 부의 재분배: 사회주의는 누진적 과세, 사회 복지 프로그램 및 공공 서비스를 통해 부를 재분배함으로써 경제적 불평등을 줄이려고 한다. 4. 평등: 사회주의는 계급 차별을 없애고 모든 사람이 기회와 자원에 동등하게 접근할 수 있도록 보장하려고 한다.

B. 사회주의의 유형: 사회주의에는 다양한 형태가 있으며, 각 형태는 이러한 원칙에 대한 고유한 해석을 가지고 있다. 1. 민주적 사회주의(Democratic Socialism): 정치적 민주주의와 사회적 소유권을 결합하여 민주적 수단을 통해 사회주의로의 점진적이고 평화로운 전환을 목표로 한다. 2. 마르크스 사회주의: 칼 마르크스의 사상에 기초하여 자본주의의 혁명적 전복과 계급 없는 사회의 수립을 옹호한다. 3. 유토피아 사회주의(Utopian Socialism): 초기 사회주의 사상은 공동 생활과 공유 자원이 있는 이상적인 사회를 상상했지만 종종 그것을 달성하는 방법을 명시하지 않았다. 4. 자유의지론적 사회주의(Libertarian Socialism): 개인의 자유와 직접 민주주의를 강조하며, 중앙 집권적 통제를 거부하고 분권화되고 자율적으로 관리되는 공동체를 선호한다.

C. 사회주의 역사적 맥락: 1. 19세기: 산업 자본주의의 부상으로 가혹한 노동 조건과 경제적 불평등이 발생하면서 칼 마르크스와 프리드리히 엥겔스 같은 사상가들이 대안으로 사회주의를 주장하게 되었다. 그들의 저서 '공산당 선언'은 사회주의 운동의 기초가 되었다. 2. 20세기 초: 다양한 사회주의 및 노동 운동이 견인력을 얻어 많은 국가에서 사회주의 정당이 설립되고 사회 개혁이 시행되었다. 3. 제2차 세계 대전

이후: 사회주의는 여러 나라, 특히 동유럽, 아시아, 라틴 아메리카에서 두각을 나타냈으며, 종종 국가 사회주의 또는 공산주의의 형태를 취했다. 소련, 중국, 쿠바는 그 정도와 방법이 다양하지만 사회주의 원칙을 시행한 국가의 사례로 자주 인용된다.

IV. 제국주의(Imperialism 1815-1914)

제국주의는 한 국가가 정치적, 경제적 또는 군사적 이익을 위해 다양한 수단을 통해 다른 국가나 영토에 대한 힘과 영향력을 확장하는 정책 또는 이데올로기이다. 유럽의 경우, 1815~1914 기간에 국제관계는 제국주의적 정복과 팽창의 연속이었다.

A. 주요기능: 1. 식민지화: 외국 영토에 정착촌을 건설하고 종종 토착민을 이주시킨다. 2. 경제적 착취: 식민지 지역에서 자원을 추출하고 무역을 독점한다. 3. 문화적 영향: 식민지 개척자의 문화, 언어 및 사회 구조를 토착민에게 강요한다. 4. 군사적 지배: 영토를 정복하고 통제하기 위해 군사력을 사용한다.

B. 역사적 맥락: 1. 고대 제국: 제국주의는 현대의 현상이 아니다. 로마, 페르시아, 중국과 같은 고대 제국은 정복과 식민지화를 통해 영토를 확장했다. 2. 탐험의 시대: 15세기부터 스페인, 포르투갈, 영국, 프랑스와 같은 유럽 국가들이 세계 탐험에 나서면서 아메리카, 아프리카, 아시아에 식민지를 건설했다. 3. 19세기와 20세기 초반: 이 시기는 아프리카 쟁탈전과 아시아와 태평양의 광대한 영토 식민지화와 함께 유럽 제국주의의 절정을 맞이했다. 특히 대영 제국은 역사상 가장 큰 제국이 되었다.

C. 영향과 결과: 1. 경제적 착취: 식민지 지역은 천연 자원, 노동력 및 시장을 위해 착취되는 경우가 많았다. 이로 인해 식민지 개척자들은 상당한 부를 쌓았지만 종종 지역 주민들을 가난하게 만들었다. 2. 문화적 변화: 제국주의는 종종 식민지 지배자의 언어, 종교 및 관습을 확산시키는 결과를 낳았고, 토착 문화는 억압되거나 변경되었다. 3. 정치적 반향: 제국주의의 유산은 많은 지역의 정치적 경계와 갈등에 지속적인 영향을 미쳤다. 현대의 많은 문제들은 제국주의 열강에 의해 임의적으로 그어진 국경선으로 거슬러 올라갈 수 있다. 4. 레지스탕스와 독립 운동: 식민지 민족들은 종종 제국의 통치에 저항했고, 이는 반란, 독립 전쟁, 그리고 20세기 중반에 결국 탈식민지화 운동으로 이어졌다.

D. 제국주의 예: 1. 대영 제국: 전성기에는 아프리카, 아시아, 아메리카 대륙, 태평양의 많은 지역을 지배했다. 2. 프랑스 제국: 아프리카, 동남아시아, 카리브해에 중요한 식민지를 가지고 있었다. 3. 스페인 제국: 아메리카 대륙과 필리핀에 광범위한 영토를 가진 가장 오래되고 가장 큰 제국 중 하나이다. 제국주의는 현대 세계의 정치적, 경제적, 사회적 지형을 형성하면서 복잡하고 종종 논쟁의 여지가 있는 유산을 남겼다.

I. 세계 대공황(Great Depression 1929)

세계 대공황은 1929년부터 1940년대 초반까지 지속된 현대사에서 가장 심각한 경기 침체였다. 1929년 10월 '검은 화요일'로 불리는 미국의 주식 시장 붕괴로 시작되어 전 세계적으로 파괴적인 영향을 미쳤다.

A. 주요 원인: (a) 주식 시장 붕괴: 주식 시장의 급속한 확장과 그에 따른 붕괴는 막대한 부의 손실로 이어졌다. (b) 은행 파산: 많은 은행이 파산하면서 통화 공급이 심각하게 위축되었다. (c) 소비자 지출 감소: 높은 실업률과 소득 감소로 인해 소비자 지출이 급격히 감소했다. (d) 세계 무역 감소: 스무트-홀리 관세법과 같은 보호주의 정책은 세계 대공황의 경제 상황을 더욱 악화시켰다.

B. 대공황의 영향: 1. 실업: 미국에서는 1933년에 실업률이 약 25%까지 치솟았다. 2. 빈곤: 사람들이 직장과 집을 잃으면서 빈곤과 노숙자가 만연하게 되었다. 3. 산업 생산: 1929년에서 1933년 사이에 산업 생산은 거의 47% 감소했다. 4. 글로벌 영향: 대공황은 전 세계 경제에 영향을 미쳤으며 전 세계 GDP는 약 15% 감소했다.

C. 대응과 회복: 뉴딜 프로그램: 프랭클린 D. 루즈벨트 대통령은 구제, 회복 및 개혁을 목표로 하는 일련의 프로그램인 뉴딜 정책을 시행했다. 제2차 세계 대전의 생산으로 인한 경제적 부양은 대공황을 종식시키는 데 도움이 되었다.

1929년 대공황은 경제 사상에 지대한 영향을 미쳤고, 이는 케인즈 경제학의 부상으로 이어졌다. 영국의 경제학자인 존 메이너드 케인스는 당시 널리 퍼져 있던 고전 경제 이론에 도전했다. 고전 경제학(Classical Economics)은 자유 시장이 유연한 가격과 임금을 통해 경기 침체에 자연스럽게 적응할 것이라는 믿음이 지배적이다. 그들은 경제에 대한 정부의 개입을 최소화해야 한다고 믿었다. 케인즈 경제학(Keynesian Economics)에서 케인즈는 심각한 경기 침체기에는 민간 부문의 수요가 완전 고용을 달성하기에 충분하지 않을 수 있다고 주장했다. 그는 공공 사업, 사회 프로그램 및 기타 재정 정책을 통해 수요를 늘리기 위해 정부 개입을 옹호했다.

II. 전후 세계 경제의 주요 발전

세계 경제는 제2차 세계대전 이후 엄청난 변화를 겪었다. 전쟁 이후 세계 경제의 주요 발전에 대한 개요는 다음과 같다.

1. 브레튼우즈 체제(1944): (a) IMF와 세계은행의 창설: 1944년 브레튼우즈 회의에서는 국제 통화 관계를 규제하고 전쟁으로 피폐해진 국가에 금융 지원을 제공하기 위해 국제통화기금(IMF) 과 세계은행을 설립했다. (b) 고정 환율: 미국 달러에 고정된 고정 환율 시스템이 도입되었으며, 달러 자체는 금에 고정되었다. 이 시스템은 국제 무역을 안정시키고 환율 변동을 방지하는 데 도움이 되었다.

2. 유럽의 경제 회복: (a) 마샬 플랜(1948): 미국은 전쟁 중 파괴된 경제와 인프라를 재건하는 데 도움이 되는 마샬 플랜을 통해 서유럽 국가에 재정 지원을 제공했다. 이 프로그램은 영국, 프랑스, 서독 등 국가의 경제 부흥에 크게 기여했다. (b) 유럽 통합: 1950년대에 유럽 국가

들은 경제적 통합을 시작하여 유럽 석탄 철강 공동체(ECSC)와 같은 조직이 형성되었고 나중에는 유럽 경제 공동체(EEC)가 형성되었으며 결국 유럽 연합(EU)으로 발전했다.

3. 일본의 경제적 기적: (a) 미국의 지원과 개혁: 제2차 세계대전 이후 일본은 미국의 점령 하에 있었으며 이로 인해 상당한 경제 개혁이 이루어졌다. 미국은 재정 지원을 제공했고 일본의 산업은 재건되었다. (b) 산업 성장: 일본 경제는 1950년대와 1960년대에 특히 전자제품과 자동차 분야의 제조업과 수출에 힘입어 급속도로 성장했다. 한국 전쟁(1950-1953)과 베트남 전쟁(1955-1975)은 일본에 변혁적이지만 뚜렷한 경제적 영향을 미쳐, 제2차 세계 대전 이후의 회복을 가속화하고 글로벌 경제 강국으로서의 위치를 확고히 했다.

4. 미국 경제 호황(1945-1973): (a) 전후 번영: 제2차 세계대전 이후 미국은 높은 산업 생산 수준, 낮은 실업률, 소비자 지출 증가 등을 특징으로 하는 장기간의 경제 성장을 경험했다. 이는 베이비붐(인구 및 수요 증가), 중산층의 성장, 그리고 기술과 생산성의 발전에 의해 주도되었다. (b) 글로벌 지배력: 미국은 세계 산업 생산 및 무역의 상당 부분을 차지하면서 세계 최고의 경제 강국으로 부상했다.

5. 소련과 동구권 경제의 부상: (a) 중앙집중식 계획경제: 동유럽과 소련은 사회주의 계획경제가 확립되었다. 산업에 대한 국가 소유, 중앙 계획, 집단화가 주요 특징이었다. (b) 냉전 긴장: 소련과 그 위성국의 경제 정책은 서구의 경제 정책과 달랐다. 초기 산업적 성공에도 불구하고 소련 경제의 중앙집권적 성격으로 인해 장기적으로는 비효율성과 침체가 발생했다.

6. 제3세계의 출현: (a) 탈식민지화: 제2차 세계대전 이후 아프리카, 아시아, 중동의 많은 국가가 식민지 세력으로부터 독립했다. 새로 형성된 이들 국가는 빈곤, 인프라 부족, 정치적 불안정 등 경제적 어려움에 직면하였다. (b) 개발 원조 및 무역: 새로 독립한 국가들은 경제적 지원을 위해 국제 기관에 기대를 걸었으나 많은 사람들이 경제를 산업화하고 현대화하는 데 어려움을 겪었다.

7. 장기적 붐(1945-1973): (a) 세계 경제 성장: 세계 경제는 이 기간 동안 지속적인 성장을 경험했다. 신기술, 무역 증가, 전후 회복의 결합으로 많은 국가, 특히 서유럽과 북미 지역의 생활 수준이 향상되었다. (b) 사회 복지 및 케인스 경제학: 많은 서구 경제에서는 수요를 관리하고 실업률을 줄이며 경기 순환을 원활하게 하기 위해 케인스 경제학 원칙을 사용하는 복지 국가 정책을 채택했다.

8. 오일쇼크와 스태그플레이션(1970년대): (a) OPEC 및 석유 위기: 1970년대 석유수출국기구가 주도한 석유 금수 조치로 인해 유가가 급등하여 전 세계적으로 인플레이션 압력이 발생했다. (b) 스태그플레이션: 많은 서구 경제는 스태그플레이션(높은 인플레이션과 높은 실업률이 결합됨) 문제에 직면했으며 이로 인해 경제 정책이 케인즈주의에서 통화주의 및 공급 중심 정책으로 전환되었다.

9. 세계화의 부상: (a) 세계 무역 증가: 제2차 세계대전 이후 세계 무역은 크게 증가했다. 1995년 관세 및 무역에 관한 일반협정(GATT)을 대체한 세계무역기구(WTO)와 같은 기관의 설립은 보다 자유로운 무역을 촉진했다. (b) 다국적 기업: 경제가 성장함에 따라 기업은 전 세계적으로 확장되고 운송, 통신 및 기술의 발전으로 새로운 산업이 등장했다.

10. 브레튼우즈 체제의 종말(1971): (a) 닉슨 쇼크(Nixon Shock): 1971년 닉슨 대통령은 미국 달러의 금 태환을 중단하여 브레튼 우즈 체제의 고정 환율 제도를 효과적으로 종료했다. (b) 이는 변동환율 시대와 통화 투기의 증가로 이어졌으며 국제 통화 질서는 새로운 국면을 맞이하였다

11. 경제적 과제: (a) 불평등: 제2차 세계대전 이후 경제 성장은 균등하게 분배되지 않았으며, 많은 개발도상국은 생활 수준을 향상시키는 데 지속적인 어려움을 겪었다. (b) 환경에 미치는 영향: 급속한 산업화와 도시화로 인해 환경 악화에 대한 우려가 제기되었으며, 이는 향후 수십 년 동안 주요 문제가 될 것이다.

요약하면, 제2차 세계대전 이후 기간에는 회복과 성장, 세계 질서의 재편으로 특징지어지는 놀라운 경제적 변화가 있었다. 협력(예: 브레튼우즈 제도를 통한)과 경쟁(예: 냉전 경쟁)이 공존하는 시기였으며, 세계화의 기반과 현대 경제 토대가 확립되었다. (a) 재건과 회복: 많은 국가, 특히 전쟁으로 황폐해진 국가는 경제와 인프라를 재건하는 데 초점을 맞췄다. (b) 냉전의 영향: 냉전의 지정학적 긴장은 미국과 소련이 서로 대립하는 경제 블록을 주도하면서 경제 정책과 동맹에도 영향을 미쳤다.

경제적 변혁의 사례: (a) 미국: 미국 경제는 전시 생산에서 평시 산업으로 순조롭게 전환하여 지속적인 경제 성장기를 맞이했다. (b) 일본: '일본 경제의 기적'으로 알려진 일본은 급속한 산업화와 경제 성장을 경험하여 세계 최고의 경제 대국 중 하나가 되었다. (c) 독일: '경제적 기적'은 전쟁 후 서독의 경제가 회복되고 급속히 성장하는 것을 보았다. (d)

한국: '한강의 기적'은 1960년대 이후 한국의 급속한 경제 발전과 산업화를 묘사한다.

III. 현대 자본주의(Modern Capitalism 1914~)

현대 자본주의는 자본주의의 현재 단계로서 세계 대부분의 지역에서 지배적인 경제 체제이다.

A. 현대 자본주의를 정의하는 핵심 요소: 1. 사유 재산: 개인과 사업체는 적절하다고 판단되는 대로 재산을 소유하고 사용할 권리가 있다. 2. 시장 경제: 상품과 서비스는 수요와 공급에 의해 가격이 결정되는 시장에서 교환된다. 3. 자유 경쟁: 기업은 소비자를 유치하기 위해 서로 경쟁하여 혁신과 효율성으로 이어진다. 4. 이익 동기: 기업의 주요 목표는 소유자와 주주를 위한 이익을 창출하는 것이다. 5. 정부 개입 최소화: 정부가 경제 활동을 어느 정도 규제하기는 하지만, 일반적으로 시장은 자유롭게 운영되도록 방치되어 있다.

B. 현대 자본주의의 주요기능: 1. 세계화: 현대 자본주의는 전 세계 경제의 상호 연결성으로 특징 지어진다. 무역, 투자 및 정보가 국경을 넘어 자유롭게 흐르면서 글로벌 시장이 형성된다. 2. 기술 혁신: 특히 정보 기술, 자동화 및 인공 지능 분야의 급속한 발전은 경제 성장과 생산성을 주도한다. 3. 금융화: 금융 부문은 금융 시장, 투자 은행 및 복잡한 금융 상품의 부상과 함께 현대 경제에서 지배적인 힘이 되었다. 4. 소비자 문화: 소비주의가 매우 강조되고 있으며, 광고와 마케팅은 소비자 선호도와 행동을 형성하는 데 중요한 역할을 한다. 5. 기업 지배력: 다국적 대기업은 상당한 경제적, 정치

적 권력을 휘두르며 종종 글로벌 시장과 정책에 영향을 미친다. 6. 규제 철폐 및 민영화: 많은 경제가 산업 규제를 완화하고 국영 기업을 민영화하여 자유 시장 원칙을 촉진하는 방향으로 나아가고 있다.

C. 사회에 미치는 영향: 1. 경제 성장: 현대 자본주의는 많은 사람들의 상당한 경제 성장과 생활 수준의 향상을 가져왔다. 그러나 이러한 성장은 종종 불균등하게 분배되어 소득 불평등으로 이어진다. 2. 노동 시장: 서비스 지향적이고 지식 기반 직업으로 이동하면서 일의 성격이 변화하고 있다. 또한 임시직, 프리랜서 및 계약직이 흔한 긱 경제(gig economy) 가 성장하고 있다. 3. 환경 문제: 현대 자본주의는 기후 변화, 오염, 자원 고갈과 같은 환경 문제에 기여하여 지속 가능한 개발에 대한 논의를 촉발했다. 4. 사회적 역동성: 세계화와 기술 변화의 부상은 문화 교류와 새로운 사회적 역동성을 가져왔지만 긴장과 격차도 가져왔다.

D. 도전과 비판: 1. 소득 불평등: 현대 자본주의에 대한 가장 중요한 비판 중 하나는 국가 내에서, 그리고 국가 간에 빈부 격차가 커지고 있다는 것이다. 2. 기업의 힘: 정치와 사회에 대한 대기업의 영향력은 종종 민주적 절차를 훼손하고 독점적 관행으로 이어지는 것으로 간주된다. 3. 일자리 대체: 자동화 및 기술 발전으로 인해 특정 부문에서 일자리가 사라지면서 고용 및 고용 안정성에 대한 우려가 제기되고 있다. 4. 지속 가능성: 지속적인 성장과 소비에 대한 초점은 종종 지속 불가능하고 환경에 해롭다는 비판을 받는다. 고로 이점과 도전이 있는 진화하는 시스템이다.

06 세계화와 정보화 시대(1990-2015)
Globalization and Information Age

소련과 그 위성국가들의 몰락은 냉전을 종식시켰고, 이는 동서 이념이 갈등하는 세계를 해빙시켜 국가간의 경제 거래에 대한 다양한 제한을 제거하였다. 느슨하고 덜 통제된 국경은 신흥 시장경제 국가인 브라질, 러시아, 인도, 중국, 남아프리카(BRICS) 등과 같은 국가들과의 무역과 투자를 촉진하여 세계화의 시대를 열었다.

A. 세계화 시대(Globalization) : 세계 경제, 문화 및 인구의 상호 연결성과 상호 의존성이 증가하는 것을 의미한다. 이 과정은 운송, 통신 및 기술의 발전에 의해 주도되어 국경을 넘어 상품, 서비스, 정보 및 사람의 더 큰 교환으로 이어졌다. 세계화 시대의 주요기능은 다음과 같다. 1. 무역과 상업: 국제 무역의 확대는 국경을 넘어 상품, 서비스 및 자본의 교환으로 이어졌다. 자유무역협정(FTA)과 글로벌 공급망이 표준이 되었다. 2. 문화 교류: 세계화는 문화적 아이디어, 관습 및 문물의 교환을 촉진하여 보다 상호 연결된 글로벌 문화로 이어졌다. 3. 이주: 이동성이 증가함에 따라 사람들은 일, 교육, 더 나은 생활 조건을 위해 국가 간에 더 자유롭게 이동할 수 있게 되었다. 4. 기술 및 혁신: 기술 발전은 먼 지역 간의 격차를 해소하여 커뮤니케이션과 협업을 그 어느 때보다 쉽게 만들었다. 5. 글로벌 금융기관: UN, 세계은행, 세계무역기구(WTO)와 같은 조직은 글로벌 정책을 형성하고 협력을 촉진하는 데 중요한 역할을 한다.

B. 정보화 시대(Information Age) : 디지털 시대라고도 하는 정보화 시대는 20세기 후반부터 시작되는 기간을 말하며, 정보화 시대의 주요

특징은 다음과 같다. 1. 디지털 혁명: 컴퓨터, 스마트폰, 인터넷과 같은 디지털 기술의 광범위한 채택은 우리가 생활하고, 일하고, 의사 소통하는 방식을 변화시켰다. 2. 정보 접근성: 인터넷은 방대한 양의 정보에 쉽게 접근할 수 있어 미디어, 교육 및 엔터테인먼트와 같은 산업을 변화시켰다. 3. 자동화 및 AI: 인공 지능 및 자동화의 발전은 제조에서 의료에 이르기까지 다양한 부문에서 생산성과 효율성을 높였다. 4. 글로벌 연결성과 전자 상거래: 온라인 쇼핑 및 디지털 결제 시스템은 소매 및 상거래를 혁신하여 기업이 전 세계 고객에게 다가갈 수 있도록 한다. 5. 원격 근무: 기술의 발전으로 원격 근무와 재택 근무가 실현 가능해짐에 따라 전통적인 사무실 환경이 변화하고 있다.

C. 세계화와 정보화의 혜택: 1. 경제 성장: 세계화와 정보화 시대는 모두 경제 발전과 성장에 기여하여 새로운 기회와 시장을 창출했다. 2. 혁신: 기술 혁신의 빠른 속도는 새로운 제품, 서비스 및 비즈니스 모델로 이어졌다. 3. 문화 교류: 연결성이 증가하면서 다양한 문화에 대한 이해와 감상이 높아졌다.

D. 세계화와 정보화의 도전: 1. 경제적 불평등: 세계화와 기술 발전으로 인해 때때로 국가 내에서나 국가 간에 빈부 격차가 확대되었다. 2. 개인 정보 보호 문제: 디지털 기술의 확산으로 인해 데이터 개인 정보 보호 및 보안에 대한 우려가 있다. 3. 문화적 동질화(Cultural Homogenization): 글로벌 문화의 확산은 때때로 지역의 전통과 정체성을 위협할 수 있다. 4. 일자리 대체: 자동화와 오프쇼어링으로 인해 특정 부문에서 일자리가 감소하고 있어 재교육과 교육에 중점을 두고 있다.

21세기 경제의 주요 변화와 전망

세계 경제는 세계화와 정보화 시대의 결과로 상당한 변화를 겪었으며, 이는 모두 국가, 기업 및 개인이 상호 작용하는 방식을 변화시켰다. 다음은 세계화의 시작과 정보화 시대의 부상 이후 경제의 몇 가지 주요 변화이다.

1. 무역과 시장의 세계화: (a) 상호 연결성 증가: 무역 장벽이 낮아지고 국제 무역이 확대되었다. 이로 인해 경제는 더욱 상호 연결되고 상품, 서비스 및 자본이 이전보다 훨씬 더 자유롭게 국경을 넘어 이동하게 되었다. (b) 글로벌 공급망: 기업들은 점점 더 글로벌 공급망에 의존하고 있다. 생산은 종종 여러 국가에 분산되어 있으며, 각 국가는 생산의 다양한 측면(예: 설계, 제조, 조립)을 전문으로 한다. (c) 시장 통합: 금융 시장과 자본 흐름이 더욱 통합되고 있다. 전 세계 주식 시장은 지구 반대편에서 발생하는 이벤트에 반응하며 외국인 직접 투자(FDI)가 크게 증가했다.

2. 기술 발전과 자동화: (a) 디지털 혁명: 인터넷, 클라우드 컴퓨팅, AI 및 빅 데이터의 부상은 새로운 산업을 창출하고 기존 비즈니스 모델을 변화시키며 기존 부문을 혼란에 빠뜨렸다. 이러한 변화는 새로운 종류의 디지털 경제가 번성할 수 있게 해주었다. (b) 자동화 및 AI: 정보화 시대는 특히 제조, 물류 및 고객 서비스와 같은 산업에서 자동화로 이어졌다. AI와 머신 러닝은 금융, 의료 및 교육과 같은 분야에도 영향을 미치고 있다. (c) 전자 상거래 및 디지털 서비스: 소비자와 기업이 상호 작용하는 방식이 근본적으로 변화했다. Amazon, Alibaba, eBay 와 같은 거대 전자 상거래 기업은 쇼핑에 혁명을 일으켰고 클라우드

컴퓨팅, 온라인 뱅킹 및 스트리밍과 같은 서비스는 다른 부문을 재편했다. (d) 원격 근무 및 글로벌 인재 풀: 인터넷 커뮤니케이션 도구 및 협업 소프트웨어의 광범위한 채택은 원격 근무의 성장으로 이어졌다. 조직은 어디서나 인재를 채용할 수 있으므로 노동 시장의 경쟁력이 높아지고 다각화 된다.

3. 고용 시장의 경제적 변화: (a) 탈산업화: 많은 선진국에서 전통적인 제조업 일자리는 감소한 반면 서비스 및 기술 기반 산업은 증가했다. 이러한 변화는 서로 다른 지역에서 승자(기술 부문)와 패자(제조 부문)를 모두 창출했다. (b) 긱 이코노미(Gig Economy)의 부상: 우버(Uber), 태스크래빗(TaskRabbit), 업워크(Upwork)와 같은 온라인 플랫폼의 부상은 사람들이 전통적인 정규직 일자리 대신 프리랜서 또는 임시직으로 일하는 긱 경제에 기여했다. 이로 인해 유연성이 생겼지만 고용 안정성과 복리후생에 대한 우려도 제기된다. (c) 노동 불평등: 기술 발전이 진행됨에 따라 정보화 시대에 성공할 수 있는 기술(예: 기술, 프로그래밍, 데이터 분석)을 가진 사람들과 그렇지 않은 사람들 사이의 격차가 커지고 있다. 이는 소득 불평등 심화로 이어질 수 있다.

4. 새로운 경제 강대국과 지정학: (a) 신흥 시장: 세계화와 정보 기술은 특히 아시아(중국, 인도), 아프리카 및 라틴 아메리카에서 신흥 경제국의 성장을 가속화했다. 예를 들어, 중국은 폐쇄적인 농업 경제에서 산업 강국으로 변화하여 이제는 기술과 무역의 선두 주자로 변모했다. (b) 경제적 권력 이동: 세계 경제 질서가 변화하고 있으며 신흥 경제국이 더 많은 영향력을 얻고 있다. 여기에는 중국이 세계 경제 초강대국으로 부상하여 미국과 유럽의 패권에 도전하는 것이 포함된다. (c) 지정학적 긴장: 글로벌 상호 의존성은 협력과 경쟁으로 이어졌다. 무역

전쟁, 제재 및 사이버 위협은 경제와 국가가 시장과 자원에 대한 지배력을 위해 점점 더 경쟁함에 따라 더욱 두드러지고 있다.

5. 환경 및 사회적 문제: (a) 지속 가능성: 글로벌 공급망과 소비자 요구로 인해 환경 문제가 더 커지고 있다. 이제 생산(예: 친환경 기술, 재생에너지)과 소비(예: 폐기물 감소, 지속 가능한 농업) 측면에서 지속 가능한 관행을 향한 움직임이 있다. (b) 글로벌 불평등: 세계화는 수백만 명을 빈곤에서 벗어나게 하는 데 도움이 되었지만, 특정 지역과 산업에 부와 권력이 집중되어 국가 간 및 국가 내 불평등을 심화시키는 데 기여했다. (c) 사회 운동: 정보 기술은 보다 조직적이고 광범위한 사회 운동을 일으켰다. 온라인 플랫폼은 전 세계 활동가들이 기후 변화, 인권, 경제 정의와 같은 문제에 대한 인식을 높일 수 있도록 힘을 실어주었다.

6. 금융 및 디지털 화폐: (a) 디지털 금융 및 암호화폐: 비트코인, 이더리움 등과 같은 디지털 통화의 부상은 금융 시장을 재편하여 투자와 투기를 위한 새로운 기회를 제공했다. 암호화폐를 뒷받침하는 블록체인 기술은 공급망, 계약, 투표 시스템 등 금융을 넘어 다양한 분야에까지 영향을 미칠 수 있는 잠재력을 가지고 있다. (b) 핀테크 성장: 금융 기술의 혁신은 네오뱅크, P2P 대출, 로보어드바이저 및 모바일 결제 시스템의 부상으로 이어져 소외된 사람들에게 더 큰 금융 포용성을 제공한다.

7. 지배구조 및 규제의 변화: (a) 글로벌 거버넌스 과제: 다국적 기업과 국경 간 시장의 부상으로 인해 전통적인 국가 중심의 거버넌스 구조는 도전에 직면해 있다. 국제 조세, 데이터 개인 정보 보호, 사이버 보안

및 노동 표준과 같은 문제가 더욱 복잡해졌다. (b) 데이터 규정 및 개인 정보 보호: 데이터 수집이 증가함에 따라 정부와 조직은 개인 정보 보호 및 사이버 보안을 기본 권리로 인식하여 개인 데이터 사용을 규제하기 시작했다(예: 유럽의 GDPR).

8. 문화 교류와 세계화된 소비: (a) 문화적 동질화: 세계화는 더 많은 문화 교류를 가져왔지만 문화적 동질화에 대한 우려도 있다. 맥도날드, 코카콜라, 할리우드 영화와 같은 브랜드를 통한 서구의 소비 문화는 때로는 지역의 전통과 관습을 희생시키면서 전 세계로 퍼져 나갔다. (b) 문화 융합: 그러나 세계화는 다양한 문화의 요소를 혼합하여 새로운 형태의 음악, 예술 및 요리를 창조하는 문화의 혼성화로 이어졌다.

결론: 세계화와 정보화 시대 이후의 경제는 더 높은 수준의 상호 의존성, 급속한 기술 혁신 및 복잡한 글로벌 네트워크를 특징으로 한다. 이로 인해 많은 사람들이 성장과 기회를 얻었지만 불평등, 일자리 감소, 환경 문제 등 새로운 과제도 생겼다. 미래에는 기술이 일상 생활과 훨씬 더 깊이 통합될 가능성이 높으며, 우리가 이해하기 시작하는 방식으로 세계 경제를 재편할 수 있다.

제2장
자본주의의 이론적 배경

Theoretical Background of Capitalism

현대 정통 경제학: 경제사적 접근
Orthodox Economics in Modern Times · 058

1. 현대 미시경제학 Modern Microeconomics · 065
2. 현대 거시경제학 Modern Macroeconomics · 074
3. 경제학의 정량적 방법 Quantitative Methods in Economics · 091
4. 현대 이종 경제사상 Modern Heterodox Economic Thought · 100
5. 경영학 이론의 발전 Development of Management Theories · 103

그림 II-0-1: 경제학 이론의 정의

현대의 정통 경제학: 경제사적 접근

Orthodox Economics in Modern Times: An Economic-Historical Approach

자본주의와 사회주의의 차이는 주로 경제에 대한 정부의 개입 정도에서 비롯된다. 자본주의 경제는 자산과 사업의 사적 소유에 기반을 두고 있으며 가격, 소득, 부, 재화와 서비스의 분배를 결정하기 위해 자유 시장에 의존한다. 사회주의 경제는 보다 평등한 방식으로 자원을 재할당하기 위해 국가가 더 많이 개입하는 것이 특징이다. 주요 차이점은 다음과 같다. 첫째, 자본주의에서는 개인이나 기업이 그들의 자산과 생산수단을 소유하고 운용하는 반면, 사회주의에서는 국가가 기업의 자산과 생산수단을 소유하고 통제한다. 일부 사회주의 모델에서는 노동자 협동조합이 정부 대신 사업체를 소유한다. 둘째, 자본주의에서는 시장에서 가격이 수요와 공급에 의해 결정되는 반면, 사회주의에서는 정부가 가격을 통제한다. 셋째, 자본주의에서는 소득이 시장의 힘에 의해 결정되는 반면, 사회주의에서는 정부를 통한 재분배에 의해 결정된다. 넷째, 자본주의에서 정부 지출에 대해 제한된 세금이 부과된다. 반면, 사회주의에서는 공공 서비스에 대한 더 많은 지출을 충당하기 위해 높은 누진세가 부과된다. 다섯째, 자본주의에서 자유시장에 맡겨진 의료보험이 사회주의에서는 사용 시점에서 무료로 정부에 의해 제공된다. 여섯째, 자본주의에서는 실업률이 경기순환에 따라 변동하는 반면, 사회주의에서는 국가가 적절한 작업량 없이도 완전고용을 제공한다.

Table II-0-1. Comparison between Capitalism and Socialism
자본주의와 사회주의의 비교

Aspect	Capitalism	Socialism
Ownership	Private	Public/collective
Allocation Mechanism	Market	Central planning
Main Goal	Economic efficiency, growth	Equity, social justice
Innovation	High(profit-driven)	Lower(less profit incentive)
Inequality	Higher	Lower
Social Safety Nets	Limited	Extensive
Bureaucracy	Low	High
Individual Liberty	High(economic freedom)	Lower(more state control)

자본주의와 사회주의에서 발생하는 근본 문제는 효율성과 평등의 문제에 있다. 자본주의 경제는 효율적이지만 불평등하다. 기업의 목표는 자본, 노동, 기술, 재료와 같은 제한된 자원으로 기업(주주)의 이윤를 극대화하는 것이다. 기업이 이를 따라잡지 못하면 도산하게 된다. 그러나 이러한 사업의 실패는 자원이 새롭고 더 효율적인 경제 영역으로 흘러 들어갈 수 있게 하는데, 이를 창조적 파괴라고 한다. 시장 인센티브는 기업이 기술 발전과 경영 개선을 통해 비용을 절감하도록 장려하며, 이는 자본주의 경제를 효율적으로 만든다. 자본주의는 필연적으로 독점과 과두제로 이어지고, 체제의 자원 사용은 지속가능하지 않다. 성공한 기업과 개인은 더 많은 소득을 가지지만 실패한 기업과 개인은 소득을 잃게 되어 빈부의 격차가 확대되고 사회의 불평등이 심화된다. 사회주의 경제는 평등하지만 비효율적이다. 사회주의는 개인보다 공동체를 선호하기 때문에 자유와 권리의 상실은 통상 비민주적이고 최악의 경우 전체주의로 간주된다. 인센티브에 관해서 사유 재산에

대한 권리는 기본권이므로, 만약 어떤 사람이 자기 노동의 결실을 소유할 수 없다면, 그 사람은 항상 국가에 종속될 것이다. 자신의 노력에 대한 적절한 보상이 없다면, 잘하려는 동기를 잃게 된다. 더욱이 사회주의 체제의 시장은 기본적으로 가격에 무반응하기 때문에 비합리적인 경제적 결정과 정책으로 이어질 수 있다.

경제사에 대한 분석은 역사적 방법, 통계적 방법, 그리고 경제적 상황과 제도에 대한 경제 이론의 적용을 조합하여 수행된다. '19세기 후반 독일의 구스타프 폰 슈뮐러(Gustav von Schmoller)가 이끄는 여러 대학의 학자들이 역사경제학파를 발전시키면서 정량적, 수학적 접근법을 무시했다. 역사적 접근은 20세기 대부분 기간에 독일과 프랑스의 학문을 지배했다. 이 접근법은 윌리엄 애슐리(William Ashley, 1860-1927)에 의해 영국에 전파되었으며 20세기 동안 영국 경제사를 지배했다. 프랑스의 경제사는 20세기 초부터 현재까지 아날레스 학파의 영향을 많이 받았다. 저널 Annales, Histoire, Sciences Sociales 를 통해 전 세계적으로 영향력을 행사하고 있다.'

'런던정경대(LSE)와 케임브리지 대학의 학자들은 전기간에 경제학과 경제사의 분리에 대해 수많은 논쟁을 벌였다. 케임브리지의 경제학자들은 순수 경제학이 경제 역사의 한 부분을 차지하고 있으며, 이 둘은 불가분의 관계에 있다고 믿었다. 런던정경대(LSE)의 연구진은 경제사가 주류 경제학과 분리된 독자적인 과정, 연구 의제, 학문적 의장이 필요하다고 믿었다. 이 주제의 발전 초기에는 경제사와 경제학을 분리하는 LSE의 입장이 승리를 거두었다 .... 실제로 경제사 학회는 1926년 LSE에서 출범을 가졌고, 케임브리지 대학은 결국 독자적인 경제사 프로그램을 설립했다. 그러나 지난 20 년 동안 영국에서는 이러한 별도의 프로그램이 광범위하게 폐쇄되고 학문이 역사 또는 경제학 부서에 통합되었다. LSE만이 별도의 경제 역사 부서를 보유하고 있다 .... 한편, 미국에서는 최근 수십 년 동안 경제사 분야가 다른 경제 분야에 크게 포섭되었다. 그 결과 전국 어느 대학에도 경제사 전문 대학원 프로그램이 없다.'

경제 사상의 역사에서 경제 사상 학파는 경제가 작동하는 방식에 대한 공통된 관점을 공유하는 경제 사상가 그룹이다. 경제학자가 항상 특정 학파에 맞는 것은 아니지만, 특히 현대에는 경제학자를 학파로 분류하는 것이 일반적이다. 경제사상은 크게 전근대(그리스-로마, 인도, 페르시아, 이슬람, 중국 제국), 초기근대(중상주의, 물리학), 근대(애덤 스미스와 18세기 후반 고전 경제학을 시작으로)의 세 단계로 나눌 수 있다. 체계적인 경제 이론은 주로 근대라고 불리는 시대가 시작된 이래로 발전해 왔다. 현재 대다수의 경제학자들은 주류 경제학(때로는 '정통 경제학') 이라고 불리는 접근 방식을 따른다. 미국의 주류 내에서는 솔트워터 학파(버클리, 하버드, MIT, 펜실베이니아, 프린스턴, 예일과 관련됨)와 프레시워터 학파(시카고 경제대학, 카네기 멜론 대학, 로체스터 대학, 미네소타 대학으로 대표됨)의 자유방임적 아이디어 사이에 구별이 있을 수 있다. 이 두 학파는 모두 신고전주의 종합과 관련이 있다. 역사경제학파(Historical School of Economics)와 제도경제학(Institutional Economics)과 같은 과거의 영향력 있는 접근법 중 일부는 사라졌거나 영향력이 쇠퇴했으며, 이제는 오스트리아 경제학과 마르크스 경제학을 포함하여 이단적 접근법으로 간주되고 있다.

신고전파 경제학은 1870년대에 발전했으며 세 개의 주요 창립학파가 있었다. (1) 케임브리지 학파는 1871년 제본스의 정치경제학 이론이 출간되면서 설립되었으며, 부분균형이론을 발전시키고 시장실패에 초점을 맞췄다. 주요 대표자는 Stanley Jevons, Alfred Marshall 및 Arthur Pigou였다. '알프레드 마셜(Alfred Marshall, 1842-1924)은 경제학을 보다 수학적 토대 위에 올려놓으려는 시도로 인정받고 있다. 케임브리지 대학의 첫 번째 경제학 교수인 그는 1890년에 저서 『경제학의 원리'(Principles of Economics)』에서 정치경제학이라는 용어를 버리고 자신이 가장 좋아하는 '경제학'을 선택했다. (2) 오스트리아 경제학파는 오스트리아 경제학자 칼 멩거(Carl Menger), 오이겐 폰 뵘-바베르크(Eugen von Böhm-Bawerk), 프리드리히 폰 비저(Friedrich von Wieser)로 구성되었으며, 이들은 자본론을 발전시키고 경제 위기를 설명하려고 노력했다. 칼 멩거(Carl Menger, 1840-1921)는 『경제학의 원리(Principles of Economics)』(1871)를 출간하면서 한계효용의 기본 원칙을 강조했다. (3) 레옹 왈라스(Léon Walras)와 빌프레도 파레토(Vilfredo Pareto)가 이끄는 로잔 학파는 일반평형(general equilibrium)과 파레토 효율(Pareto efficiency) 이론을 발전시켰다. 레온 왈라스(Leon Walras, 1834-1910)는 『순수 경제학의 요소(Elements of Pure Economics)』(1874)를 출간했다. 왈라스는 간단한 방정식으로 시작하여 다음 방정식에서 복잡성을 증가시킴으로써 일반평형의 기본 이론을 구축했다. 파레토는 파레토 최적성(Pareto optimality)이라는 개념을 도입하여 최대의 경제적 만족을 누렸다.

(4) 제도경제학은 토르스타인 베블렌(Torstein Veblen), 웨슬리 클레어 미첼(Wesley Clair Mitchell), 존 커먼스(John R. Commons), 존 홉슨(John H. Hobson)에 의해 주도되었다. John

R. Commons(1862-1945) 는 경제가 독점, 대기업, 노동 쟁의, 변동하는 경기 순환 등 다양한 이해 관계를 가진 사람들 간의 관계망이라는 개념에 기초하여 Institutional Economics(1934) 를 발표했다. (5) 자본주의 대 사회주의라는 경제 체제에 관한 논쟁에서 루드비히 폰 미제스(Ludwig von Mises), 프리드리히 A. 하이에크(Friedrich A. Hayek), 오스카 랑게(Oscar R. Lange), 요제프 슘페터(Joseph A. Schumpeter)는 특히 냉전 시대에 큰 영향력을 행사했다. (6) 사회 문화적 진화론은 허버트 스펜서(Herbert Spencer), 아우구스트 콩트(August Comte), 루이스 H. 모건(Lewis H. Morgan), 막스 베버(Max Weber, 1864-1920)에 의해 대중화되었는데, Weber는 『프로테스탄트 윤리와 자본주의 정신』(1904)과 『경제와 사회』(1921-22)를 썼다. (7) 케인스주의는 존 메이너드 케인스(John Maynard Keynes, 1988-1946)에 의해 주도되었는데, 그는 『평화의 경제적 결과(The Economic Consequences of the Peace)』(1919)와 『고용, 이자 그리고 화폐에 관한 일반이론(The General Theory of Employment, Interest and Money)』(1936)을 썼다. 그는 대공황 시기에 쓰여진 자신의 이론에 기초하여 대공황을 다루었다.

신고전파 경제학은 1940년대와 1950년대에 너무나 급속히 변화했기 때문에 누군가는 전후 정통 경제학에 대해 완전히 새로운 명칭을 발명해야 했다. '경제학은 주로 재화와 서비스의 생산, 소비 및 분배에 대한 설명과 분석에 관심을 갖는 사회 과학이다. 경제학은 경제 주체의 행동과 상호 작용, 경제가 작동하는 방식에 중점을 둔다. (1) 미시경제학은 개별 행위자와 시장, 이들의 상호작용, 상호작용의 결과를 포함한 경제의 기본 요소를 분석한다. 개별 에이전트에는 가계, 기업, 구매자 및 판매자 등이 포함되었다. (2) 거시경제학은 전체 경제(생산, 소비, 저축 및 투자의 집계를 의미)와 자원(노동, 자본 및 토지)의 실업, 인플레이션, 경제 성장 및 이러한 문제를 다루는 공공 정책(통화, 재정 및 기타 정책)을 포함하여 경제에 영향을 미치는 문제를 분석한다. 경제학 내의 다른 광범위한 구별에는 무엇인가 하는 실증 경제학(positive economics) 과 무엇이 있어야하는지 옹호하는 규범 경제학(normative economics) 사이; 경제 이론과 응용 경제학 사이; 합리적 경제학과 행동 경제학 사이; 주류 경제학과 이종 경제학 사이의 차이점이 포함된다.'(3) 정량적 방법론에서는 수리경제학, 수학적 최적화, 계량경제학, 기타 경험적 방법이 개발되었다. (4) 근대 이종 경제사상은 급진주의자, 제도주의자, 포스트 케인스주의자 등을 발전시켰다.

다음에서 현대의 정통 경제학으로 현대 미시경제학(Modern Microeconomics), 현대 거시경제학(Modern Macroeconomics), 정량적 방법론(Quantitative Methods in Economics), 이종경제학(Modern Heterodox Economic Thought)을 논의한다. 본 장의 논의는 경제학 이론이 주제가 되기 때문에 일반 독자들에게는 다소 생소한 부분이 있을 수 있으나, 그냥 지나쳐도 책 후미에 가면 전체의 흐름을 이해하는 데 문제가 없을 것이라 생각한다.

알프레드 마샬(Alfred Marshall, 1842-1924)은 신고전주의 경제학(Neoclassical Economics) 을 개발하였다. 그의 중요한 저서 Principles of Economics(1890)은 현대 미시 경제학 이론의 기초를 마련했다. 마셜은 애덤 스미스(Adam Smith), 데이비드 리카르도(David Ricardo), 존 스튜어트 밀(John Stuart Mill)의 고전 경제학과 한계효용 이론(marginal utility theory)을 통합하여 오늘날 경제학을 연구하는 방법의 많은 부분을 형성했다.

I. 마셜 경제학의 핵심 원리

1. 부분평형 분석(Partial Equilibrium Analysis): Marshall은 개별 시장과 그 균형에 초점을 맞추고 분석을 단순화하기 위해 경제의 나머지 부분과 분리했다. 이 접근 방식을 '부분 평형 분석'이라고 한다. 그는 한 번에 하나의 시장을 분석하면 여전히 유용한 통찰력을 얻을 수 있다고 믿었다. **2. 수요와 공급 프레임워크:** Marshall은 시장에서 가격과 수량이 어떻게 결정되는지 설명하기 위해 수요와 공급 곡선을 도입했다. 그가 공식화한 개념인 수요의 가격 탄력성은 수요량이 가격 변동에 얼마나 민감한지를 측정한다. **3. 소비자 및 생산자 잉여:** 마셜은 소비자 잉여(소비자가 지불할 의사가 있는 것보다 적은 금액을 지불함으로써 얻는 이익) 와 생산자 잉여(생산자가 자신의 비용보다 높은 가격에 판매함으로써 받는 이익) 라는 아이디어를 발전시켰다. **4. 한계주의:** 마셜은 한계 원칙(marginal principle)을 강조했다: 경제적 결

정은 한계(점진적) 편익과 비용에 기초하여 이루어진다. 예를 들어, 기업은 한계 비용이 한계 수익과 같은 지점까지 상품을 생산한다.

5. 기간 분석: 마셜은 단기(일부 생산요소가 고정되어 있는 경우) 와 장기(모든 요소가 가변적인 경우) 를 구분했다. 이러한 구분은 시장이 서로 다른 시간대에 걸친 변화에 어떻게 적응하는지 명확히 하는 데 도움이 되었다. **6. 대표 사무소:** Marshall은 산업 행동을 연구하기 위해 대표 기업의 개념을 도입했다. 이 평균 기업은 산업 내 기업의 전형적인 특성을 나타낸다. **7. 준임대료:** Marshall은 경제적 지대의 고전적 개념을 단기적으로 확장하여 신속하게 조정할 수 없는 고정 요소(예: 기계) 에 대한 수익을 설명하기 위해 준지대(quasi-rent) 라는 용어를 만들었다. **8. 시장 역학:** Marshall은 시장이 항상 균형을 이루는 것은 아니라는 점을 인정하고 시간이 지남에 따라 시장 조정 과정을 분석했다.

마셜의 경제학에 대한 주요 기여: 1. 수학적 도구: 마셜은 경제학 개념을 공식화하기 위해 수학을 사용했지만, 경제학은 '수학을 탐구의 엔진이 아니라 속기 언어로 사용하라'고 말하면서 경제학에 대한 접근성을 유지해야 한다고 주장했다. **2. 수요의 가격 탄력성(Price Elasticity of Demand):** 수요가 가격 변화에 어떻게 반응하는지 이해하는 돌파구이다. **3. 한계주의와 고전 이론의 통합:** 마셜은 고전 경제학의 생산에 대한 초점과 효용과 의사 결정에 대한 한계주의의 강조를 연결했다. **4. 미시경제학적 기초:** 마샬의 연구는 현대 미시경제학, 특히 기업과 시장 구조에 대한 이론의 근간을 형성한다.

마셜 경제학에 대한 비판: 1. 부분균형(Partial Equilibrium): 비평가들은 마셜이 부분균형에 초점을 맞추는 것은 경제에서 시장의 상호 의존성을 무시한다고 주장한다. 레옹 왈라스(Léon Walras)와 같은 경제 학자들이 개발한 일반균형분석(General Equilibrium Analysis)은 이러한 한계를 해결한다. **2. 정적 모델(Static Model):** 마샬 경제학은 기술 변화 및 시장 역학과 같은 실제 복잡성을 포착하지 못할 수 있는 정적 조건을 가정한다. **3. 가정의 단순화:** 대표 기업과 완전경쟁과 같은 개념은 종종 비현실적이고 지나치게 단순하다는 비판을 받았다. **4. 거시 경제 문제의 무시:** Marshall의 연구는 주로 미시 경제학에 초점을 맞추었고 총 수요 및 실업률과 같은 거시 경제 역학은 John Maynard Keynes와 같은 후기 경제학자에게 맡겼다. **5. 마샬 경제학의 현대적 관련성:** 비판에도 불구하고 마셜의 틀은 경제학 연구에 필수적인 요소로 남아 있다. 탄력성(elasticity), 소비자 잉여(consumer surplus), 한계 분석(marginal analysis)과 같은 핵심 개념은 여전히 경제 이론과 정책의 중심이다. 그러나 많은 현대 모델은 실제 복잡성을 더 잘 다루기 위해 마셜 경제학에 대한 비판을 통합한다.

II. 형식주의 혁명(The Formalists Revolution, 1930s-1950s)

A. 역사적 맥락: 1. 초기 경제학: 형식주의 혁명 이전에 경제학은 주로 도덕 철학, 정치 이론 및 질적 분석에 뿌리를 두고 있었다. 애덤 스미스(Adam Smith), 데이비드 리카르도(David Ricardo), 존 스튜어트 밀(John Stuart Mill)과 같은 고전 경제학자들은 언어적 추론, 역사적 사례 및 철학적 주장에 의존했다. 2. 한계 혁명(Marginal Revolution): 19세기 후반에는 윌리엄 스탠리 제본스(William Stanley Jevons), 칼 멩거(Carl Menger), 레옹 왈라스(Léon Walras)

와 같은 경제학자들이 개척한 한계 분석(marginal analysis) 이 등장하여 경제학에 수학적 개념을 도입했다. 그러나 이것은 형식주의 혁명의 전조에 불과했다. 3. 제도주의 경제학(Institutionalist Economics): 20세기 초, 특히 미국의 일부 경제학자들은 경제 발전의 제도적, 역사적 요인에 초점을 맞췄다. 이 학파는 수학에 대한 의존도가 낮았다.

B. 형식주의 혁명의 핵심요인과 주요 기여자(1930년대 - 1950년대)

1. 경제 이론의 수학화: (a) 존 힉스(John Hicks), 폴 새뮤얼슨(Paul Samuelson), 케네스 애로우(Kenneth Arrow) 와 같은 경제학자들은 경제학을 수학적 학문으로 전환하는 데 중요한 역할을 했다. (b) 폴 새뮤얼슨(Paul Samuelson)의 『경제분석의 기초(Foundations of Economic Analysis)』(1947)는 이러한 변화의 중심적인 저작으로 여겨졌다. 그는 수학적 최적화와 균형 분석을 경제학의 하위 분야 전반에 걸쳐 보편적인 도구로 사용하는 것을 강조했다.

2. 물리학과 자연 과학의 영향: (a) 경제학자들은 경제 현상을 모델링하기 위해 물리학의 방법, 특히 평형 분석과 동역학 시스템을 많이 차용했다. (b) 물리적 시스템과 경제 시스템 간의 비유는 수학적 엄격함과 정확성을 위한 틀을 제공했다.

3. 게임 이론과 전략적 행동: (a) 존 폰 노이만(John von Neumann) 과 오스카 모르겐슈테른(Oskar Morgenstern) 이 저술한 게임이론(The Theory of Games and Economic Behavior, 1944) 은 전략적 상호 작용을 연구하기 위한 공식적 모델을 도입했다. (b) 이는 산업 조직, 교섭 및 거시 경제 정책과 같은 분야에 지대한 영향을 미쳤다.

4. 일반 평형 이론(General Equilibrium Theory): (a) 일반 평형 이론에 대한 레옹 왈라스(Léon Walras) 의 초기 공헌은 케네스 애로우(Kenneth Arrow) 와 제라르 드 브레(Gérard Debreu) 와 같은 경제학자들에 의해 공식화되고 확장되었다. (b) Arrow-Debreu 모델은 특정 가정 하에서 시장 행동을 이해하기 위한 엄격한 수학적 기초를 제공했다.

5. 계량경제학(Econometrics)의 부상: (a) 라그나 프리쉬(Ragnar Frisch), 트리그베 하벨모(Trygve Haavelmo), 얀 틴베르겐(Jan Tinbergen) 과 같은 경제학자들은 경제 이론을 실증적으로 검증하기 위한 방법으로 계량경제학을 개발했다. (b) 수학적 모델과 통계적 기법의 결합은 경제학의 실증 연구에 혁명을 일으켰다.

C. 형식주의 혁명의 주요 특징

1. 추상 모델(Abstract Model): 형식주의 혁명은 근본적인 수학적 관계에 초점을 맞추기 위해 현실 세계의 복잡성에서 추상화된 모델을 우선시했다. **2. 최적화와 일반평형(Optimization and Equilibrium):** 효용 극대화(Utility maximization), 이윤 극대화(Profit Maximization), 시장 균형(Market Equilibrium) 과 같은 핵심 개념이 경제 분석의 기초가 되었다. **3. 가정과 단순화:** 형식 모델은 수학적으로 다루기 쉽게하기 위하여 가정(예: 완벽한 정보, 합리적 에이전트, 경쟁 시장) 을 단순화하는 데 의존하는 경우가 많았다. **4. 기술적 엄격성:** 형식주의 경제학은 논리적 일관성, 내부 일관성 및 검증 가능한 가설을 추론하는 능력을 중시했다.

D. 최적화와 일반평형 수식: 일반평형 이론을 적용한 형식주의 모델은

목적함수와 제약조건을 분명히 제시한다. 이를테면 소비는 가용예산 범위에서 효용을 극대화하고, 생산은 제한된 비용으로 산출을 극대화 한다. 교환은 소비량과 생산량이 같아야 낭비가 없이 효율을 극대화 하므로 다음과 같은 방정식이 성립하고, 라그랑주 함수로 해답을 구할 수 있다.

Table II-1-1. 최적화와 일반평형 수식
To Maximize an Objective Function Subject to Constraints

[소비] Maximize Utility: $U(x, y)$
Subject to Budget Constraints: $B = x P(x) + y P(y)$
[생산] Maximize Output: $Q = f(K, L)$
Subject to Allocated Cost: $C = rK + wL$
[교환] Consumption Budget = Production Costs
$B = xP(x) + yP(y) = rK + wL = C$

Notes: U - Utility, B - Budget, Q - Output, C - Cost, x & y - Goods, P - Price, K & L - Capital & Labor, r & w - interest & wage, f - Function.

E. 형식주의 혁명에 대한 비판

1. 현실의 지나친 단순화: 수학적 모델에 초점을 맞추다 보니 비현실 적이거나 실제 동작과 동떨어진 가정이 필요한 경우가 많았다. 비평가 들은 이러한 추상화가 '아름답지만 관련이 없는' 모델로 이어질 수 있 다고 주장한다.

2. 제도적, 역사적 맥락의 무시: 형식주의적 접근은 종종 경제적 행동 에 영향을 미치는 제도적, 사회적, 역사적 요인을 무시했다. 이 비판은 특히 제도주의자들과 이단적 경제학자들 사이에서 강하게 나타났다.

3. 실체에 대한 기법의 지배: 어떤 사람들은 혁명이 실질적인 경제 문제를 해결하는 것을 희생하면서 기술적 능력과 수학적 정교함에 초점을 맞추게 되었다고 주장했다.

4. 윤리적 및 인간적 차원: 아마르티아 센(Amartya Sen) 과 같은 비평가들은 형식주의적 접근이 복지, 정의, 형평성에 대한 규범적 질문을 무시하는 경우가 많다고 지적했다.

III. 고전-신고전-현대 경제학 이론의 발전 요약
Classical-Neoclassical-Modern Economics

A. 고전 경제학(Classical Economics) : 18세기 후반에서 19세기 중반까지 아담 스미스, 데이비드 리카르도, 토마스 맬서스, 존 스튜어트 밀 등이 주도하였다.

핵심 원칙: 1. 노동 가치 이론 : 재화의 가치는 재화를 생산하는 데 필요한 노동량에 의해 결정된다. (Adam Smith와 David Ricardo). 2. 자유 시장: 정부 개입의 최소화를 주장하며, 시장이 수요와 공급의 '보이지 않는 손'으로 인해 자율적으로 규제되고 있음을 강조한다. 3. 생산에 초점: 생산 요소(토지, 노동, 자본) 와 경제 성장에 대한 기여를 강조한다. 4. 분배: 소득이 지주, 노동자, 자본가에게 어떻게 분배되는지 조사했다. 5. 경제 성장: 자본 축적과 인구 역학의 역할을 강조했다 (예: 맬서스의 인구 과잉 이론).

주요 저술: 1 Adam Smith 의 국부론; 2 David Recardo 의 정치 경제와 조세의 원리; 3 Thomas Malthus의 인구 원리에 관한 에세이.

B. 신고전 경제학(Neoclassical Economics) : 19세기 후반에서 20세기

초반까지 윌리엄 스탠리 제본스, 레옹 왈라스, 칼 멩거, 알프레드 마샬 등이 주도하였다.

핵심 원칙: 1. 한계주의(Marginalism): 재화를 하나 더 소비하거나 생산하는 데 따른 추가적인 효용 또는 비용(한계 효용, 한계 비용)에 초점을 맞춘다. 2. 주관적 가치(Subjective Value): 노동 가치 이론에서 가치는 개인의 선호와 효용에 따라 주관적이라는 생각으로 전환되었다. 3. 평형(Equilibrium): 공급이 곧 수요인 시장에서 평형(equilibrium)의 개념을 도입했다. 4. 수학적 엄격성: 경제적 행동을 설명하고 결과를 예측하기 위한 수학적 모델을 개발했다. 5. Microeconomic Focus: 기업과 소비자의 개별 의사결정을 분석한다.

주요 저술: 1 Alfred Marshall의 경제학 원리; 2 Léon Walras 의 순수 경제학의 요소; 3 William Stanley Jevons의 정치경제학 이론.

C. 현대경제학(Modern Economics): 20세기 이후에 발전한 케인즈 경제학, 통화주의, 행동 경제학, 새로운 제도 경제학 등을 포함한다.

핵심 원칙: 1. 케인즈 경제학(John Maynard Keynes): 재정 및 통화 정책을 통해 경제 순환을 관리하기 위해 적극적인 정부 개입을 옹호했다. 2. 통화주의(Milton Friedman): 인플레이션과 경제적 안정을 결정하는 데 있어 통화 공급의 역할을 강조했다. 3. 행동 경제학(Behavioral Economics): 심리학의 통찰력을 통합하여 의사 결정에서 합리성의 가정에 도전한다. 4. 게임 이론(Game Theory): 에이전트 간의 전략적 상호작용에 초점을 맞춘다. 5. 신성장 이론(New Growth Theory): 장기 성장에서 혁신, 기술 및 인적 자본의 중요성을 강조한다. 6. 환경 및 개발 경제학: 지속 가능성, 불평등 및 글로벌 과제 해결

을 강조한다.

주요 특징: 1. 거시 및 미시 경제학(Macroeconomics and Microeconomics): 총체적 경제행동과 개인의 의사결정을 명확하게 구분했다. 2. 세계화: 글로벌 무역, 국제 금융 및 정책 조정을 통합한다. 3. 데이터 기반 분석: 경험적 데이터 및 계량 경제학 모델에 크게 의존한다.

주요 저술: 1 John Maynard Keynes의 고용, 이자 및 화폐에 대한 일반 이론; 2 Milton Friedman and Anna Schwartz의 미국의 화폐 역사; 3 Paul Samuelson, Joseph Stiglitz, Amartya Sen 등과 같은 현대 경제학자들의 대표적 저술이 있다.

현대 거시경제학은 국가, 지역 및 세계 경제와 같이 경제 전체가 어떻게 기능하는지에 대한 연구로서 성장, 인플레이션, 실업, 통화 및 재정 정책의 영향과 같은 총체적 문제를 다룬다.

I. 현대 거시경제학의 핵심 주제

1. 미시경제적 기초: 현대 거시경제학은 개인의 의사결정(소비자, 기업, 정부)에서 총체적 행동에 기반을 둔다. DSGE(Dynamic Stochastic General Equilibrium) 프레임워크와 같은 모델은 미시경제학 원칙에서 거시경제적 결과를 도출한다. 예: 합리적 기대, 시간적 최적화, 확고한 가격 책정 행동(Rational expectations, intertemporal optimization, and firm pricing behavior).

2. 경기순환: 생산량과 고용의 단기적 변동을 이해하는 것이 핵심이다. 주요 학파는 다음과 같다.

실물 경기 순환 이론(Real Business Cycle)에서 기술 충격이 주요 동인이다. 신 케인스 경제학(New Keynesian Economics)에서 시장의 불완전성(sticky wages and prices)과 수요 측 충격의 역할(the role of demand-side shocks)을 중요시 한다.

3. 경제 성장: 솔로-스완 모델(Solow-Swan Model) 및 내인성 성장 이론(Endogenous Growth Theory) 과 같은 성장 모델은 생산성과 생산량의 장기적인 증가를 주도하는 요인을 탐구한다. 현대 연구는 기

술, 혁신 및 제도를 성장 프레임워크에 통합한다.

4. 통화정책: 중앙 은행은 현대 경제에서 중요한 역할을 한다. 테일러 규칙(Taylor Rule)과 같은 프레임워크는 인플레이션과 생산량 안정화의 균형을 유지함으로써 정책 결정을 안내한다. 인플레이션 목표제, 포워드 가이던스, 비전통적 정책(예: 양적 완화)은 최근 몇 년 동안 사용된 수단이다.

5. 재정 정책: 정부 지출과 조세가 경제를 안정시키는 데 얼마나 효과적인지에 대한 논쟁은 계속되고 있으며, 특히 금융 위기 이후에는 더욱 그러하다. 부채 지속 가능성 및 승수(Multipliers)와 같은 문제는 중요한 연구 영역이다.

6. 개방경제 거시경제학: 현대 모델은 국제 무역, 자본 흐름 및 환율 역학을 통합한다. 주요 주제로는 국제수지, 외환위기, 글로벌 금융연계 등이 있다.

7. 행동 및 실험 경제학: 현대 거시경제학은 행동경제학의 통찰을 통합하여 완전히 합리적인 행위자의 가정에 도전한다. 행동 거시모델은 제한된 합리성, 무리 행동, 금융 거품과 같은 현상을 연구한다.

8. 데이터 및 기술: 컴퓨팅 파워의 발전으로 거시경제학자들은 방대한 데이터 세트와 복잡한 시뮬레이션을 사용할 수 있게 되었다. 기계 학습 및 빅 데이터와 같은 도구는 예측 및 정책 결정에 점점 더 많이 사용되고 있다.

9. 글로벌 챌린지: 현대 거시 경제학은 기후 변화, 불평등, 인구 통계 학적 변화 및 세계화와 같은 현대 문제를 다룬다. 이들 모델은 지속 가능성, 탄소세 및 녹색 투자를 고려한다.

II. 현대 거시경제학의 선구자

A. 조셉 슘페터(Joseph A. Schumpeter, 1883-1950)

조셉 슘페터는 매우 영향력 있는 오스트리아계 미국인 경제학자이자 정치학자로, 경제 개발, 혁신, 기업가 정신 및 자본주의의 역학에 대한 연구로 잘 알려져 있다. 그의 아이디어는 경제학과 정치 이론 분야의 중심에 있다. 다음은 그의 삶과 공헌의 주요 측면 중 일부이다.

초기 생활과 교육: 슘페터는 모라비아의 트르제슈(당시 오스트리아-헝가리 제국의 일부였으나 현재 체코 공화국) 에서 태어났다. 그는 비엔나 대학에서 법학과 경제학을 공부했으며, 그곳에서 오이겐 폰 뵘-바베르크(Eugen von Böhm-Bawerk)를 비롯한 오스트리아 경제대학의 저명한 인물들의 영향을 받았다. 그는 1919년에 오스트리아 재무부 장관을 잠시 역임했다. 슘페터는 1932년 미국으로 이주하기 전까지 오스트리아와 독일에서 교수직을 역임했다. 그는 하버드 대학의 교수가 되어 한 세대의 경제학자들을 가르치고 영향을 미쳤다.

저술: 자본주의, 사회주의, 그리고 민주주의(1942)

1. 창조적 파괴: 슘페터는 자본주의 경제에서 지속적인 혁신 과정을 설명하는 창조적 파괴(creative destruction) 라는 개념을 도입했다. 그는 자본주의가 기존 산업을 파괴하고 대체하는 새로운 발명과 기술을 기반으로 번성한다고 주장했다. 이 과정은 경제 성장을 촉진하지만 전통적인 구조를 불안정하게 만들기도 한다.

2. 고전경제학 이론 비판: 슘페터는 자본주의를 정적인 평형 체제로 보는 고전적 견해에 도전했다. 대신, 그는 기업가적 혁신과 경쟁에 의해 주도되는 역동적인 성격을 강조했다.

3. 자본주의의 미래: 자본주의 체제가 부유하고 지적인 엘리트를 양산할 것이며, 이들은 창조적 파괴의 기업가 정신을 약화시키고, 노동자들도 아무 책임이 없어, 결국 아무도 기업을 위해 걱정하는 사람이 없게 된다. 자본주의의 성공은 창의적 기업인의 몰락으로 자유 방임의 종말을 가져오고, 정부도 점차 개입을 증가시켜, 궁극적으로 자본주의 구조를 훼손하고 파괴할 것이다.

4. 민주주의 이론: 슘페터는 민주주의를 리더십을 위한 경쟁적 투쟁으로 재정의했다. 그는 민주주의가 '국민의 의지'라는 이상화된 개념을 거부하고 대신 민주주의를 개인이 경쟁적인 선거를 통해 권력을 획득하는 방법 또는 과정으로 설명했다.

5. 사회주의와 그 실현 가능성: 슘페터는 사회주의가 이론적으로 경제 체제로서 작동할 수 있으며, 특히 관료적 관리와 기술의 발전과 함께 작동할 수 있다고 주장했다. 그러나 그는 그것이 개인의 자유와 혁신에 대한 실질적인 함의에 대해서는 회의적이었다.

6. 지식인의 역할: 그는 자본주의 사회의 지식인들이 종종 자본주의에 대한 비판자로 행동하여 자본주의의 잠재적 쇠퇴에 기여한다고 경고했다. 그는 지식인 계급과 기업가적 자본가 사이의 분열이 커지는 것을 관찰했다.

유산: 1. Schumpeter의 연구는 경제학, 비즈니스, 정치학 및 혁신 연구를 포함한 광범위한 학문 분야에 계속 영향을 미치고 있다. 2. 기업가 정신과 혁신에 대한 그의 통찰력은 기술, 신생 기업 및 경제 정책에 대한 토론에서 특히 가치가 있다. 3. 'Schumpeterian'이라는 용어는 혁신 주도 성장 및 시장 역학에 대한 그의 아이디어와 관련된 현상을 설명하는 데 자주 사용된다.

B. 화폐의 수량 이론(Quantity Theory of Money)

화폐의 수량 이론은 경제에서 화폐의 양과 일반적인 가격 수준 사이의 관계를 설명하는 고전 경제 이론이다. 이는 통화 공급의 변화가 다른 요인들이 일정하게 유지된다는 가정 하에 장기적으로 가격 수준에 직접적인 영향을 미친다는 것을 시사한다. 이 이론은 화폐 경제학 발전의 기초가 되었다.

코어 방정식: 화폐의 수량 이론은 종종 교환 방정식을 통해 표현된다. **MV=PQ** 에서 M은 통화 공급, V는 화폐 순환속도, P는 가격 수준, Q는 총산출량(GDP) 이다.

주요 가정: 1. 일정한 속도(V): 돈의 속도는 시간이 지남에 따라 상대적으로 안정적인 것으로 가정한다. 2. 완전 고용 산출(Q): 실질 산출은 노동 및 자본과 같은 요인에 의해 결정되며, 장기적으로 경제는 최대 용량으로 운영된다. 3. 화폐의 인과적 역할(M): 화폐 공급량의 변화는 가격 수준(P) 변화의 주요 동인으로 간주된다. 이러한 가정 하에서, 화폐 순환속도(V)와 총산출량(Q)이 불변하고, 화폐의 공급(M)이 증가하면 가격 수준(P)이 상승하여 인플레이션으로 이어진다.

역사적 발전: 1. 고전 경제학자: 존 로크(John Locke), 데이비드 흄(David Hume) 과 같은 초기 지지자들과 어빙 피셔(Irving Fisher) 와 같은 후기 고전 경제학자들이 이 이론을 공식화했다. Fisher의 버전은 명시적으로 MV=PQ 공식을 사용했다. 2. Irving Fisher(20세기 초): Fisher는 안정적인 통화량과 실질생산량을 전제로, 통화공급과 물가 수준 사이의 비례관계를 강조했다. 3. 통화주의(밀턴 프리드먼, 20세기): Milton Friedman은 이 이론을 되살리고 현대화하여 '인플레이션

은 언제 어디서나 화폐적 현상'이라고 주장했다. 그는 통화 공급을 인플레이션을 통제하고 경제를 안정시키기 위한 핵심 정책 도구로 보았다.

비판과 한계: 1. 속도가 일정하지 않다: 경험적 증거에 따르면 화폐의 속도는 금융 기관, 기술 및 화폐 보유 선호도의 변화로 인해 변동될 수 있다. 2. 단기적 영향: 단기적으로는 통화 공급의 변화가 물가뿐만 아니라 생산량(Q)과 고용에 영향을 미치며, 이 이론의 장기적 초점과 모순된다. 3. 케인즈주의 비판: 존 메이너드 케인즈는 통화 공급의 변화가 항상 가격의 비례 변동으로 이어지지는 않을 수 있으며, 특히 경제적 여유나 유동성 함정이 있는 시기에는 더욱 그렇다고 주장했다. 4. 현대 화폐 이론(MMT): MMT 학파의 비평가들은 이 이론이 현대 경제에서 화폐 창출과 재정 정책의 복잡성을 지나치게 단순화한다고 주장한다.

응용 프로그램: 1. 초인플레이션(Hyperinflation): 독일 바이마르와 짐바브웨와 같은 역사적 사례는 과도한 통화 공급 증가와 폭주하는 인플레이션 사이의 관계를 보여준다. 2. 중앙은행 정책(Central Bank Policies): 중앙은행은 이 이론을 통화 공급과 인플레이션을 관리하기 위한 기본 틀로 사용하지만, 종종 현대적인 통찰력으로 수정된다. 3. 장기 인플레이션 분석(Long-Run Inflation Analysis): 이 이론은 통화 공급 증가와 인플레이션 사이의 장기적인 관계를 설명하는 것으로 널리 받아들여지고 있다.

C. 경기순환이론(Business Cycle Theory)

경기순환이론(Business Cycle Theory)은 시간이 지남에 따라 생산,

고용, 소득과 같은 경제 활동의 반복적인 변동을 연구한다. 경기 순환으로 알려진 이러한 변동은 경제 확장기(성장)와 수축기(경기 침체)를 번갈아 가며 나타난다. 이러한 주기의 원인, 특성 및 결과를 이해하는 것은 경제 정책 및 전략을 수립하는 데 중요하다.

비즈니스 사이클의 주요 단계: 1. 확장(Expansion): 경제 생산량, 고용 및 소비자 지출이 증가한다. 기업 투자와 자신감이 높아진다. 수요가 공급을 앞지르면서 인플레이션이 상승하기 시작할 수 있다. 2. 봉우리(Peak): 경제는 높은 고용률과 견실한 소비자 지출로 최대 생산량에 도달한다. 이 때에 인플레이션 압력이 최고조에 달할 수 있으며, 이는 경제 과열로 이어질 수 있다. 3. 수축 또는 경기 침체(Contraction or Recession): 경제 활동은 생산, 고용 및 소비자 지출 감소와 함께 감소한다. 기업은 투자를 줄이고 신뢰는 떨어진다. 디플레이션 압력이 발생하거나 인플레이션이 둔화될 수 있다. 4. 구유(Trough): 사이클에서 경제 활동의 가장 낮은 지점으로 고용, 생산량, 수요가 최저치를 친다. 이 단계는 종종 회복의 시작을 나타낸다.

경기순환을 설명하는 이론

1. 고전 및 신고전주의 이론: 경기순환은 기술적 변화나 정책 차질과 같은 외부 충격에서 발생한다.

경제는 스스로 조정되고 있으며, 시장은 시간이 지남에 따라 균형을 회복하기 위해 조정될 것이다.

2. 케인즈 이론: 사이클은 총 수요(소비자 지출, 투자, 정부 지출) 의 변동에 의해 발생한다. 재정 및 통화 정책과 같은 경제 안정을 위한 적극적인 정부 개입을 옹호한다.

3. 화폐 이론: 통화 공급량과 금리의 변동(예: 중앙은행의 조치) 은 경기 순환을 주도한다. 밀턴 프리드먼(Milton Friedman)은 부적절한 통화정책이 경제적 불안정을 야기하거나 악화시킬 수 있다고 주장했다.

4. 실물경기순환(RBC) 이론: 기술 충격 또는 자원 가용성과 같은 실제(비금전적) 요인을 강조한다. 경기순환은 생산성 변화에 대한 합리적 대응으로 간주된다.

5. 오스트리아 경기순환이론: 사이클은 중앙은행이 인위적으로 낮은 금리를 정함으로써 야기된 신용 시장의 왜곡에 의해 주도된다. 경기 확장 기간 동안 자원의 잘못된 배분은 경기 침체 기간 동안 불가피한 조정으로 이어진다.

6. 내인성 성장 모델: 혁신 및 기술에 대한 투자와 같은 내부 요인이 주기를 주도한다. 경제 정책과 제도가 성장과 안정성에 미치는 영향에 초점을 맞춘다.

7. 행동 이론: 무리 행동, 과신 또는 비합리적 과잉과 같은 심리적 및 행동적 요인은 경제 순환을 증폭시킬 수 있다.

정책적 시사점: 1. 재정 정책: 확장적 재정 정책(예: 감세, 정부 지출 증가)은 경기 침체기에 사용된다. 긴축적 재정 정책(예: 지출 감소, 세금 인상)은 경기 확장 중에 과열을 방지하기 위해 사용된다. 2. 통화 정책: 중앙은행은 경기 위축 시 금리를 낮추거나 통화 공급을 늘린다. 그들은 인플레이션을 통제하기 위해 경기 확장기에 금리를 인상하거나 통화 공급을 줄인다. 3. 구조적 정책: 노동 시장, 교육 및 인프라의 개혁은 장기적인 경제적 안정성과 회복력을 향상시키는 것을 목표로 한다.

III. 케인즈 거시경제학(Keynesian Macroeconomics)

존 메이너드 케인스(John Maynard Kaynes, 1883-1946)는 케임브리지의 중상층 가정에 태어나 1904년 케임브리지대학(수학)을 졸업하고, 수시로 철학과 경제학 과목을 수강하고 1908년 석사학위를 받았다. 그의 주요 경력은 1906-08년 영국 인도청 근무, 1911-45년 경제잡지 편집인, 1915-19년 영국 재무부 근무(베르사유 평화회의 참가), 1944년 브레턴우즈회의 영국대표 등을 역임하였다. 그의 대표적 저술은 고용과 이자 및 화폐의 일반이론(1936)으로, 이 저술은 케인스가 경제학에 혁명을 가져오게 하였다.

기존의 경제이론은 공급이 스스로 수요를 창조한다는 세이의 법칙에 따라 상품이 공급되면 소득이 창출되고, 소득은 수요로 이어지기 때문에 과잉생산이 일어날 수 없으며, 일시적 과잉 공급이나 실업은 물가와 임금의 신속한 조정을 통해 불균형이 해소된다고 가정하였다. 그러나 이 법칙은 세계 대공황을 설명하지 못하였다. 케인스의 일반이론에 의하면, 총수요의 부족이 경기 침체의 원인이며, 물가나 임금이 신속히 변화하지 않기 때문에, 총수요가 부족하면 재고가 쌓이고 고용이 감소하며 실업증가로 소비가 더욱 감소하고 따라서 총수요가 감소하는 악순환이 발생한다. 그러므로, 침체한 경기를 회복하기 위하여는 정부가 총수요를 증가시키는 재정정책을 추진해야 한다고 주장하였다.

총수요가 국민소득을 결정한다는 이론은 경제학계에 큰 반응을 불러왔다. [Y = C + I + G + NE] 수식에서 Y는 국민소득, C는 총소비, I는 총투자, G는 정부 예산(정부 소비와 투자), NE는 순 수출(총수출-총수입)이다. 고로 국민소득은 총수요(총소비, 총투자, 정부 예산, 순 수출)와 같으며 정부가 총수요를 증가하기 위하여 금융정책으로 화폐의 공급을 늘리고, 재정정책으로 인프라 건설 등으로 고용을 창출해야 한다. 세계 대공황에 빠졌던 서방국가들이 케인스의 처방을 받아들여 1960년대 큰 영향을 주었다. 1970년대 신자유주의 경제학자들이 케인스의 영향력을 감소시켰으나, 2007-10년 금융위기 사태에서 케인스 경제학이 재조명을 받았다.

A. 케인즈 거시경제학의 핵심 개념

1. 경제 활동의 동인으로서의 총 수요: 케인즈는 재화와 용역에 대한 총 수요가 경제적 산출 수준을 결정한다고 주장했다. 총수요가 약할 때 경제는 경기 침체, 높은 실업률, 자원 활용 부족을 경험한다.

2. 끈적끈적한 임금 및 가격: 임금과 물가는 '끈적끈적'하며 수요와 공급의 변화에 빠르게 적응하지 못한다. 이러한 고착성은 장기간의 실업과 경기 침체로 이어질 수 있으며, 이는 시장이 효율적으로 자체 조정되지 않기 때문이다.

3. 승수 효과: 지출의 변화(예: 정부 지출) 는 소득의 순환 흐름으로 인해 경제 산출의 더 큰 변화로 이어진다. 예를 들어, 정부 투자는 일자리를 창출하여 가계 소득 증가로 이어져 소비를 촉진하고 경제를 더욱 활성화시킨다.

4. 절약의 역설: 경기 침체기에는 가계의 저축이 증가하면 총수요가 감소하고 경기 침체가 악화될 수 있다. 모든 사람이 동시에 저축할 경우 개인의 저축이 전체 경제에 해로울 수 있다.

5. 기대치의 역할: 기업과 소비자의 신뢰는 투자와 소비에 큰 영향을 미친다. 미래에 대한 불확실성이나 비관론은 경제 활동을 위축시켜 자기충족적 침체의 악순환을 초래할 수 있다.

6. 불완전 고용 균형: 케인즈는 경제가 노동력과 같은 자원이 충분히 활용되지 않는 불완전 고용 균형 상태에 정착할 수 있다고 주장했다. 이는 시장이 자연스럽게 완전고용 상태로 돌아간다고 가정하는 고전적 이론과 모순된다.

B. 케인즈경제학의 정책적 함의

1. 정부의 적극적인 개입: 케인즈는 경제 변동 시 총수요를 관리하기 위한 정부 정책을 옹호했다. 경기 침체기에는 수요를 자극하기 위해 정부 지출 증가나 감세와 같은 확장적 재정 정책이 권장된다. **2. 통화 정책:** 케인즈는 깊은 불황(예: 유동성 함정) 동안 통화정책의 효과에 회의적이었지만 정상적인 상황에서 금리와 투자를 관리하는 데 있어 통화정책의 중요성을 인정했다. **3. 반순환 정책:** 정부는 경기순환에 대응하는 정책을 채택해야 한다. 경기 침체 동안 지출을 늘리고 세금을 낮추어야 한다. 호황기에는 지출을 줄이고 세금을 인상하여 인플레이션이나 자산 거품을 방지해야 한다. **4. 공공 투자:** 케인즈는 고용을 늘리고 수요를 자극하기 위해 대규모 공공사업 프로그램(예: 인프라 프로젝트) 을 강조했다.

C. 실제 응용 프로그램

1. 대공황: 케인즈의 아이디어는 고전 경제학이 대량 실업과 경제 침체에 대한 해결책을 제공하지 못했을 때 대공황 동안 두각을 나타냈다. 2. 제2차 세계대전 이후의 정책: 케인즈주의 정책은 20세기 중반

경제 사상을 지배하여 많은 선진국에서 강력한 경제 성장을 이끌었다. 3. 2008년 글로벌 금융위기: 각국 정부와 중앙은행은 케인즈주의 원칙 (예: 경기부양책, 구제금융, 양적완화) 을 사용하여 경제를 안정시키고 더 깊은 경기침체를 방지했다.

D. 케인즈 경제학 비판

1. 인플레이션 위험: 비판론자들은 과도한 정부 개입이 인플레이션이나 대규모 공공 부채로 이어질 수 있다고 주장한다. **2. 크라우딩 아웃 효과(Crowding-Out effect):** 정부 지출 증가는 금리를 인상하거나 자원을 독점함으로써 민간 부문의 투자를 감소시킬 수 있다. **3. 장기 성장:** 케인즈 경제학은 단기적인 안정에 초점을 맞추고 장기 성장을 위한 정책을 소홀히 할 수 있다. **4. 합리적 기대치와 공급 측 비판:** 합리적 기대(Rational Expectations)와 공급측 이론(Supply-Side Theories)과 같은 후기 경제학파들은 시장이 케인스가 믿었던 것보다 더 효율적이며, 정부 개입이 경제적 인센티브를 왜곡할 수 있다고 주장한다.

IV. 케인스 이후의 현대 거시경제학(Modern Macroeconomics after Keynes)

현대 거시경제학은 케인즈주의 아이디어를 기반으로 하고 확장하는 동시에 다른 학파의 통찰력, 경제 모델링의 발전 및 데이터 분석을 위한 새로운 도구를 통합한다. 포스트 케인즈주의의 발전은 케인즈의 원래 틀의 강점과 한계를 모두 해결하고 경제가 장단기적으로 어떻게 기능하는지에 대한 더 깊은 이해를 제공하는 것을 목표로 했다.

A. 케인스 이후 현대 거시경제학의 주요 발전

1. IS-LM 프레임워크(Hicks-Hansen 모델): 1930년대 후반과 1940년대에 개발된 **IS-LM 모델**은 케인스의 아이디어를 그래픽 프레임워크로 변환한다. IS-LM 모델은 국민소득을 X축으로 이자율을 Y축으로 하여, 투자와 저축(IS) 곡선(-경사)이 유동성과 화폐공급(LM) 곡선(+경사)과 교차하는 지점에서 국민소득과 이자율의 균형점을 형성한다. 이는 실물경제(상품시장, IS 곡선)와 금융경제(금융시장, LM곡선) 간의 상호작용을 설명하여 산출량과 이자율을 결정한다. IS-LM 커브는 수요곡선이 왜 이동하는가를 설명하므로 경제적 변동을 분석하고 적절한 안정정책의 잠재적 수준을 결정하는 수단으로 사용한다. 바꿔말하면(1) IS-LM 커브는 상품시장과 금융시장 간의 정적 균형의 틀을 제공한다. (2) IS-LM 커브는 실물과 화폐 간의 상관관계가 이자율을 통하여 나타난다. (3) LM 커브를 도출하기 위하여 사용되는 화폐 수요 분석은 케인스의 일반이론에 기초하지 않고 임시 패션을 이용하였다. 1970년대에 케인스의 이론에 반대하는 자유주의 경제학은 IS-LM 커브를 경시하였다.

2. 신고전주의 합성: 폴 새뮤얼슨(Paul Samuelson) 은 케인즈주의의 단기적 통찰(적극적 수요 관리) 과 고전적 장기 원칙(시장 자기 조정) 을 결합했다. 이러한 종합은 1950년대부터 1970년대까지 경제정책을 지배했으며, 안정화를 위한 재정 및 통화정책의 역할을 강조했다.

3. 통화주의(밀턴 프리드먼): 1950년대와 1960년대에 케인스주의를 가장 좌절시키는 것은 밀턴 프리드먼이 주도하는 통화주의(Monetarism)였다. 케인스 소비이론의 방정식은 $[C = c(Y - T)]$으로 소비는(소득 - 세금)의 함수로서, 화폐의 공급이나 물가수준을 고려하지 않아, 케인스의 경제이론에 결함이 노출되었다. 현대에는 당

연히 금융정책과 재정정책이 공조하여 경제성장을 달성하고 있으며, 그 한 축인 금융정책이 고려되지 않았으므로 케인스주의자들은 이에 동의하여, 신 케인스 일반 모델(IS-LM)을 개발하였다. 통화주의자들은 케인즈주의가 재정 정책에 의존하는 것을 비판하면서 통화 공급이 경제 변동에 영향을 미치는 데 지배적인 역할을 한다고 주장했다. Friedman의 영구 소득 가설과 인플레이션에 대한 연구(예: 자연 실업률과 필립스 곡선 트레이드 오프)는 통화 정책을 형성했다.

4. 필립스 곡선의 진화: 처음에 필립스 곡선은 실업률과 인플레이션 사이의 반비례 관계를 설명했다. 1970년대에 스태그플레이션(높은 인플레이션과 실업률이 동시에 발생하는 현상)은 이 단순한 상충관계를 약화시켰고, 이로 인해 기대 증강 필립스 곡선(Expectations-Augmented Phillips Curve)이 개발되고 합리적 기대치가 도입되었다.

5. 합리적 기대(로버트 루카스): 합리적 기대 혁명(Rational Expectations Revolution, 1970년대)은 개인과 기업이 정책 변화의 영향을 예측하기 위해 사용 가능한 모든 정보를 사용한다고 주장했다. 이 비판은 체계적인 정책 개입에 의존하는 케인즈주의 모델을 훼손하고, 예상되는 정책이 미치는 효과가 제한적임을 강조했다.

6. 실물경기순환(RBC) 이론: 에드워드 프레스콧(Edward Prescott) 등이 개발한 RBC 이론은 경제적 변동이 기술이나 자원 가용성의 변화와 같은 실제 충격에 기인한다고 주장한다. 이는 통화정책의 역할을 경시하고 시장이 항상 균형을 이룬다고 가정한다.

7. 새로운 케인즈 경제학: 1980년대에 등장한 신케인즈주의자들은 미

시경제학적 토대를 케인즈주의 모델에 통합하면서 합리적 기대 학파의 비판에 대응했다. 주요 기능: (a) 끈적끈적한 물가와 임금: 시장이 즉각적으로 조정되지 않는 이유를 설명한다. (b) 메뉴 비용: 가격 변동 비용은 비효율성을 초래한다. (c) 조정 실패: 강성으로 인해 작은 충격이 큰 영향을 미칠 수 있다.

8. 동적 확률 일반 평형(DSGE) 모델: 현대 거시경제학을 위한 통합 프레임워크로, RBC와 뉴 케인즈주의 모델의 통찰력을 결합한다. DSGE 모델은 미시경제학적 기초를 사용하여 충격(예: 정책 변화, 기술 혁신)이 시간이 지남에 따라 경제에 미치는 영향을 분석한다.

9. 포스트 케인즈 경제학: 불확실성, 금융 불안정 및 소득 분배를 강조하는 이단 학파로, 케인즈의 후기 연구와 하이먼 민스키의 공헌을 기반으로 한다. 부채 주기와 금융 위기가 거시경제적 불안정에서 미치는 역할을 강조한다.

10. 행동 거시 경제학: 심리학적 통찰을 경제 모델에 통합하여 완벽하게 합리적인 행위자의 가정에 도전한다. 편향, 휴리스틱 및 시장 심리가 거시 경제 결과에 영향을 미치는지 탐구한다.

현대 거시경제학의 방향: 현대 국제경제는 인플레이션의 위협, 원자재 공급이 부족, 그리고 급변하는 국제 금융 동향이 흔히 군소국가의 국내정책을 무력화하기 때문에, 경제이론의 결함을 극복해야 하는 과제를 안고 있다. 첫째 각국 경제가 밀접히 관련되어 있으므로 폐쇄경제 모델에서 탈피하여 대외무역 요인을 신중히 고려해야 한다. 둘째 거시 경제학만을 중시하기보다 미시 경제학 이론을 거시경제에 응용할 필요가 있다. 셋째 경제 현상을 분석하는 데 정치 군사 사회 문화 종교

등 관련 분야를 고려할 필요가 있다. 로버트 솔로의 성장이론(1957)과 로버트 루카스의 합리적 기대이론(1972)은 거시경제학 발전에 이바지하였다.

B. 케인스 이후의 주요 거시경제학자들(Major Macroeconomists after Keynes)

1. 폴 새뮤얼슨(Paul Samuelson): (a) 기여: 케인즈 경제학과 고전 경제학을 결합한 신고전학파 종합을 개발했다. (b) 주요 저서: Foundations of Economic Analysis(1947). (c) 경제학에서 수학적 모델링을 강조했다. (d) 케인즈주의 아이디어를 주류 경제 이론에 통합하는 데 도움을 주었다. (노벨상 수상 1970년) **2. 밀턴 프리드먼(Milton Friedman):** (a) 기여: 통화주의 사상 학파의 창시자. (b) 인플레이션과 경제 변동을 통제하는 데 있어 통화 공급의 역할을 강조함으로써 케인스주의에 도전했다. (c) 주요 저서: 미국의 화폐 역사(1963, 안나 슈워츠와 함께). (d) 영구소득 가설(permanent income hypothesis)과 자연 실업률(natural rate of unemployment)과 같은 개념을 도입했다. (노벨상 수상 1976년) **3. 로버트 솔로(Robert Solow):** (a) 기여: 현대 성장 이론의 초석인 Solow Growth Model을 개발했다. (b) 장기적인 경제 성장에서 기술 진보, 자본 축적 및 노동의 역할에 중점을 두었다. (c) 성장 이론에 대한 연구(노벨상 수상 1987년) **4. 제임스 토빈(James Tobin):** (a) 기여: 고급 케인즈 경제학, 특히 금융 시장 및 통화 정책 분야에서. (b) Tobin's Q 이론을 개발하여 자본 교체 비용에 대한 시장 가치의 비율에 기반한 투자 결정을 설명한다. (c) 경제 안정을 위한 적극적인 재정 및 통화 정책을 옹호했다. (노벨상 수상 2002년) **5. 로버트 루카스(Robert Lucas):** (a) 기여:

전통적인 케인즈주의 모델의 예측력에 도전한 합리적 기대 가설을 개척했다. (b) 루카스 비판(Lucas critique)을 개발하여 거시경제 모델에서 미시적 토대의 중요성을 강조한다. (c) New Classical School의 핵심 인물. (노벨상 수상 1995년)

6. 에드워드 프레스콧과 핀 키들랜드(Edward Prescott and Finn Kydland): (a) 기여: RBC(Real Business Cycle) 이론의 공동 창시자. (b) 경제 변동을 주도하는 기술 충격과 생산성 변화의 역할을 강조했다. (c) 경제정책에서 시간불일치 개념 도입(노벨상 동시 수상 2004년). **7. 존 힉스(John Hicks):** (a) 기여: IS-LM 모델을 개발하여 케인즈의 아이디어를 공식적으로 수학적 표현했다. (b) 케인즈주의 이론과 고전 이론을 응집력 있는 틀로 병합하는 데 기여했다. (노벨상 수상 1972년) **8. 조지프 스티글리츠(Joseph Stiglitz):** (a) 기여: 새로운 케인즈 경제학의 리더. (b) 거시 경제 역학에서 불완전한 정보와 시장 실패의 역할에 중점을 둔다. (c) 실업, 임금 경직성 및 금융 위기를 설명하는 핵심적 역할을 하였다. (노벨상 수상 2001년) **9. 로렌스 서머스 (Lawrence Summers):** (a) 기여: 선진국 경제가 구조적 문제로 인해 장기간 저성장에 직면할 수 있다고 주장하는 세속적 침체 이론을 탐구했다. (미국 재무장관 1999-2001, 하바드 대학 총장 2001-2006, 국가 경제위원회 이사 2009-2010) **10. 토마스 사전트(Thomas Sargent):** (a) 기여: 합리적 기대치 및 동적 확률적 일반평형(DSGE) 모델의 개발에 기여했다. (b) 거시 경제 이론을 테스트하기 위한 고급 경험적 방법에 기여했다. (노벨상 수상 2011년)

경제학의 정량적 방법은 경제 데이터를 분석하고 이론을 테스트하며 문제를 해결하기 위해 수학, 통계 및 계산 기술을 사용하는 것을 말한다. 이러한 방법은 경제학자가 복잡한 관계를 이해하고, 결과를 예측하고, 정책 결정을 내리는 데 도움이 된다. 다음은 경제학에서 정량적 방법의 몇 가지 주요 구성 요소에 대한 개요이다.

1. 수학적 도구(Mathematics): 수학은 경제 모델을 공식화하고 해결하기 위한 기초를 제공한다. 경제학에서 사용되는 일반적인 수학적 도구는 다음과 같다. (a) 미적분학(Calculus): 변화를 분석하고 경제적 기능(예: 효용 극대화, 비용 최소화)을 최적화한다. (b) 선형 대수학(Linear Algebra): 방정식 시스템 및 입력-출력 분석 작업에 사용된다. (c) 최적화 기법: 라그랑주 승수(Lagrangian multipliers), 제약 최적화(Constrained Optimization). (d) 차분 및 미분 방정식 (Difference & Differential Equation): 동적 경제 모델.

2. 통계적 방법(Statistics): 통계는 경제 데이터를 분석하고 관계를 추정하는 데 필수적이다. 주요 영역은 다음과 같다. (a) 기술 통계 (Descriptive Statistics): 데이터(예: 평균, 분산, 히스토그램)를 요약하고 시각화한다. (b) 추론 통계(Inferential Statistics): 모집단에 대한 예측을 하기 위해 표본에서 결론을 도출한다. (c) 회귀 분석 (Regression Analysis): 변수 간의 관계(예: 소득이 소비에 미치는 영향)를 추정한다. (d) 시계열 분석(Time Series Analysis): GDP 성장률

또는 주가와 같은 시간 경과에 따른 데이터를 연구한다.

3. 계량경제학(Econometrics): 가설을 테스트하고 결과를 예측하기 위해 경제 데이터에 통계 기법을 적용한다. (a) 회귀 분석(Regression Analysis): 단순 및 다중 선형 회귀, 계수 해석. (b) 시계열 분석(Time Series Analysis): ARIMA 모델, 추세 및 계절성. (c) 패널 데이터 모델(Panel Data Models): 고정 효과, 랜덤 효과. (d) 도구 변수 및 내생성(Instrumental Variables & Endogeneity). (e) 경제계량학에서의 가설 검정: t-검정, F-검정.

4. 투입-산출 분석(Input-Output Analysis): Wassily Leontief에 의해 개발되었으며, 행렬을 사용하여 경제의 다양한 부문 간의 상호 의존성을 분석한다. (a) 행(Rows)은 다른 부문에 분배된 부문의 출력을 보여주는 행렬이다. 열(Columns)은 부문이 출력을 생산하기 위해 사용하는 입력을 보여준다. (b) 최종 수요: 소비, 투자, 정부 지출 및 수출을 포함한다. (c) 총 생산: 다른 산업에서의 중간 수요와 최종수요의 합이다.

5. 프로그래밍 및 데이터 분석(Programming & Data Analysis Tools): 데이터 처리 및 시뮬레이션 실행에 사용된다. 데이터 정리, 시각화, 모델링.

6. 운영 연구 및 의사 결정 이론(Operations Research & Decision Theory): 자원 배분, 게임 이론, 전략적 의사 결정에 적용된다: 선형 프로그래밍, 게임 이론, 결정 나무 및 기대 효용.

7. 시뮬레이션 및 모델링(Simulation Trees and Expected Utility): 분석적 솔루션이 불가능할 때 사용된다: (a) Monte Carlo 시뮬레이션: 불확실성과 임의성을 모델링 한다. (b) 에이전트 기반 모델링(Agent-

Based Modeling): 개별 에이전트의 상호 작용을 시뮬레이션 한다. (c) 빅 데이터 분석(Big Data Analysis): 대규모 데이터 세트에서 인사이트를 추출한다. (d) 기계 학습(machine Learning): 예측 모델링 및 패턴 인식을 위한 알고리즘 사용.

I. 수리경제학(Mathematical Economics)

수리 경제학은 경제적 문제를 표현, 분석 및 해결하기 위해 수학적 도구와 방법을 사용하는 것을 포함한다. 다음은 수리 경제학에 대한 개요이다.

A. 수리경제학의 핵심영역

1. 미적분학(Differential Calculus): 한계효용 체감의 법칙은 하나를 얻기 위하여 다른 하나를 버리는 것으로, 미소한 변수의 차이(dx)에 대한 함수값의 차이(dy) 비율로 나타내어 어느 순간적 기울기는 통상 $[dy/dx]$ 로 표시하는 미분 개념이다. 폴 사무엘슨은 경제분석의 기초(1947)에서 미적분을 사용하여 여러 경제 현상을 설명하였다. 그는 효용 가치를 극대화하기 위하여 두 개의 균형점을 비교하는 방법을 이용하였다.

2. 선형모형(Linear Models) 은 존 폰 뉴먼이 1937년 제한된 일반균형 모델에 사용하였다. 선형대수학에서 연립 방정식을 사용하여 여러 변수를 구하는 선형모형의 한 예이다. 계량 경제학(Econometrics)은 선형모델에 속하며 입출력(Input-Output) 모형이 대표적 예이다. 단일 방정식에서 각 변수의 신뢰도를 측정하는 통계학도 선형모형이다.

3. 수학적 최적화(Mathematical Optimization): 소비-생산-교환의

최적화에서 예시한 바와 같이, 제약조건을 전제로 목적함수를 극대화하는 수학적 방법이다. 이를테면 소비함수 [U(x, y)] 극대화는 제약조건 [B = x P(x) + y P(y)]을 전제로 한다. 이는 라그랑주(Lagrangian) 함수로 해답을 구하여 소비, 생산, 교환에서 최적화를 얻을 수 있다.

4. 게임 이론(Game Theory)은 상호의존적-이성적 의사결정에 관한 수학적 이론으로 일정한 전략을 가지고 최고의 보상을 얻기 위한 행위로 경제학에서도 적용된다. 하나의 게임은 몇 명의 참가자(Actors), 전략(Strategy), 이에 따른 보상(Payoff)으로 구성된다. 게임은 협조적-비협조적, 제로섬-넌 제로섬, 대칭적-비대칭적, 동시적-순차적 게임이 있다.

B. 수리경제학의 핵심 수학 도구

1. 선형 대수학: (1) Matrix Algebra: 입력-출력 분석 또는 평형 모델에서 선형 방정식 시스템을 해결한다. (2) Eigenvalues and Eigenvectors: 동적 안정성 및 구조적 변화를 분석한다.

2. 미적분학: (1) 미분적분학(Differential Calculus): 한계 분석(예: 한계 비용, 한계 효용). (2) Integral Calculus: 곡선 아래의 영역(예: 소비자 및 생산자 잉여)을 측정한다. (3) 다변수 미적분학: 여러 변수와의 관계를 분석한다.

3. 미분 및 미분 방정식: (a) 미분 방정식(Differential Equations): 성장 및 거시 경제 시스템과 같은 연속 시간 모델에 사용된다. (b) 차분 방정식(Difference Equations): 이산 시간 모델에 사용되며, 종종 금융 또는 동적 프로그래밍에 사용된다.

4. 최적화 기법: (1) 정적 최적화(Static Optimization): 고정된 변수로 문제를 해결한다. (2) 동적 프로그래밍: 시간이 지남에 따라 진화하는 문제에 대한 재귀적 솔루션(예: Bellman 방정식).

5. 확률 및 통계: (1) 확률론적 모델(Probabilistic Models): 미시경제학, 금융, 보험의 불확실성을 모델링. (2) 마르코프 체인(Markov Chains): 동적 모델(예: 노동 시장, 재고 시스템)의 전환 확률.

C. 경제학에서 수리경제학의 응용

1. 미시경제학: (a) 방정식 시스템을 사용한 수요-공급 분석. (b) 유틸리티 최대화 및 지출 최소화 문제. (c) 시장 구조 분석(예: 독점, 과점, 경쟁 시장). **2. 거시경제학:** (a) 단기 평형을 위한 IS-LM 및 AD-AS 모델. (b) 정책 분석을 위한 DSGE(Dynamic Stochastic General Equilibrium) 모델. (c) 성장 및 개발 경제학(예: 자본 축적 모델). **3. 국제 무역:** (a) 선형 대수학을 사용하여 공식화된 Ricardian 및 Heckscher-Ohlin 모델. (b) 무역 흐름에 대한 중력 모델. **4. 재정:** (a) CAPM 및 Black-Scholes와 같은 자산 가격 책정 모델. (b) 파생상품 가격 책정의 위험 중립적 평가. **5. 환경 및 자원 경제학** (Environmental and Resource Economics): (a) 천연 자원 사용의 최적화. (b) 동적 시스템을 사용한 환경 정책의 비용 편익 분석.

II. 일반평형에서의 수학적 최적화
Mathematical Optimization in General Equilibrium

일반적으로 최적화는 제약 조건 또는 주어진 필요한 조건에 따라 목적 함수를 최대화하는 것을 의미한다. 예를 들어, 미시 경제학에서 소비자는 예산 제약에 따라 효용을 극대화하거나 주어진 효용 수준에 대한 지출을 최소화하려고 한다. 생산자는 자본 또는 인건비와 같은 투입 비용에 따라 생산량을 최대화하려고 한다. 더욱이, 부분적 또는 일반적 균형의 대가에서, 자원 사용의 최적화는 낭비가 없는 것에서 비롯되며, 이는 소비 예산이 생산 비용과 동일하다는 것을 의미한다. 이는 제약조건 하에서 목적함수를 극대화 하는 것으로 라그랑주 함수를 풀어서 유도할 수 있다.

Figure II-3-1. The Paretian System – General Equilibrium
파레티우스 체계 – 일반 평형

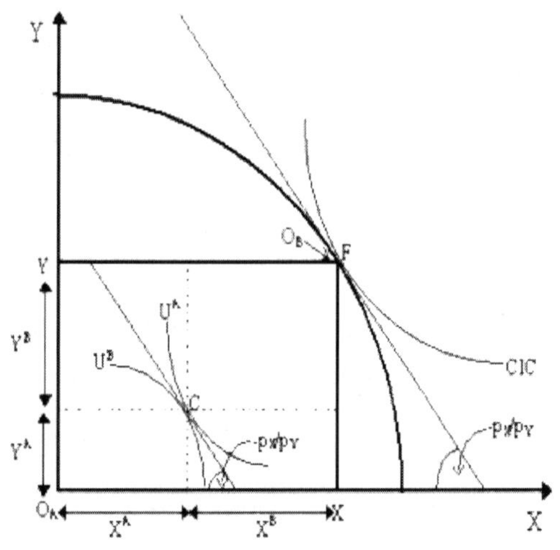

Source: Hugo W. Kim, The Transformation of Politics, Economy, and Science (North Charleston, SC: CreateSpace, 2020), 196.

(1) 소비는 예산 제약 하에서 효용을 극대화한다. 효용 함수는 $U(x, y)$ 이고, 예산 제약은 $b = x\,Px + y\,Py$ 이다. 소비 모델에서 효용 U는 상

품 x 와 y 의 함수이다. b는 예산, Px, Py 는 상품 가격이다. 따라서 라그랑주 함수는 Z = U(x, y) + λ(B - x Px - y Py) 이다.

(2) 생산은 입력 제약 하에서 출력을 극대화한다. 출력 함수는 Q = f(K, L) 이고, 입력 비용은 C = r K + w L 이다. 생산 모델에서 출력 Q는 자본(K)과 노동(L)의 함수이다. C는 비용, r은 단위 자본 비용, w는 단위 노동 비용이다. 라그랑주 함수는 Z = f(K, L) + μ(1 − r K − w L) 이다

(3) 교환에서, 일반 평형의 경우 생산 비용 = 소비 예산이므로, x Px + y Py = B = C = r K + w L 이다. 따라서 소비와 생산이 충족되어 파레토 최적(Pareto Optimal) 으로 효율적이다. 이 조건을 위반하면 경제적 효율성을 위해 지속적인 조정이 필요하다. 따라서 요인 입력(계약 곡선에 나타난 L과 K)을 사용한 생산은 위 그래프의 생산 가능성 경계에서 2개의 상품(X 및 Y)의 조합으로 표현된다. 소비자 무관심 곡선(CIC)은 소비 예산 ≡ 생산 비용 F 지점에서 PPF를 충족한다.

따라서 위의 3 방정식(생산, 소비, 교환) 을 충족하는 F지점의 조건은 아래와 같다.

$$\text{Consumption Conditions for Utility Maximization: } -dx/dy = U_x/U_y = P_x/P_y$$

$$\text{Efficient Allocation for 2 Consumers: } MRS_{XY}^{A} \equiv MRS_{XY}^{B}$$

$$\text{Production Conditions for Efficient Production: } MRTS_{LK} = -dK/dL = f_L/f_K = w/r$$

$$\text{Efficient Allocation for 2 Producers: } MRTS_{XY}^{A} \equiv MRTS_{XY}^{B}$$

$$\text{Exchange Conditions for Efficiency: } MRS_{XY} \equiv MRTS_{XY}$$

$$\text{Consumption Budget} \equiv \text{Production Cost}$$

Paretian System과 일반 균형과의 연결은 Vilfredo Pareto의 효율성

과 자원 배분의 원칙에 기반한 경제학의 틀을 나타낸다. Paretian 접근법은 현대 미시 경제 이론의 많은 부분, 특히 경쟁 시장과 일반 균형에 대한 연구의 기초를 형성한다.

Paretian General Equilibrium Framework의 주요 가정: 1. 완전 경쟁: 개인 구매자 또는 판매자가 가격에 영향을 미칠 수 없다. 2. 합리적 행동(Rational Behavior): 경제적 주체는 효용(소비자)이나 이윤(기업)을 극대화하기 위해 행동한다. 3. 완전한 시장: 모든 재화와 서비스에는 거래할 수 있는 시장이 있다. 4. 외부효과 없음: 한 대리인의 행위가 시장 메커니즘 밖에 있는 다른 대리인의 효용이나 생산에 직접적인 영향을 미치지 않는다.

III. 계량경제학(Econometrics)

계량 경제학은 통계적 방법과 수학적 모델을 사용하여 경제 데이터를 분석하고 경제 이론을 테스트하는 경제학의 한 분야이다. 계량경제학의 선구자들: Ragnar Frish – '계량경제학'이라는 용어를 1926제안함; Jan Tinvergen – 실제 정책에 계량경제학 모델을 적용함(노벨상 수상 1969); Trygve Haavelmo – 확률적 기초를 정립함(노벨상 수상 1989);

A. 계량경제학의 목적은 경제학자가 실제 데이터를 사용하여 경제 관계(예: 소득과 소비 혹은 GDP와 인플레이션 관계) 를 정량화하며 그 목적은 다음과 같다. 1 경제 이론에서 파생된 가설 테스트, 2 경제적 관계 추정(예: 소득과 소비 간), 3 미래 경제 트렌드를 예측, 4 정책의 영향 평가(예: 세금 감면이 고용에 미치는 영향).

B. 계량경제학 모델: Linear Regression Models

Simple Linear Regression Model 단순선형 회귀모델: $Y = \beta 0 + \beta 1 X + u$.

Multiple LRM 다중선형 회귀모델: $Y = \beta 0 + \beta 1 X1 + \beta 2 X2 + \cdots + \beta k Xk + u$.

자료 형태: Cross-sectional Data, Time Series Data, and Panel Data

C. 추정 기법

1. Ordinary Least Squares(OLS): The most common method for estimating parameters(β). Minimizes the sum of squared residuals: Residual = $Yi - (\beta 0 + \beta 1 Xi)$. **2. Generalized Least Squares**(GLS): Used when error terms are heteroscedastic or autocorrelated.

3. Maximum Likelihood Estimation(MLE). An alternative estimation technique, often used in advanced econometric models.

D. 계량경제학의 미국 인구조사 통계에 적용(예)

1. 질문: 특정지역 교육 수준이 소득에 미치는 영향은 무엇인가?

2. 경제 모델 수립: 소득=$\beta 0+\beta 1\times$교육+$\beta 2\times$경력+u

3. 데이터 수집 및 가공

4. 통계적 추정 및 가설 검정: 회귀분석 등 계량경제학 기법을 사용해 변수 간의 계수(β값) 를 추정하고, 이 값이 통계적으로 유의미한지 검증한다.

5. 정책 평가 및 예측: 분석 결과를 바탕으로 정책 효과를 평가하거나, 미래의 경제·사회 현상을 예측하는 데 활용할 수 있다.

04 현대 이종 경제사상
Modern Heterodox Economic Thought

현대 이종 경제 사상은 종종 신고전파 경제학이라고 불리는 주류 경제 틀에 도전하거나 확장하는 다양한 학파와 관점을 포함한다. 이러한 관점은 합리성, 균형, 시장 효율성 및 기타 정통 이론의 핵심 교리에 대한 가정을 비판하고 대신 더 넓은 사회적, 제도적 및 역사적 요인을 경제 분석에 통합하는 것을 목표로한다. 다음은 현대 이종 경제학의 몇 가지 주요 측면과 학파이다.

A. 핵심 원칙

이종 경제학은 다원주의, 신고전파 경제학에 대한 비판적 입장, 실제 적용에 초점을 맞추는 것이 특징이며 핵심원칙은 다음과 같다.

1. 학제간(Interdisciplinary): 사회학, 정치학, 역사 및 기타 학문 분야의 통찰력을 활용한다. **2. 제도와 권력에 집중:** 경제적 결과를 형성하는 데 있어 제도, 권력 역학 및 사회 구조의 역할을 강조한다. **3. 역사적 맥락:** 경제 체제는 역사적으로 우연적이며 시간이 지남에 따라 진화한다는 것을 인식한다. **4. 방법론적 다양성:** 정량적 기법과 함께 정성적 기법을 중시하고 획일적인 모델을 거부한다.

B. 주요 학파

1. 마르크스주의 경제학: 계급 투쟁, 착취 및 자본주의의 역학에 중점을 둔다. **2. 포스트 케인즈 경제학(Post-Keynesian Economics):** 케인즈의 통찰을 바탕으로 불확실성, 유효 수요, 금융 불안정성을 강조

한다. **3. 제도 경제학(Institutional Economics):** 경제 활동에서 사회적 규범, 법적 체계 및 제도의 역할을 강조한다. **4. 페미니스트 경제학(Feminist Economics):** 무급 노동과 불평등을 포함한 경제의 젠더화된 측면을 조사한다. **5. 생태 경제학(Ecological Economics):** 생태학적 제약과 지속 가능성을 경제 분석에 통합한다. **6. 오스트리아 경제학:** 개인의 의사결정, 기업가 정신, 중앙 계획의 한계 등을 강조한다. **7. 행동 경제학 및 진화 경제학(Behavioral and Evolutionary Economics):** 경제 시스템에서 인간 행동, 혁신 및 적응 과정을 탐구한다.

C. 주류 경제학에 대한 비판: 이종 경제학자들은 종종 신고전파 경제학을 다음과 같이 비판한다.

1. 수학적 형식주의에 대한 과도한 의존(Overreliance on Mathematical Formalism): 실제 적용 가능성보다 추상적 모델을 우선시한다. 2. 합리성의 가정(Assumptions of Rationality): 개인이 효용을 극대화하기 위해 항상 합리적으로 행동한다는 생각에 의문을 제기한다. 3. 시장 근본주의(Market Fundamentalism): 자기 교정하는 시장과 완전 경쟁에 대한 믿음에 도전한다. 4. 불평등과 권력에 대한 방치(Neglect of Inequality and Power): 소득 격차, 계급 역학 및 제도적 권력에 대한 불충분한 관심을 지적한다.

D. 실제 응용 프로그램: 이종 접근법은 다음을 분석하기 위해 적용된다. 1. 경제 위기(예: 금융 불안정 및 시스템 위험). 2. 불평등, 빈곤, 부의 분배. 3. 환경 파괴와 지속 가능한 개발. 4. 성별 격차와 사회 정의. 5. 조세, 노동 및 무역과 같은 분야의 정책 결정.

E. 방법론적 다원주의: 이종 경제학은 다음과 같이 다양한 방법을 사용한다. 1. 사례 연구 및 역사적 분석. 2. 시스템 역학 및 생태 모델링. 3. 설문 조사 및 민족지학적 연구.

05 경영학 이론의 발전
Development of Management Theories

국가나 기업 관리자의 경영 능력이 산업 생산은 물론 경제 전반에 미치는 영향이 지대하므로 경영학 이론의 발전에 관하여 간략히 소개한다.

Table II-5-1. Relations between Economics and Business Management
경제학과 경영학의 관계

Aspect	Economics	Business Management
Focus	Study of how societies allocate scare resources	Managing an organization's resources to achieve goals
Scope	Broad – includes national, international, and micro levels	Specific – focuses on firms or organizations
Tools Used	Models, theories, data analysis 9e.g., supply and demand, GDP, inflation	Strategic planning, operations, marketing, HR
Purpose	Understand market behavior, resource allocation, policy impact	Improve efficiency, profitability, and competitiveness of a business
Key Questions	What should be produced? How? For whom?	How can we achieve organizational goals?

경제학과 경영학의 상호작용(상기 Table 참조)

1. 시장 분석: 경제학은 수요 동향을 연구하고, 경영은 이를 활용하여 판매를 예측한다. 2. 가격 전략: 탄력성과 같은 미시경제 개념은 기업이 최적의 가격을 설정하는 데 도움을 준다. 3. 정책 영향: 경제학은 정책의 영향을 분석하고(예: 세금, 금리 변화), 경영학은 이에 맞추어 비즈니스 전략을 조정한다. 4. 자원 할당: 경제학은 이론을 제공하고(기

회비용, 한계 분석), 경영학은 이를 적용한다(예산 편성, 생산 계획). 5. 세계화: 국제 경제학은 무역 패턴을 설명하고, 경영학은 글로벌 투자 및 공급망을 결정한다.

결론적으로, 경제학은 이론적 기초와 거시적/미시적 맥락을 제공하며, 사업 관리는 이 지식을 사용하여 조직 내에서 실용적이고 전략적인 결정을 내린다. 요약하면, 경제학은 우리가 환경을 이해하는 데 도움을 주고, 경영학은 우리가 그 안에서 효율적으로 행동할 수 있도록 사업관리를 돕는다.

과학적 관리법과 인간관계 이론

1. 산업혁명 초기에 숙련공이 부족하고, 노동자들은 공장 생활에 반항적이며, 채용 후에 훈련을 시키는 데 어려움이 있었다. 규율이 문란하고 작업 동기가 부족하여, 주 4일 임금이 생계에 충분하면 나머지 3일은 일하지 않았다. 로버트 오웬(1771-1858)은 스코틀랜드에서 섬유공장을 경영하면서 생산성을 향상하고 이윤을 올리기 위하여 작업조건을 개선하고 종업원 복지에 관심을 가졌다. 다니엘 맥칼럼(1815-78)은 미국 철도 기술자이며 뉴욕-이리 철도 지배인으로 효율적인 철도운영을 위한 일반 원칙을 수립하였다. 책임을 나누어 이를 수행하는 충분한 권한을 부여하고, 부여한 핵임을 달성하였는가 확인하며, 보고서를 각 부서에 신속히 전파하여 잘못을 즉각 바로잡고, 일일보고를 통하여 전파하는 체계를 만들었다.

2. 과학적 관리법: 프레데릭 테일러(1856-1915) 는 기계기술자로 4년간의 도제를 마치고 1878년 한 철강소의 기계공으로 시작하여 최고 기사가 되었다. 그는 사람과 기계의 생산성에 관해 연구하여 1890-93년

한 제조회사의 일반 관리자로 일하면서 경영 상담을 시작하였다. 강의, 저술, 상담을 통하여 과학적 관리법을 개발하고 1906년 펜실베이니아 대학에서 명예 과학박사 학위를 받았다. 과학적 관리법은 첫째 시간 및 동작 연구, 시간 절약 수단 이용, 계량화로 최적화를 달성하였다. 둘째 기능적 직장 제도, 공구-기구의 표준화, 작업지시서, 작업 순서, 작업 기획으로 표준화 및 작업을 통제하였다. 셋째 불화와 투쟁을 지양하고 협동과 신뢰를 바탕으로 공정성을 도모하고 성과급 제도를 도입하여 동기를 부여하였다. 프랑스의 헨리 페이욜도 동작 연구에 기초한 과학적 관리법을 주장하였다.

3. 인간관계 이론: 엘튼 메이요(1880-1946)는 하버드 대학교수로 1924-32 기간 호손 실험을 주간하여, 기업의 생산성을 결정하는 것은(기존의 과학적 관리법이 아닌) 인간관계 즉 근로자의 정서적 요소가 생산성 향상에 중요한 역할을 한다는 이론을 확립하였다. 호손 실험은 조명실험(1924-27), 계전기 조립실험(1927-29), 면접 프로그램(1928-30), 건반 배설 관찰실험(1931-32)으로 이루어졌으며 이들 실험에서 (1) 조직체에서 물리적 조건보다 응집력, 소속감, 사기, 인정과 같은 인간의 사회 심리적 조건의 변화가 생산성에 영향을 미치고, 조직 내의 비공식 조직의 협조가 중요하다. (2) 조직의 구성원은 작업장을 하나의 사회적 장으로 인식하고 구성원들의 사회 심리적 욕구를 충족하여 생산성을 향상한다. 이를 호손 효과라 하였다. (3) 조직원 상호 간의 충분한 의사소통으로 사회 통합을 가져와 생산성 향상에 크게 공헌한다고 보았다.

현대 경영학의 체계적 접근

Organization Theory – Dr. Hugo Kim

학자들의 연구로 <u>현대 경영학</u>은 많은 발전을 이루었다. 도표 II-5-1은 경영학의 기본 틀로 학생들이 체계적으로 접근하여 각론으로 들어가게 하는 경영학의 체계적 접근 방법이다. 조직의 체계를 상위체계, 체계, 하위체계로 구분하였다.

상위체계(Supra- system)는 조직 밖의 환경 요소로 조직 관리에 큰 영향력을 행사한다. 체계(System)는 조직 자체(큰 원으로 표시)로 경계선에서 상위체계와 하위체계가 상호작용(Interaction)한다. 하위체계(Subsystem)는 조직 내에 작은 원으로 표시된(1) 가치와 목표(2) 편성 구조(3) 인적자원관리(4) 재무관리(5) 공급체인(6) 기술과 정보(7) 통제와 조정 등이다. 새로운 입력(Input)이 조직 체계에 유입되면 조직의 하위체계가 상호작용으로 출력(Output)을 생산한다. 출력이 조직의 목표와 상이하면 피드백 작용을 거쳐 다시 새로운 입력을 형성하고 조직에 유입되어 다른 또 하나의 출력을 산출한다. 이 피드백 과정은 출력이 조직의 목표와 일치할 때까지 계속된다. 조직의 가치와 목적에 기초한 임무와 목표는 내부 역량과 외부 환경의 변화에 따라 수시로 수정되고 조정되지만, 경영자는 목표를 항상 인식하고 확인해야 한다. 경영에서 가장 중요한 요소 중의 하나는 상위체계-체계-하위체계 간의 수직적 의사소통이며, 하위체계 상호 간에 간단없는 수평적 정보 교환으로 오류 발생으로 일어나는 비용을 최소화해야 한다. 현대 경영학의 제 요소를 다음에서 하위 체계를 각론으로 요약 설명한다.

Figure II-5-1. A System's Approach to Management
경영의 체계적 접근 방법

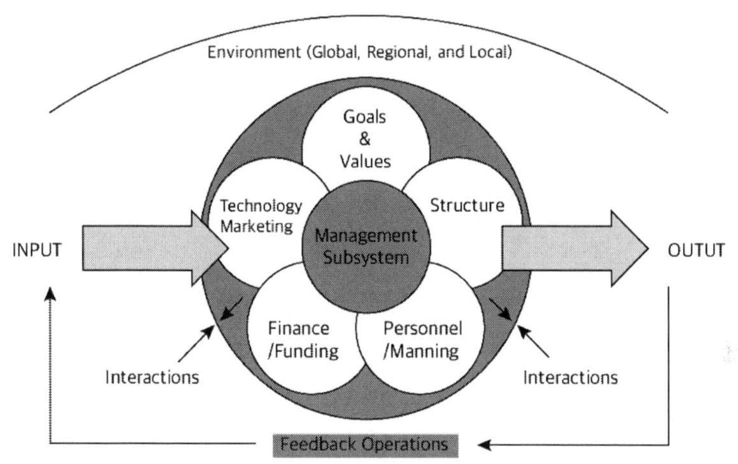

A. 환경과 조직과의 관계: 환경이란 조직 경계선 밖에 있는 실재로서 조직에 입력요소(Input)를 준비하고 그 생산품과 서비스(Output)를 흡수한다. 환경은 산업환경과 일반환경으로 구분한다. 산업환경은 특정 산업(자동차, 전자제품 등)과 관련하여 잠재적 진입자, 경쟁자나 대체자, 파트너(자본), 특별한 이해 관련자, 공급자, 구매자(소비자), 규제기관, 노동조합 등을 포함한다. 일반환경은 경제, 과학 기술, 정치와 법률, 사회와 문화로 구분하고; 정치적으로 국경을 경계로 국내와 국제환경으로 나누며, 지리적으로 세계, 지역, 지방으로 구분하여 변화에 영향을 주는 요소를 분석한다. 이를테면 경제 분야에서 국제무역이나 자본시장의 변화는 상품의 가격변동을 가져오고, 이는 모든 기업에 영향을 준다.

환경변화의 불확실성이 증가하여 조직의 반응에 대한 위험이 증가하고, 결정 대안들에 연계된 비용과 확률의 계산이 어려워진다. 불확실성의 틀의 변화는 복잡성에 따라 단순-복잡을 횡(X)축으로 하고, 변화의 심도에 따라 불안-안정을 종(Y)축으로 하여 다음 4개의 범주가 형성된다 - 낮은 불확실성(단순+안정), 낮은 적당한 불확실성(복잡+안정), 높은 적당한 불확실성(단순+불안), 높은 불확실성(복잡+불안). 환경변화와 조직의 반응에 대한 비상골격으로(1) 낮은 불확실성에서 조직은 기계적 설계로 형식적이며 중앙통제하고, 소수의 부서로 편성하고, 통합의 역할을 피하며, 현 운영체계를 유지하고, 변화에 대한 반응속도를 낮춘다. (2) 높은 불확실성에서 조직의 유기적 설계로 팀워크와 분권적 참여를 중시하고, 많은 부서로 다변화하여 광범위하게 영역을 확장하며, 통합적 역할을 장려하고, 광범위하게 계획하고 예측하며, 변화에 대한 반응속도를 높인다.

<u>환경변화에 대한 일반적 적응</u>: 환경의 복잡성과 불확실성을 극복하기 위하여 첫째 필요한 보직과 부서를 추가한다. 둘째 필요한 관계를 구축하기 위하여(1) 기술 핵심, 물자, 자원, 금융 등의 부서를 창설하여 환경의 불확실성을 흡수하여 완충 역할을 한다. (2) 조직이 외부 환경의 주요 요소들과 연결하고 협력하도록 영역을 확장한다. (3) 변화하는 패턴과 관계를 발견하기 위하여 다량의 내외 자료에 대한 고도의 기술 분석으로 정보를 확장한다. 셋째 부서의 다변화와 통합으로 외부 환경의 불확실성에 대처하는 조직의 부서는 특수화가 필요하다. 환경변화가 고도로 불확실하면, 수평적 협력을 증진하는 정보 통합체계가 필요하다. 넷째 조직구조를 기계적 또는 유기적으로 조정한다. 외부 환경이 안정되면 표준적 절차가 권위의 위계질서를 분명히 하지만, 급변하는 환경에서는 조직편성은 느슨하고, 유동적이며, 적응하는 분권

화된 유기적 조직이 필요하다.

B. 조직의 가치와 목표: 가치(Values)는 개별 인간이 가지는 좋고 바람직한 것으로, 사람들이 행동의 선택에서 영향을 받는 기준을 제공한다. 사회적 가치는 인간 행위에 대한 원하는 목표와 규범에 관한 공유된 신념체계를 반영한다. 조직은 내부 참가자와 함께하는 외부 사회가 공유하는 가치의 최저 수준에 의존한다. 목표는(Goals)는 개인, 단체, 혹은 조직이 성취하려고 노력하고 원하는 미래 조건이며 임무, 목적, 목표, 표적, 할당량, 마감일 등의 단계를 포함한다. 목표설정에 대한 환경의 충격은 경쟁력, 교섭, 협조, 연합 등의 상호작용 본질에 의해 영향을 받는다.

전략경영의 기본개념: 전략적 경영(Strategic Management)은 국제적 공간에서 장기적 으로 피드백 작업을 통하여 환경변화에 적응하여 조직의 출력을 최대화하기 위한 합동 노력과 결정이다. 만일 조직의 지도력이 어떤 환상적 야망이 없이 아무런 변화를 원치 않고 현 상태를 원하면, 전략적 경영은 필요하지 않다. 그러나 지도력이 낙관적 전망과 야심으로 조직의 가치와 목표를 확장 또는 개선하려고 의도한다면, 전략적 경영은 조직의 잠재적 장단점을 평가하고, 환경변화에 따른 새로운 전략을 수립하여, 설계된 임무의 하위체계에 적절히 적응하여 새로운 전략을 수행한다.

전략계획의 3단계: [제1단계] 현 상황의 평가: 외부 환경에서 기회와 위협을, 내부 환경에서 강점과 약점을 평가한다. [제2단계] 전략계획의 수립: 새로운 임무, 목표, 전략, 정책을 수립한다. [제3단계] 전략계획의 수행: 6 하의 원칙에 의하여 실천 가능한 개별적 프로그램을 구체적으로 수립하고, 이를 위한 예산을 제시하며, 임무 수행을 위한 단계별 절차를 명시한다. 계획의 성취를 계속 평가하고 피드백으로 통제한다. 전략계획의 수립은 조직 내부의 강점(S)-약점(W)을 횡(X) 축으로, 외부 환경의 위협(T)과 기회(O)를 종(Y) 축으로 하여 TOWS 매트릭스를 구성하고, 다음 전략을 구성한다. (1) SO 전략: 환경의 기회를 취하고 조직의 강점을 이용한다. (2) WO 전략: 환경의 기회를 이용하고 조직의 약점을 극복한다. (3) ST 전략: 조직의 강점을 이용하고 환경의 위협을 회피한다. (4) WT 전략: 조직의 약점을 최소화하고 환경의 위협을 회피한다.

C. 조직의 구조와 편성: 조직의 구조는(종적) 계층 수와 관리자의(횡적) 통제 범위를 포함하여 공식적 보고 관계를 명시하고, 개인을 그룹으로 만들어 부서를 식별하고, 부서를 전체 조직에 예속시킨다. 조직의 구조는 효율적인 소통, 협조, 그리고 부서 간의 노력을 통합하는 체계를 명시한다. 조직의 분화는 복잡성의 정도에 따라 수직적, 수평적 분화가 있으며 공간적으로 분산되는 경우 수평 수직의 형태를 적용한다. (1) 수평적 조직은 기능적 조직으로 관리자 아래에 기능부서(기술부, 제조부, 판매부, 회계부 등)가 있다. (2) 수직적 조직은 부분별 그룹화로 관리자 아래에 생산부-1, 생산부-2, 생산부-3 등으로 편성되는 조직이다. (3) 다중 매트릭스(다중 초점 그룹화) 조직은 수평조직과 수직조직이 복합된 형태이며, 이를테면 수직적 조직에서 각 생산부가 기능부서를 가지게 된다. (4) 가상 네트워크(Virtual Networks)는 외부 전문가와 연결되는 중앙 허브이다. 이를테면 한 개인이 조그마한 사무실을 열어 생산자와 소비자를 연결하여 인터넷으로 상거래를 하는 조직은 가상 네트워크이다. 각 조직의 구조는 장점과 약점을 가지고 있으므

로, 기업 특성에 따라 이윤을 극대화하는 조직의 형태를 선택한다. 조직구조에 따라 편성표를 만들고, 보직의 임무(Job Description)와 자격 기준(Qualification of Positions)을 명시하여 인력자원관리의 기초를 제공한다.

D. 인적자원의 관리: 조직을 운영하기 위하여 유능한 사람을 뽑아 적재적소에 배치 활용하고, 능력을 개발하여 보상하며, 은퇴 시까지 인력을 효율적으로 관리 유지해야 한다. <u>인력계획과 선발</u>: 조직 편성표에 의하여 인력 수요가 기능별-계급별로 결정되고 정해진 자격 기준에 의하여 인력을 선발한다. 선발 이전에 가용한 정보로 분석하여 수요를 판단하고, 내부충원과 외부선발의 숫자를 결정한다. 선발 과정은 지적, 정서적, 신체적 시험, 배경조사, 신체검사, 면접을 포함한다. <u>훈련과 능력개발</u>: 훈련은 새로 고용되었거나 미숙한 직원에게 임무를 수행하는 기본 지식과 기술을 가르치는 과정이다. 적절하게 훈련되지 않으면 자신의 임무 수행에 실패하고 다른 직원의 임무 수행을 방해한다. <u>성과 관리(진급과 보상)</u>: 성과 측정은 기준을 설정하고 작업성취를 설정 기준과 비교하여 미흡한 부분을 피드백으로 교정한다. 과업의 성과에 따라 진급과 보상이 이루어진다. <u>인력 유지와 관리</u>: 인력의 이직을 최소화하고 고용계약을 계속 유지하도록 노력한다. 상위 교육과 경험으로 능력을 개발하여 진급으로 상위직에 진출시키고, 원하는 지역이나 보직으로 전출 전입을 허용하며, 보상을 적절히 인상하여 동기를 유발한다. 고용 관계에서 윤리와 도덕, 노사관계와 집단 교섭, 고용인의 안전과 보건, 행복한 은퇴 프로그램이 필요하다. <u>조직 행위의 심리학</u>: 인간은 사회적 인정과 자기 가치실현이 중요하며, 조직원이 동기를 유지해야 한다. 조직 행위 분야의 논의는 생략한다.

E. 재무관리: 많은 개인이 소유주(Proprietorship)로 사업을 하지만, 규모가 있는 기업은 회사(Corporation)를 설립 운영한다. 회사의 소유주는 주주(Shareholders)로서 이사를 선출하여 통상 9-13명으로 이사회(Board of Directors)를 구성하고 의결권을 가진다. 이사회는 이사장(Chairman)과 사장(President)을 선출하고, 사장은 회사의 모든 행정을 관장한다. 어떤 회사는 이사장이 사장을 겸직한다. 회사 경영의 주요 목표는 주주들의 재산을 극대화하는 것이다. 재무관리자(CFO)는 기업에 자금을 조달하고, 부채와 주식(Debt & Equity)의 혼합비율을 결정한다. CFO는 현 수입의 주주 배당과 재투자 비율을 결정하고, 회사의 유동자금 흐름을 자유롭게 하고, 자본의 평균비용을 극소화한다. 금융 증권(Financial Securities)은 부채(Debt=Bond), 자본(Equity=Stocks), 파생품(Derivatives)을 포함한다. 금융시장은 현물 시장, 현물과 미래 시장, 머니 마켓, 모기지 시장, 사설 시장 등 다양하다. 뉴욕 주식과 시카고 현물은 모두 현장에서 거래하나, 나스닥은 전자거래로 별도의 거래소가 없다. 주식은 기업공개(IPO)를 통해 최초 공매하고, 일차 공매된 주식은 시장에서 자유롭게 거래된다.

F. 공급 체인(Supply Chain) 의 과정은 계획-자원공급-제조-배달-반품이며, 지속가능 전략은 첫째 노동자, 공동체, 지역에 공평하고 이득이 되는 비즈니스 관행을 유지한다. 둘째 자본을 조달하는 주주의 투자에 경쟁적으로 보상한다. 셋째 최소한 환경을 해롭게 해서는 안 된다. 공급체인 단계는 계획을 수립하여, 개념 개발 - 체제 계층 설계 - 계층의 세부 설계 - 테스트와 개선 - 생산 증가의 단계로 발전한다. 전략적 조달은 사업의 요구에 즉각적이고 효율적으로 반응할 수 있도록 상품이나 서비스를 획득하기 위하여 공급자 관계를 구축하고 관리해야 한다.

물류 시스템은 수로, 도로, 고속도로, 항공기, 파이프라인, 손 배달로 물량, 배달 비용, 배달속도를 고려한다. 크로스-도킹은 적재한 화물이 (중간에 하적 없이) 트럭, 트레일러, 열차 등에 바로 연결되는 편리한 시스템이다. 수요예측과 판매계획: 계량적 수요예측을 통하여 판매와 운영계획을 수립하면 고객 서비스를 증진하고, 재고량을 감소하며, 고객 리드 타임을 줄이고, 운영에 융통성을 부여한다. 마스터 생산 일정은 배달과 판매 및 재고관리에 여유를 제공한다.

G. 정보 기술(IT): 정보기술은 [제1 단계] 에서 거래처리 시스템, 자료 보존, 자료 수집으로 운용하였다. [제2 단계]에서 조직의 의사결정과 통제에 적용하였다. 조직의 의사결정 체계는 경영 정보체계, 행정 정보체계, 의사결정 지원체계가 있으며, 관리 통제 체계는 재무 보고서, 비재무 보고서, 보상 체계, 품질 통제 체계가 있다. [제3 단계]에서 조직의 내부와 외부의 협력을 증진하여 기업의 전략적 가치를 증가하였다. 전략적 내부접근에서 인터넷, 지식관리, 사회 연결망, 기업 자원계획 등으로 종업원 상호 간의 협력과 효율을 증진하였다. 전략적 외부접근에서 정보통합 기업, 고객 관계, 전자 상거래 등으로 외부 파트너와 협력을 강화하였다. 전자 상거래의 설계는 별도의 전자-비즈니스 회사, 회사에 하나 또는 수 개의 전자-비즈니스 부서, 통합된 전자-비즈니스 회사 내에 여러 개의 단위 전자-비즈니스 부서의 3형태로 구분하여 조직을 설계하였다.

H. 의사결정 과정: 현대의 기업환경은 급변하고 복잡성과 불확실성으로 신속하고 적절한 의사결정을 요구한다. 개인 의사결정: (1) 합리적 접근: 문제를 규명, 의사결정 기준을 식별, 기준 요소의 비중을 할당, 대안을 개발, 대안을 평가, 최선의 대안을 선택, 선택에 따른 취약점을

보강한다. (2) 시간의 압박, 의사결정에 영향을 주는 내외의 수많은 요소, 잘못 정의된 많은 문제의 본질 등으로 비합리적 접근의 경우 제약과 절충을 하고, 흔히 직관에 의한 의사결정이 이루어진다. <u>조직의 의사결정</u>: (1) 경영과학적 접근은 수학 모델을 적용한다. (2) 카네기 모델은 경영자들이 연합을 형성하여 의사결정의 합의를 만든다. (3) 증분(增分) 결정 모델은 일련의 작은 결정들이 결합하여 주된 의사결정을 한다. (4) 쓰레기통 모델은 문제가 다양하고 복잡하여 문제를 일부 해결해도 다른 문제가 남아있다. <u>비상 의사결정의 매트릭스</u>: 의사결정 특성은 문제 합의와 해결 수단의 기술지식이다. 문제 합의가 횡(X) 축으로 확실-불확실, 기술지식이 종(Y) 축으로 확실-불확실로 매트릭스를 구성하고 의사결정을 위한 비상골격이 형성된다. 종횡의 확실과 불확실의 결합에 따라 [X확실-Y확실] 경영과학으로 접근, [X확실-Y불확] 증분 결정 모델을 적용, [X불확-Y확실] 카네기 모델을 적용, [X불확-Y불확] 쓰레기통 모델을 적용한다.

I. 통제와 힘의 정치: <u>조직 부서 간의 갈등</u>의 근원은 목표의 비 호환(互換)성, 가치-행위-기준의 차별화, 임무의 상호 의존성, 제한된 자원으로 인한 경쟁 등에 있다. 이로 인하여 조직 프로세스는, 합리적 모델이 아닌, 정치적 모델이 되어 권력과 영향력으로 의사결정을 하게 된다. 협력 강화를 위한 전술은 통합 기구의 창설, 대결과 협상, 그룹 간의 상담, 그룹 간 멤버 순환 연습, 임무 및 하위 목표의 공유를 포함한다. <u>권력과 조직</u>: 권력은 조직에서 보이지 않는 힘으로 타인에게 영향을 준다. 개인이 가지는 조직 내의 권력은 합법적 힘, 보상의 힘, 처벌의 힘, 전문가의 힘, 준거의 힘을 포함한다. 정치적 힘과 달리 권한(Authority)은 공식적 위계질서와 보고 관계를 명시한 횡적 종적인 권

력의 흐름이다. 수직적 권력의 근원은 공식적 직위, 조직이 배분하는 자원, 정보의 통제, 네트워크의 중심성, 충성스러운 경영진 등이다. 수평적 권력의 근원은 부서 간의 의존성, 재정 출처, 역할의 중심성, 대체 불가능, 불확실성에 대한 대처 등이다.

<u>조직의 정치과정</u>: 불확실성이 높고 목적과 우선순위가 불일치하면, 합의에 도달하기 위해 정치적 힘을 사용한다. 권력증가 전술로 조직이 고도의 불확실성으로 진입하면 이를 탈출하려는 힘이 필요하다. 정보, 물자, 지식, 기술에 대한 의존성으로 자원의 결핍을 준비하려면 더 큰 힘이 필요하다. 외부 환경이나 조직 내부에서 전략적 우발 상황이 발생하면, 이를 해결하는 힘이 필요하다. 권력을 사용하는 정치 전술은 (1) 연합을 구축하고 네트워크를 확장하라. (2) 충성스러운 사람들을 주요직책에 임명하라. (3) 권한과 책임에 상호주의 원칙을 적용하라. (4) 합법성과 전문성을 향상하라. (5) 경영자가 회사 직원들에게 직접 호소하라 등이다.

제3장
사회주의의 역사적 개관
Historical Overview of Socialism

그림 III-0-1: 사회주의의 역사적 개관

사회주의의 의미

The Meaning of Socialism

사회주의는 경제 체제일 뿐만 아니라 사회적, 정치적, 도덕적 철학이다. 마르크스는 특정한 사회주의를 구상했지만, 마르크스주의는 사회주의 이데올로기의 한 변형이다. 모든 마르크스 주의자들은 사회주의자이지만, 모든 사회주의자들이 마르크스주의자는 아니다. 사회주의의 의미는 생산의 소유권, 복지국가, 경제적 평등을 추구하는 세 가지 특징을 가졌다.

1. 생산의 소유권: 주요 생산수단, 분배수단, 금융수단에 대한 공공소유와 통제의 개념은 사회주의의 기본 원칙이다. 경제를 사회화하는 전통적인 방법은 국유화이다. 국유화는 정부가 산업을 소유하고 운영할 때 존재한다. 서구 사회에서 국유화된 산업은 일반적으로 정부 관리가 임명한 이사회 또는 위원회에 의해 관리되지만 정치적 압력으로부터 어떤 식으로든 격리되어 있다. 공산주의 국가에서는 정부 소유의 산업이 비공산주의 국가에서보다 정치 지도자들과 보다 밀접하게 연결되어 있을 가능성이 높다. 비공산주의자들은 대개 사회의 정치적 기능과 경제적 기능을 구분하려고 한다. 그러나 마르크스주의 국가에서 이데올로기는 정치가 경제적 조건의 결과이며 이 둘은 역사적 발전에서 분리될 수 없는 부분이라고 가르친다.

스칸디나비아 모델을 따라 서구 국가의 사회주의자들은 경제를 사회화하는 수단으로 협동조합에 점점 더 의존하고 있다. 협동조합은 기업을 공동으로 소유하는 개인들로 구성된다. 그들은 일과 이익을 모두 공유한다. 일반적으로 그들은 기업을 관리하기 위해 이사회를 선출한다. 이러한 협동 조합은 상당히 광범위할 수 있다. 협동조합이 발전한 것은 다양한 기업이 국가에 의해 몰수됨에 따라 국유화의 심각한 문제가 명백해졌기 때문이다. '협동조합은 사적 동기의 미덕과 집단적 소유의 이점을 결합하려는 시도이다.'

사회의 생산, 교환, 분배, 고용의 상당 부분이 정부에 의해 통제될 때, 개인의 삶에 대한 정부의 개입은 크게 증가한다. 전체주의 국가는 그러한 거대한 힘에서 태어났다. 자유로운 사회라면 누구나 중앙집권적 권력에 대해 저항적이므로 매우 신중해야 한다. 따라서 사회주의 국가들은 경제를 사회화하는 방법에 있어서 차이가 있을 뿐만 아니라 경제가 사회화되는 정도에 있어서도 크게 다르다. '사회주의 계획은 모든 생산수단의 공적 소유를 전제로 하지 않는다. 그것은 농업, 소매업, 중소기업과 같은 중요한 분야에서 사적 소유의 존재와 양립할 수 있다.' 북한을 제외한 대부분의 사회주의 국가에서는 경제의 상당 부분이 사적 소유 하에 있다.

2. 복지국가: 일반적으로 복지국가는 국가가 국민의 경제적, 사회적 복지를 보호하고 증진하는 데 핵심적인 역할을 한다는 정부 개념이다. 그것은 기회의 평등, 부의 공평한 분배, 좋은 삶을 위한 최소한의 조항을 이용할 수 없는 사람들에 대한 공적 책임의 원칙에 기초한다. 일반적인 용어는 다양한 형태의 경제적 및 사회적 조직을 포괄할 수 있다. '사회주의자에게 중요성은 사회에서 생산된 재화와 서비스의 분배에 있지만, 자본주의자에게 사유재산은 개인의 노력과 경제적 성취에 대한 보상이다.' 1930년대 대공황으로 노동 인구의 4분의 1이 일자리를 잃었고 그들의 삶은 파탄에 이르렀다. 자유방임주의 신화에 대한 신뢰

를 잃은 대중은 사회를 보다 현실적으로 바라보게 되었고, 자본주의는 수정되어 더욱 인간적으로 변모했다. 1930년대 이래 미국의 복지국가는 노인을 위한 공중 보건 계획, 직업 훈련, 교육에 대한 연방 지원, 중소기업을 위한 공적 자금 지원으로 확대되었다.

공산주의 국가들은 완전한 사회주의를 외치려고 했다. 그러나 그들의 노력은 크게 실패하였다. 더 성공적인 것은 서유럽 국가들인데, 이들은 은행, 유틸리티, 운송 및 일부 제조업을 국유화하는 동시에 광범위한 사회 복지 정책(넉넉한 주택 보조금, 육아 휴직 계획, 빈곤층 보조금, 공중 보건 보호, 교육 지원, 실업 수당 등)을 개발했다. 사용된 특정 강령에 관계없이, 사회주의가 항상 완전히 평등주의적인 것은 아니다. 사회주의는 가진 자와 가지지 못한 자 사이의 격차를 좁히려고 노력한다. 그러나 가장 광신적인 사회주의자만이 물질적 지위의 모든 차이를 제거하기를 원한다. '대부분의 사회주의자들은 사람들이 다르다는 것을 인정한다. 어떤 사람들은 다른 사람들보다 더 재능이 있거나 열심히 일하며, 그들은 추가적인 기여에 대해 존중받아야 한다. 그럼에도 불구하고, 그들은 모든 사람들이 합리적으로 편안한 삶을 누릴 권리가 있다고 믿는다. 그리하여 그들은 가난을 없애고 싶어한다.'

'서유럽이 빈곤과 그에 수반되는 사회적 불안을 줄이는 데는 성공했지만, 이러한 성과는 큰 대가를 치르지 않고는 달성되지 못했다. 이 사회의 세율은 매우 높다. 실제로, 미국은 모든 공업국 중에서 국민 총생산(GDP) 대비 가장 낮은 세율을 누리고 있다. 또한 많은 유럽 국가들은 이러한 관대한 사회 복지 혜택을 유지하는 데 심각한 경제적 어려움을 겪고 있으며 이를 줄이기 시작했다. 1990년대의 전반적인 경제적 쇠퇴는 유럽인들 사이에서 증가하는 물질주의와 소비에트 연방 붕괴 이후 사회주의에 대한 전반적인 환멸이 결합되어 여러 유럽 국가들이 사회 복지 프로그램의 범위에 의문을 제기하게 되었다.' 따라서 복지국가의 실현은 현재 전반적으로 후퇴하고 있다고 보여진다.

3. 경제적 평등: 지나간 시대에는 결핍으로 인해 사람들이 서로 경쟁할 필요가 있었다. 생존을 위해 어쩔 수 없이 서로 갈등을 빚게 된 사람들은 자신에게 해로울 뿐만 아니라 더 고상한 면을 발전시키는 데 방해가 되는 행동 양식에 갇히게 되었다. 현대 과학 기술은 인간의 기본적인 필요를 모두 충족시킬 만큼 충분한 산업 생산을 가져왔다. 산업혁명이 정말로 궁극적인 자유를 가져왔다면, 사람들은 새로운 가치관과 새로운 행동 양식을 가진 개혁된 사회를 지향할 것이다. 이전에는 경쟁이 필요했지만 이는 파괴적인 인간 행위였으며 협력보다 점점 효과가 감소하였다. '경쟁을 협력으로 대체하면 생산성이 더 높아지는 새로운 시대가 열릴 것이며, 따라서 개인의 생활 방식이 훨씬 더 개선될 것이다.' 사회의 일반적인 물질적 조건이 개선됨에 따라, 특정 국가 내에서의 사회적 관계도 크게 개선될 수 있다. 민주주의가 개인의 정치적 평등과 동일시될 수 있다면, 사회주의는 개인의 경제 사회적 평등과 동일시 될 수있다고 보여진다.

사회주의 평등의 문제점: (1) 사회주의자들은 인간의 불평등이 태생적 능력의 불평등보다 사회의 불평등한 대우의 결과라고 믿는다. 사회주의자의 관점에서, 보상이나 물질에서 현재보다 평등하게 대우해야 한다고 요구한다. 정치제도가 인간의 시작조건을 어떻게 해소할 것인가?(2) 사회적 평등은 공동체의 협력을 강화한다. 사람들이 평등한 환경에서 살면 사회의 단합이 강화되고, 반대로 사회적 불평등은 대립과 불안정을 유도한다고 믿는다. 사회주의자들은 적자생존을 가져오는 기회의 균등을 비판해 왔다. 그러나 경쟁이 없는 획일화된 사회는 쇠퇴할 뿐이다. (3) 사회주의는 인간의 기본적 욕구 충족에 중점을 두지만, 개인 최상의 요구는 성취나 자기실현이다. 그러나 마르크스주의자나 공산주의자들은 사유재산의 철폐와 생산한 부의 집산화가 절대적인 사회의 평등을 가져온다고 믿었다. 사회민주주의자들은 복지정책과 누진 세제를 통하여 부의 재분배를 추구하였으며 자본주의를 철폐하기보다 길들이기를 원하였다.

사회주의 실패의 요인: (1) 사회주의는 개인의 이윤추구 동기를 말살하여 생산성 저하로 국민 총생산이 축소되어, 정치 군사제도를 유지하는 기본 비용을 충당하지 못한다. 경쟁이 없는 전체주의는 개인이 자기 일처럼 국가를 돌보지 않아 국가는 정체되고 경제는 후진할 뿐이다. (2) 전체주의는 정치적 목적으로 자원을 배분하여 경제의 전 분야에 잉여와 병목이 생겨 제한된 국가자원을 낭비하게 된다. (3) 국가가 소유하는 기업은 국가의 이름으로 특정 개인이 경영한다. 그는 정치적 목적으로 기업을 경영하며, 적자는 중앙정부가 세금으로 해결해준다. 결론적으로, 선천-후천적으로 인간의 시작조건이 상이하여 경제적 불평등은 불가피하며, 자본주의의 효율성과 사회주의의 평등성을 통합하는 정책이 필요하다.

01 마르크스 이전의 유토피아 사회주의
The Development of Utopian Socialism Prior to Karl Marx

공동 소유 또는 공공 소유를 지지하는 사회주의 사상은 고대부터 존재해 왔다. 프랑스 혁명 이후, '프랑수아 노엘 바뵈프(François-Noël Babeuf), 에티엔-가브리엘 모렐리(Étienne-Gabriel Morelly), 필리프 부오나로티(Philippe Buonarroti), 오귀스트 블랑키(Auguste Blanqui)와 같은 활동가와 이론가들이 초기 프랑스 노동 운동과 사회주의 운동에 영향을 미쳤다. 영국에서는 토머스 페인(Thomas Paine)이 『농업 정의(Agrarian Justice)』에서 가난한 사람들의 필요를 채우기 위해 부동산 소유자에게 세금을 부과하는 상세한 계획을 제안했고, 찰스 홀(Charles Hall)은 토마스 스펜스(Thomas Spence)의 유토피아적 계획에 영향을 미친 책을 썼다.

"최초의 자아의식적 사회주의 운동은 1820년대와 1830년대에 발전했다. 오웬파(Owenites), 생시몽주의자(Saint-Simonians), 푸리에주의자들(Fourierists)은 사회에 대한 일련의 일관된 분석과 해석을 제공했다. 그들은 또한 특히 Owenites의 경우 영국의 Chartists와 같은 다른 노동 계급 운동과 겹쳤다. 차티스트들은 1838년 국민헌장(People's Charter)을 둘러싸고 상당한 수의 사람들을 모았는데, 이 헌장은 모든 성인 남성에게 참정권을 확대하는 데 초점을 맞춘 여러 민주적 개혁을 추구했다. 이 운동의 지도자들은 또한 노동계급을 위한 보다 공평한 소득 분배와 더 나은 생활 조건을 요구했다. 최초의 노동 조합과 소비자 협동 조합도 차티스트 운동의 배후지에서 등장했다 … 훗날 프랑스의 중요한 사회주의 사상가는 피에르 조제프 프루동(Pierre-Joseph

Proudhon)이었는데, 그는 '모든 사람이 단독으로 또는 소규모 협동조합의 일부로서 토지를 소유하고 사용할 수 있는 동등한 권리를 가진다'는 상호주의 철학을 제안했다."

서유럽의 사회 비판가들은 산업혁명의 과도한 빈곤과 불평등을 비판한 최초의 현대 사회주의자들이었다. '그들은 로버트 오웬(Robert Owen)과 같은 사람들과 함께 사회를 사유 재산이 없는 작은 공동체로 변화시키는 것을 옹호하는 개혁을 지지했다. 샤를 푸리에(Charles Fourier)는 개인의 욕구, 친밀감, 창의성을 존중하는 공동체인 팔랑스테레(phalansteries)를 주창했으며, 일은 사람들이 즐길 수 있어야 한다고 보았다. 오웬(Owen)과 푸리에(Fourier)의 아이디어는 19세기 중반에 유럽과 아메리카 대륙 주변의 수많은 의도적인 공동체에서 실제로 시도되었다.' 유토피아적 사회주의는 종종 상상 속의 미래의 이상 사회에 대한 비전과 윤곽을 제시하는 것으로 묘사되며, 긍정적 이상은 사회를 그러한 방향으로 움직이는 주된 이유이다.

유토피아 사회주의: 토머스 모어의 유토피아(1516)는 절대 왕정을 비판하고 봉건사회에서 자본주의 사회로 전환하는 과정에서 모두의 공동체로 유토피아를 기술하고 있다. 공상적 사회주의는 19세기 초 미래지향적 이상사회의 전망과 윤곽을 나타내는 사상으로, 당시 사회의 물질적 여건에 기초하지 못하였다. 공상적 사회주의는 여타 사회주의(무정부주의)와 달리 사회주의를 구현하는 데 계급투쟁이 필요하지 않다고 보았다. 기존 사회에서 같은 뜻을 가진 사람들이 협조적 사회주의 형태로 작은 공동체를 구성하여 사회를 위한 그들의 계획을 성취할 수 있다고 믿었으나, 곧 마르크스주의가 유럽 사회주의의 대세를 이루었다.

프랑수아 노엘 바뵈프(Francois-Noel Babeuf, 1760-97)는 혁명 프랑스의 정치 저널리스트이자 선동가였으며, 그의 전략은 19세기 좌익 운동의 모델을 제공했다. 그는 종종 현대 사회주의와 공산주의의 첫 번째 옹호자 중 한 명으로 간주되는데, 이는 사회적 평등, 사유 재산의 폐지, 자원의 집단 소유를 요구하였다. 바뵈프의 사상은 시대를 훨씬 앞서갔으며 이후의 사회주의 및 공산주의 운동에 큰 영향을 미쳤다. 그는 1760년 11월 23일 프랑스 생 캉탱의 소박한 가정에서 태어나 처음에 공증인 및 토지 측량사로 일하면서 봉건 제도의 불공평함을 예리하게 인식하게 되었다.

(1) 프랑스 혁명에서의 역할: 바뵈프는 프랑스 혁명(1789-1799) 의 열렬한 지지자였으며 혁명이 진행됨에 따라 점점 더 급진적으로 변했다. 그는 혁명의 급진적 국면에 대한 보수주의자들의 반발인 테르미도르 반동(1794)에 반대했다. 그는 자신의 신문 Le Tribun du Peuple(The Tribune of the People)을 통해 가난한 사람들의 권리를 옹호하고 혁명 이후 프랑스에서 증가하는 불평등을 비난했다. (2) 동등자의 음모: 1796년, 바뵈프는 프랑스 정부를 전복하고 보다 평등한 사회를 수립하기 위한 음모인 평등의 음모(Conjuration des Égaux) 를 공동 조직했다. 이 계획은 사유 재산을 폐지하고, 토지를 공평하게 분배하며, 공동 소유에 기초한 사회를 만들고자 했다. 이 음모는 당국에 의해 밝혀졌고, 바뵈프는 공범들과 함께 체포되었다.

(3) 재판 및 처형: 바뵈프는 재판에 회부되어 1797년에 반역죄로 유죄 판결을 받았다. 그는 1797년 5월 27일 프랑스 방돔에서 36세의 나이로 단두대에 올랐다. (4) 유산: 바뵈프의 사상은 후대의 사회주의와 공산주의 이데올로기를 예고했다. 칼 마르크스(Karl Marx)와 프리드리히

엥겔스(Friedrich Engels) 등은 혁명 사상에 대한 그의 공헌을 인정했다. 평등에 대한 그의 옹호와 경제적 격차에 대한 비판은 정의와 사회 조직에 대한 논쟁의 중심 주제로 남아 있다.

Table III-1-1. Timeline of the Socialists Movement(Dates are approximate)
사회주의 운동의 연대표

Humanitarian Socialism		Utopian		Fabians	Social Democracy	
				Revisionism		
Scientific Socialism			Marxism	Orthodox		
					M-Leninism	Maoism
Active Years		1810	1850	1890	1930	1950

Source: Hugo W. Kim, *The Transformation of Politics, Economy, and Science*(North Charleston, SC: CreateSpace, 2020), 208.

I. 앙리 드 생 시몽(Henri de Saint-Simon, 1760-1825)

앙리 드 생시몽은 프랑스의 철학자, 경제학자, 사회주의의 초기 이론가 중 한 명이다. 그는 종종 유토피아 사회주의와 현대 사회 과학의 창시자 중 한 명으로 간주된다. Saint-Simon의 아이디어는 특히 과학, 기술 및 리더십에 대한 능력주의적 접근 방식을 통해 산업 진보, 사회적 조화 및 모든 사람의 복지를 촉진하기 위해 사회를 재구성하는 데 중점을 두었다. 그는 1760년 10월 17일 프랑스 파리의 귀족 가문에서 태어났다. 미국 독립 전쟁에서 장교로 복무하면서 혁명적 이상에 영향을 받았다. 프랑스로 돌아온 후, 그는 프랑스 혁명 기간 동안 귀족의 특권을 포기하고 계몽주의적 가치에 자신을 일치시켰다.

1. 철학적 및 경제적 아이디어: Saint-Simon은 봉건제와 세습 특권을 거부하고 장점과 생산성에 기반한 사회를 옹호했다. 그는 사회 진보를 주도하는 데 있어 과학, 기술 및 산업의 중요성을 강조했다. 리더십은 게으른 귀족이 아닌 산업가, 과학자 및 기타 생산적인 사회 구성원으로부터 나와야 한다고 제안했다. 사회가 가장 가난한 구성원의 복지를 우선시하고 경제적 불평등을 없애야 한다고 믿었다.

2. 주요 저술: (a) 제네바 거주자가 동시대인들에게 보낸 편지(1803): 능력주의 사회에 대한 그의 초기 비전을 설명했다. (b) 새로운 기독교 (1825): 가난한 사람들의 물질적, 도덕적 조건을 개선하고 이타주의와 사회적 통합을 강조하는 인류의 종교를 옹호했다. 이 작품에서 그는 신에 대한 믿음에서 시작하여 기독교를 본질적인 요소로 해결하려고 노력하였다.

3. 유토피아 사회주의: Saint-Simon은 효율성과 형평성을 보장하기 위해 산업가와 과학자들이 주도하는 계획 경제를 주장했다. 그는 일과 협동이 계급 갈등을 대체하는 사회를 꿈꿨으며, '각자가 자신의 능력에 따라, 각자의 필요에 따라'라는 원칙을 기본 원칙으로 삼았다. 현대적 의미의 사회주의자는 아니었지만 그의 사상은 샤를 푸리에, 로버트 오웬, 칼 마르크스를 비롯한 후대의 사회주의 사상가들에게 영감을 주었다.

4. 영향력과 유산: Saint-Simon의 추종자들은 그의 사후 그의 아이디어를 더욱 발전시켜 사회주의, 실증주의, 심지어 초기 페미니스트 사상과 같은 운동에 영향을 미쳤다. 계획과 사회 조직에 대한 그의 강조는 현대 경제학과 사회학의 발전에 영감을 불어 넣었다. 과학적 통치

와 기술 관료에 대한 아이디어는 통치와 경제의 후기 개념에 영향을
미쳤다.

II. 로버트 오웬(Robert Owen, 1771-1858)

로버트 오웬은 웨일스의 사회 개혁가이자 산업가였으며 유토피아 사
회주의와 협동 조합 운동의 창립 인물 중 한 명이었다. 그는 공장 노동
자의 노동 조건 개선에 대한 선구적인 작업, 교육 촉진에 대한 노력,
공평하고 협력적인 커뮤니티를 만드는 것에 대한 아이디어로 가장 잘
알려져 있다. 그의 삶과 저술의 주요 측면은 다음과 같다.

1. 산업 개혁: 오웬은 스코틀랜드 뉴 라나크에서 방직 공장을 운영하면
서 점진적인 개혁을 단행했다. 그는 노동 조건을 개선하고, 노동 시간
을 줄이고, 공정한 임금을 제공했다. 그는 10세 미만 아동을 위해 공장
에서 아동 노동을 금지하고 노동자들에게 교육과 주택을 제공하여 뉴
라나크를 모범적인 산업 공동체로 만들었다.

2. 교육 옹호: 오웬은 교육과 도덕적 발전이 사회를 개선하는 열쇠라고
믿었다. 그는 뉴 라나크에 인격 형성 연구소를 설립하여 실용적인 기
술과 도덕적 가치를 강조하는 어린이와 성인을 위한 교육을 제공했다.
체벌을 피하고 인격 개발을 강조하며 춤과 음악을 교과 과정에 포함시
켰다.

3. 협동조합 운동: 오웬은 협동조합 운동의 창시자 중 한 명으로 여겨
진다. 그는 사람들이 자원과 책임을 공유하는 자립적이고 협력적인 공
동체를 옹호했다. 그의 가장 유명한 실험은 미국 인디애나에 있는 뉴
하모니(New Harmony) 커뮤니티였다. 비록 재정적, 이데올로기적

차이로 인해 결국 실패했지만, 이는 미래의 협동조합 및 공동체 생활 프로젝트에 영감을 주었다.

4. 유토피아 사회주의의 철학: 오웬은 인간의 성격이 환경에 의해 형성된다고 믿었으며 조화롭고 공정한 사회 조건을 만드는 것의 중요성을 강조했다. 그는 경쟁과 사적 이익이라는 개념을 거부하고 대신 집단의 복지와 사회적 책임을 옹호했다.

5. 종교와 사회 제도에 대한 비판: 오웬은 조직화된 종교에 대해 비판적이었으며, 종교가 무지와 불평등을 영속시킨다고 주장했다. 이로 인해 그는 보다 전통적인 집단들 사이에서 논란이 되었다. 그는 또한 자본주의 체제에 도전하여 경쟁보다는 협력에 초점을 맞춘 대안을 제시했다.

유산: 로버트 오웬의 사상과 실천은 현대 사회주의, 협동조합 기업, 노동권 운동의 토대를 마련했다. 그의 실험 중 일부는 성공하지 못했지만, 더 공정하고 더 인간적인 사회에 대한 그의 비전은 전 세계의 사회 및 경제 개혁 이니셔티브에 계속 영향을 미치고 있다.

III. 샤를 푸리에(Charles Fourier, 1772-1837)

샤를 푸리에는 프랑스의 철학자, 사회 이론가, 유토피아 사회주의의 핵심 인물 중 한 명이다. 협동조합 생활에 대한 선구적인 아이디어와 산업 자본주의에 대한 비판으로 유명한 푸리에는 사회와 인간 행동에 대한 정교한 이론을 개발하여 '팔랑스터리' 또는 팔랑크스라고 하는 자급자족하고 조화로운 공동체의 창설을 제안했다. 다음은 그의 주요 아이디어 및 기여이다.

1. 자본주의에 대한 비판: 푸리에는 산업 자본주의의 착취적 성격을 비판하면서 그것이 소외, 불평등, 인간의 고통을 초래한다고 주장했다. 그는 공장 노동의 단조로움과 경쟁과 개인주의로 인한 사회적 분열에 반대했다.

2. 조화와 열정: 푸리에는 사람들이 다양한 열정에 의해 움직이며, 이러한 열정은 억압되어서는 안 되며 육성되어야 한다고 믿었다. 그는 개인이 공동의 이익에 기여하는 방식으로 타고난 욕구와 재능을 충족시킬 수 있는 사회를 제안했다.

3. Phalansteries(Phalanxes): 푸리에의 핵심 아이디어는 일, 여가 및 개인적 성취의 균형을 맞추기 위해 고안된 자립적인 공동체인 팔랑스터리(phalansteries)를 만드는 것이었다. 각 팔랑스테리는 약 1,620명(균형 잡힌 공동체를 위한 숫자)으로 구성되며, 협동 구조로 함께 생활하고 일한다. phalanstery 내의 작업은 개인의 선호도와 능력에 따라 분배되어 모든 사람이 자신의 일을 즐기면서 커뮤니티에 기여할 수 있도록 했다.

4. 양성 평등 옹호: 푸리에는 일찍이 양성 평등의 옹호자였으며 사회에서 여성의 지위가 사회 진보의 핵심 척도라고 주장했다. 그는 여성에게 동등한 기회가 주어져야 한다고 믿었고 여성이 경제적, 사회적 생활에 온전히 참여할 수 있는 권리를 지지했다.

5. 전통적 결혼에 대한 비판: 푸리에는 전통적인 결혼이 특히 여성에게 제한적이고 억압적이라고 생각했다. 그는 상호 끌어당김과 궁합에 기초한 보다 유연한 관계를 제안했다.

6. 우주적 시야와 '우주의 조화': 푸리에의 철학은 인간 사회를 넘어 우

주적 규모에까지 확장되었다. 그는 우주에는 자연의 질서가 있으며, 인간 사회는 협동 생활을 통해 이러한 조화를 이룰 수 있다고 믿었다. 그는 인류가 자연조차도 변화할 정도로 균형을 이루는 미래, 예를 들어 바다가 레모네이드로 변하고 동물들이 협력하게 되는 미래를 상상했다.

7. 유산: 푸리에의 아이디어는 대규모로 구현되지는 않았지만 19세기, 특히 미국에서 다양한 유토피아 실험에 영감을 주었다. 브룩 팜(Brook Farm)과 푸리에주의의 영향을 받은 다른 정착지와 같은 공동체는 그의 아이디어를 실천에 옮기려고 노력했지만, 종종 스스로를 유지하기 위해 고군분투했다. 협동적이고 평등한 사회에 대한 푸리에의 비전과 양성 평등에 대한 그의 옹호는 사회주의 사상, 페미니스트 운동, 공동체 생활 실험에 지속적인 영향을 미쳤다. 그의 아이디어는 종종 괴상하거나 지나치게 이상주의적인 것으로 여겨졌지만, 사회 조직에 대한 지배적인 개념에 도전했으며 대안적인 생활 방식과 작업 방식에 대한 토론을 계속 불러일으켰다.

02 혁명적 사회주의 대 진화적 사회주의
Revolutionary versus Evolutionary Socialism

I. 혁명적 사회주의(Revolutionary Socialism)

A. 혁명적 사회주의 특징: 일반적으로 혁명을 통해 기존 자본주의 체제의 갑작스럽고 근본적인 전복을 옹호하여 사회주의 또는 공산주의 사회를 수립한다. 그 주요 특징은 다음과 같다.

1. 급진적 변화: 혁명적 사회주의자들은 자본주의가 근본적으로 착취적이고 억압적이기 때문에 개혁되거나 점진적으로 개선될 수 없다고 주장한다. **2. 국가 전복:** 핵심 교리는 기존의 정치 및 경제 제도(국가, 사유 재산 등)를 해체하여 사회주의 구조로 대체하는 것이다. **3. 행동 수단:** 혁명가들은 종종 대중 봉기, 계급 투쟁, 심지어 목표를 달성하기 위해 필요한 경우 폭력적인 수단을 지지한다. **4. 계급 갈등:** 그들은 사회가 본질적으로 적대적인 계급(예: 부르주아 대 프롤레타리아트)으로 나뉘어져 있다고 보고, 사회주의는 지배 자본가 계급에 대한 노동 계급의 적극적인 투쟁을 통해서만 달성될 수 있다고 믿는다. **5. 영감을 주는 인물:** 칼 마르크스와 프리드리히 엥겔스 같은 사상가이다.

19세기에 혁명적 전술이 사회주의자들을 매혹한 이유는 첫째 산업화 초기 단계에서 노동자 대중이 극심한 빈곤과 광범한 실업으로 고통을 당하는 가운데 불의가 만연하였다. 자본주의는 억압과 착취의 제도로 보였고, 노동자 계급은 혁명의 벼랑 끝에 있는 것으로 생각되었다. 둘째 노동자 계급은 정치적 영향력을 행사할 수단이 거의 없었고, 정치적 활동으로부터 제외되었다. 남성 보통선거가 1848년 프랑스에 도입되었고, 지배적인 농업사회는 종교적이며 보수적으로, 정치적 혁명이 노동자들에게 사회주의를 소개하는 유일한 현실적 방법이었다.

B. 혁명적 사회주의 역사의 예: 1. 러시아 혁명(1917년): 블라디미르 레닌(Vladimir Lenin)이 이끄는 볼셰비키의 10월 혁명은 러시아의 임시 정부를 전복시켰다. 볼셰비키는 자본주의를 사회주의로 대체하는 것을 목표로 삼았고 마르크스-레닌주의 국가를 수립했다. 이로 인해 최초의 주요 사회주의 국가인 소련이 탄생했다. 2. 쿠바 혁명(1959): 피델 카스트로, 체 게바라, 그리고 그들의 혁명 세력은 쿠바의 바티스타 독재 정권을 무너뜨렸다. 이 운동은 마르크스-레닌주의 원칙을 채택하여 산업의 국가 통제, 토지 재분배 및 계획 경제의 창설을 통해 사회주의를 구현했다. (3) 중국 혁명(1949): 마오쩌둥(毛澤東)이 이끄는 중국 공산당은 장기간의 내전에서 국민당 정부를 패배시켰다. 혁명 이후 중화인민공화국은 토지 개혁, 집단화, 산업화를 통한 사회주의에 대한 헌신으로 수립되었다. (4) 베트남 혁명(1945년-1975년): 호치민과 공산당이 이끄는 베트민은 베트남을 프랑스 식민 통치로부터 해방시키기 위해 싸웠고 나중에 베트남 전쟁 동안 미국의 개입에 저항했다. 승리 후 베트남은 마르크스-레닌주의의 틀 아래 사회주의 정책을 채택했다. (5) 파리 코뮌(Paris Commune, 1871년)은 프랑스의 사회적 격변기에시기 동안 파리에서 단명한 혁명 정부였다. 공산당은 노동자의 기업 통제를 포함한 급진적인 사회주의 개혁을 단행했으나 폭력적으로 진압되었다.

C. 프톨레타리아 독재의 필요성: 마르크스는 사회주의 혁명 직후에 부르주아 반혁명의 위험에 대비하여 프롤레타리아 독재가 일시적으로

필요하다고 보았다. 예를 들면 1949년 모택동이 혁명에 성공하여 국민당 정부는 대만으로 옮겨갔다. 베트남은 처음에 프랑스와 다음에 미국과 싸워 1975년 사회주의 혁명에 성공하였다. 아르헨티나 혁명가인 체 게바라는 남미 여러 지역에서 게릴라군을 이끌었고, 1959년 쿠바 혁명에서 군대를 지휘하였다. 아프리카에서도 유사한 혁명투쟁이 전개되었다. 혁명으로 수립된 사회주의 국가는 통상 구소련과 같이 국가집단화의 형태를 취하여, 독재자로 국민을 탄압하였다. 그 이유는(1) 새로운 통치자가 폭동을 다스리는 데 권력을 사용하는 것은 합법이다.(권력은 총구로부터 나온다.)(2) 혁명당은 통상 강력한 지도력과 엄격한 규율로 군사체제를 적용하여 권력을 강화한다. (3) 구질서의 흔적을 근절하면서 모든 반대세력을 제거하여, 전체주의 독재를 건설하는 길을 효과적으로 준비한다. 그러나 러시아혁명으로 건설한 USSR이 1991년 붕괴하여,(생산성 저하로) 국가의 경제적 역량이 정치 군사체제를 지원하지 못하면 정치체제가 붕괴한다는 역사적 교훈을 남겼다.

혁명적 사회주의와 진화적 사회주의의 주요 차이점
Table III-2-1.
Key Differences Between Revolutionary and Evolutionary Socialism

구분	혁명적 사회주의	진화적 사회주의
변화의 방법	폭력적 갑작스런 혁명	평화적 점진적 개혁
자본주의에 대한 견해	개혁 불가로 타도되어야 한다.	사회주의 이행을 위해 개혁 가능
국가의 역할	기존 국가기관을 전복 대체	기존 국가기관을 사용하여 변화
변화 속도	빠르고 급진적	점진적이고 점증적
주요 인물	Marx, Lenin, Trotsky, Mao	Bernstein, Kautsky, European Social Democrats
역사적 사례	러시아 혁명, 쿠바 혁명	스칸디나비아 국가, 노동 정부

II. 진화적 사회주의(Evolutionary Socialism)

진화적 사회주의는 폭력 혁명의 필요성 없이 민주주의적이고 개량주의적인 수단을 통해 점진적이고 평화롭게 사회주의를 달성하고자 한다. 19세기 유럽 선진국들은 자본주의가 성숙하여, 도시 노동자들은 혁명적 투지를 상실하고 사회에 통합되었다. 아시아 아프리카 지역의 식민지 확장으로 특히 1875년 이후에 임금과 생활 수준이 향상되었다. 노동자 계급은 노동자의 클럽, 무역조합, 정당 등의 조직을 개발하여 그들의 이익을 보호하고, 안전과 산업사회에 소속하는 감각을 키웠다. 더욱이 정치적으로 민주화의 점진적 발전은 노동자 계급에 선거권을 부여하여 정치참여를 확대하였다. 제1차 세계대전 이후에 유럽국가들은 남성 보통선거 제도를 도입하고 여성에까지 선거권을 확대하였다. 이러한 변화는 사회주의자들의 관심을 폭력적 반란으로부터 멀리하였고, 사회주의 혁명의 대안으로 진화적, 민주적 혹은 의회주의적 길이 있음을 그들에게 설득하였다. 그러나 러시아와 같은 경제적 정치적으로 후진한 국가에서는 혁명적 교리가 지배하였다.

A. 페이비언 협회(Fabian Society): 1884년 영국의 부자 지식인들 시드니 웹, 비어트리스 웹, 죠지 버너드 쇼 등이 점진적으로 사회개혁을 달성하기 위하여 이 협회를 만들었다. 이들은 혁명을 두려워하고 계급투쟁에 의한 무산계급의 독재에 반대하였다. 그들은 로마제국 파비우스 맥시머스가 한니발을 패퇴시킬 때 사용한 인내와 방어 전술에 착안하였다. 사회주의는 자유 자본주의로부터 정치적 행동과 교육을 통하여 자연스럽고 평화롭게 발전할 것이다. 정치적 행동은 사회당의 창당을 요구하고, 폭력적 혁명보다 확립된 의회 정당들과 경쟁으로 세력을 얻는다. 따라서 그들은 마르크스의 계급투쟁보다 중립적 중재자로 자유

주의 이론을 받아들였으며, 위의 웹은 영국 노동당 창당에 활발히 간여하였다. 페이비언은 모든 정당의 정치인, 공무원, 과학자와 학자와 같은 정예그룹이 교육을 통해 사회주의로 개조될 수 있다고 믿었다. 이들 엘리트 그룹은 사회주의가 자본주의보다 도덕적으로 우수하다고 인정하면, 사회주의 이념이 이들에게 침투한다고 보았고, 사회주의 경제는 계급투쟁에서 오는 낭비와 허약해진 빈곤을 피할 수 있을 것이라고 생각하였다.

B. 페르디난트 라살(1825-64) 은 독일의 노동조합 지도자로, 1875년 사회민주노동당과 통합하고, 1890년 독일 사회민주당으로 개명하였다. 사민당은 수정주의자와 마르크스주의자 사이에 집중적 내부 대립이 자주 있었다. 수정주의자인 라살과 에드워드 번스타인(1850-1932)은 [후자는 진화적 사회주의(1898) 저자] 사회 경제적 정의가 민주적 선거와 제도를 통하여, 폭력적 계급투쟁이나 혁명이 없이, 노동자 계급을 위해 성취될 수 있다고 주장하였다. 정통 마르크스주의자들은 자유 선거나 시민권이 진정한 사회주의 사회를 창출하지 못하고, 투쟁 없이 지배계급이 권력을 이양하지 않는다고 주장하였다. 19세기 독일 엘리트들은 사회주의 정당의 존재가 새로 수립된 독일제국의 안보와 안정에 위협으로 보고 1878-90 기간 사회민주당을 불법화하였다. 오스트레일리아 노동당은 1891년, 영국은 1900년, 이탈리아의 사회당은 1892년, 프랑스는 1905년 창당되었다.

C. 점진주의의 불가피성: 1900년 전후에 정치적 민주주의의 출현은, 점진주의의 불가피성을 말하는 페이비언의 예언을 반영하듯이, 낙관주의 물결이 사회주의 운동을 통하여 퍼지게 하였다. 낙관주의 근저에는 다음과 같은 가정이 있었다. (1) 진취적인 선거제도의 개선은 성인

보통선거제도를 확립하여 정치적 평등을 달성한다. (2) 정치적 평등은 실제에서 선거의 결과가 가져오는 다수의 이익으로 작용한다. 사회주의자들은 산업사회에서 노동자 계급이 최다수로 선거에서 지배적 힘을 가졌다. (3) 사회주의는 노동자 계급의 자연적 집으로 생각된다. 자본주의가 착취계급의 제도로 보일 때에, 억압받은 노동자들은 자연히 사회주의 정당으로 유입되어 사회주의 정당이 선거에 승리하고, 사회 정의의 실현으로 노동계급의 해방을 가져온다. (4) 사회당이 권력을 가지면, 사회 개혁의 과정을 통하여 사회의 근본적 변화를 가져올 수 있다. 이러한 방법으로 정치적 민주주의는 사회주의를 평화롭게 달성하는 가능성을 가져온다. 정치적 평등이 성취되면 빠른 속도로 사회적 평등이 후속한다고 보았다. 그러나 낙관적 기대는 실제에서 잘 나타나지 않았다. 다행히 스웨덴의 사회민주노동당은 1951년 이후 집권에 성공하였고, 영국의 노동당과 스페인의 사회노동당은 선거에서 과반에 접근하는 지지를 받았다.

D. 진화적 사회주의 문제점: 진화적 사회주의는 민주주의 정치체제를 통하여 사회주의를 달성하는 민주적 사회주의이나, 실제에서 예상하지 못한 여러 가지 문제에 직면해 왔다. [첫째] 노동자 계급이 선진 산업사회에서 유권자의 다수를 계속하여 확보할 수 있을 것인가? 사회주의 정당들은 자본주의 사회(도시의 공장 수공업) 노동자들에게 초점을 맞추어 선거에서 득표를 호소하였다. 그러나 현대 자본주의는 특정 기술을 가진 숙련노동자를 증가하는 추세로 요구하여, 전통적 노동자 계급(공장의 수공 노동자로 빈곤과 불이익을 받는 하층계급)의 규모가 급격히 감소하였다. 현대사회에서 이들은 물질적 풍요와 경제적 안정으로 인해 보수적으로 변화하여 중산층 정당과 동반자로서 권력

을 공유하게 되어, 사회주의에 흥미를 잃거나 자본주의를 지지하게 되었다.

[둘째] 제2차 세계대전 이후 장기간 경기상승으로, 사회주의 정당들은 물자를 조달하는 자본주의 능력이 서구사회에서 모든 계층에게 풍요를 가져왔다고 인정하였다. 1950년대 사회주의 정당들은 증가추세의 풍요한 노동자 계급에 호소하는 그들의 정책을 수정하는 근본적 변화를 가져왔다. 1980년대와 1990년대에도 사회주의 정당들은 자본주의의 계급구조 변화와 경제적 세계화의 압력과 싸웠다. 실제로 사회주의는 시장경제가 작동하도록 시도하는 노력을 함께하였다. 좌익 사회주의자들은 노동자 계급이 근본적 사회주의를 포기하였다는 것을 받아들이기 어려워, 부르주아 이념이 사회에 퍼져 노동자 계급이 착취당하는 현실을 인지하지 못하였다.

[셋째] 사회주의 정당이 선거로 권력을 잡으면, 사회개혁을 수행할 수 있을 것인가? 그 해답은 부정적이다. 서구 제국의 사회주의 정당은 단일 정당의 정부를 구성한다. 선거로 집권하면 그들은 국가와 사회에서 확립된 이익에 당면해 왔다. 선출된 정부는 입법 사법 행정의 국가체제 내에서 운영하며, 이들은 선출된 사람이 아니며 기업에 유사한 사회적 배경을 가진 사람들이다. 이들 집단은 계급적 편견을 가지고, 급진적 사회주의 정책을 봉쇄하거나 최소한 약하게 한다. 선출된 정부는 경제의 고용주이며 투자자이고 정치자금의 최대 기부자인 대기업의 위력을 존중한다.

E. 진화적 사회주의의 특성: (1) 점진적 변화: 진화론적 사회주의자들은 사회주의가 기존 자본주의 체제를 개혁함으로써 점진적으로 출현

할 수 있다고 믿는다. **(2) 민주주의의 사용:** 그들은 사회 정의, 공공 복지 및 노동자 권리를 증진하는 법률과 정책을 통과시키기 위해 민주적 틀 내에서 일하는 것을 옹호한다. **(3) 복지 및 사회 정의에 집중:** 진보적 과세, 사회 복지 프로그램, 공공 의료, 교육 및 경제 규제를 지원한다. 불평등을 줄이고 노동자의 권리를 보호하면서 시장 경제의 일부 측면을 유지하려고 한다. **(4) 윤리적 기초:** 공정성, 평등 및 인간 존엄성에 대한 도덕적 주장에서 종종 기반을 두고 있다. 기독교 윤리, 인도주의 및 계몽주의의 자유주의적 가치에 영향을 받는다. **(5) 영감을 주는 인물:** 에두아르트 베른슈타인(Eduard Bernstein), 칼 카우츠키(Karl Kautsky) 와 같은 사상가와 현대 사회민주주의 정당의 지도자들이 이 전통을 대표한다.

F. 진화적 사회주의 역사의 예: 1. 영국의 노동당이나 독일의 사회민주당의 정책과 같은 유럽의 사회 민주주의의 부상은 진화론적 사회주의에 뿌리를 두고 있다. 2. 스칸디나비아 국가(예: 스웨덴, 덴마크, 노르웨이)는 민주주의 체제 내에서 많은 사회주의 정책(예: 보편적 의료 및 교육)을 시행했다. **진화적 사회주의에 대한 비판:** 1. 혁명적 사회주의자들은 진화적 사회주의가 너무 느리거나 타협하는 경향이 있어서, 잠재적으로 자본주의가 적응하고 생존할 수 있게 한다고 비판한다. 2. 비판가들은 개혁만으로는 자본주의의 구조적 불평등을 제거할 수 없으며, 실질적 권력은 자본가 계급에 남아 있다고 주장한다.

<u>03</u> 마르크스주의
Marxism

카를 마르크스(Karl Marx, 1818-83)는 프러시아 유대인으로 베를린 대학에서 법학과 철학을 공부하고, 1841년 예나대학에서 박사학위를 받았다. 그는 결혼 후 1843년 파리로 이주하여 프레데릭 엥겔스(Fredrich Engels, 1820-95)를 만나 두 사람은 일생의 동반자로 친구가 되었다. 그들은 1845년 프랑스에서 급진 좌경으로 축출되어 브뤼셀로 이주하였고, 런던에 공산주의자 동맹(1847)을 창립하였으며, 공산주의 선언(1848)을 발간하였다. 같은 해 유럽에 혁명이 일어나 그는 파리와 독일에 잠시 체재하였고, 파리에서 다시 축출되어 1849년 런던으로 가서 영주하였다. 그는 1850-64년 경제적으로 매우 어려운 생활을 하였고, 엥겔스가 주는 보조금 외에 뉴욕 트리뷴 유럽 통신원으로 기고한 수입으로 연명하였다. 마르크스는 국제노동자협회의 창립(1864)에 독일 노동자 대표로 초대되었고, 파리 코뮌(1871)을 지지하는 연설을 하여 자신을 알리는 기회가 되었다. 1872년 헤이그의 국제노동자 회의에서 마르크스는 바쿠닌의 무정부주의와 견해차로 대립하였다. 그의 대표적 저술 자본론은 3권으로 1867, 1885, 1894년에 출간되어, 혁명적 사회주의 사상을 널리 전파하였다. 마르크스는 노동자 계급의 빈곤이 자본가의 착취 때문이라고 비난하였으나, 사회주의 정치 경제적 체제는 그들의 빈곤한 생활여건을 해결하지 못하여 역사적 시행착오를 하게 되었다.

마르크스주의는 19세기 칼 마르크스와 프리드리히 엥겔스가 개발한 사회정치적, 경제적 틀이다. 이 는 자본주의에 대한 비판을 제공하며,

계급 투쟁, 물질주의, 경제 체제의 역학에 기초한 역사와 사회에 대한 분석을 제공한다. 마르크스주의의 핵심 요소는 다음과 같다.

1. 역사적 유물론(Historical Materialism): 마르크스주의는 물질적 조건과 경제 활동이 사회 발전의 기초라는 생각에 기반을 두고 있다. 역사는 생산수단의 변화에 의해 추동된 계급투쟁의 연속으로 여겨진다.

2. 계급투쟁: 사회는 생산수단과의 관계에 따라 계급으로 나뉜다. 자본주의 체제에서, 부르주아지는 생산수단(공장, 토지, 자본)을 소유한다; 프롤레타리아트(노동계급)는 생존을 위해 노동력을 판다; 이러한 계급 간의 긴장은 착취와 갈등으로 이어진다.

3. 자본주의 비판: 마르크스는 자본주의가 본질적으로 착취적이라고 주장했다. 노동자는 잉여가치(임금을 넘어서는 재화의 가치)를 생산하고, 자본가들은 이를 이윤으로 전유한다. 이것은 불평등과 소외를 낳는다. (a) 노동의 소외: 노동자는 자신의 노동의 산물, 자신의 일, 그리고 자기 자신으로부터 단절된다. (b) 상품화: 인간 관계와 활동이 시장 거래로 축소된다.

4. 혁명적 변화: 마르크스는 자본주의 내부의 모순이 결국 자본주의의 몰락으로 이어질 것이라고 믿었다. 프롤레타리아 혁명은 부르주아지를 타도하고, 자본주의를 생산수단이 집단적으로 소유되는 체제인 사회주의로 대체할 것이다.

5. 사회주의와 공산주의: (a) 사회주의(Socialism): 국가가 생산을 통제하는 과도기로, 형평성과 계급 차별의 근절을 목표로 한다. (b) 공산주의(Communism): 자원이 필요에 따라 분배되고 사람들이 공동의 이익을 위해 집단적으로 일하는 국가 없는, 계급 없는 사회.

마르크스의 영향력과 유산: 마르크스주의는 사회주의, 공산주의, 노동권 운동을 포함한 수많은 정치 운동과 이데올로기에 영감을 주었다. 그것은 소련, 중국, 쿠바 및 기타 사회주의 국가와 같은 다양한 상황에서(종종 상당한 변형으로) 구현되었다. **마르크스주의에 대한 비판:** (1) 경제적 결정론: 비평가들은 마르크스주의가 역사를 형성하는 데 있어 경제적 요인을 과도하게 강조한다고 주장한다. (2) 실제 적용: 마르크스주의 정권은 종종 마르크스의 이상에서 벗어나 권위주의와 비효율성을 초래했다. (3) 현대 자본주의에 대한 적응: 어떤 사람들은 자본주의가 복지 국가와 중산층의 부상과 같이 마르크스가 예상하지 못한 방식으로 진화했다고 주장한다.

I. 마르크스주의 철학(Marxist Philosophy)

마르크스주의는 철학, 특히 기존 체제에 대한 비판과 역사와 사회에 대한 유물론적 개념의 발전에 깊이 뿌리를 두고 있다. 그 철학적 토대는 독일 철학, 영국 정치 경제학 및 프랑스 사회주의의 요소를 통합하지만 칼 마르크스와 프리드리히 엥겔스는 이론과 실천을 통합하려는 독특한 접근 방식을 개발했다. 마르크스주의의 핵심적인 철학적 측면은 다음과 같다.

1. 변증법적 유물론(Dialectical Materialism): 변증법적 유물론은 마르크스주의의 철학적 틀로, 헤겔의 영향을 받은 변증법과 유물론을 결합한 것이다. (a) 변증법(Dialectics): 모순과 그 해결을 통해 변화와 발전을 이해하는 방법. 헤겔은 역사와 사상이 인간 사고(관념론)의 모순을 통해 진화한다고 보았지만, 마르크스는 이 초점을 물질적 조건으로 옮겼다. (b) 유물론: 마르크스는 이상주의를 거부하고 물질적 현실

(경제 구조, 생산, 노동)이 인간의 의식과 생각을 결정하는 것이지 그 반대가 아니라고 주장했다. (c) 핵심 개념: 물질적 조건(예: 사회 계층 간)의 모순이 해결되어 새로운 조직 시스템으로 이어질 때 변화가 발생한다.

2. 역사적 유물론(Historical Materialism): 역사적 유물론은 변증법적 유물론을 역사와 사회에 적용하는 것이다. 마르크스는 역사는 생산력의 발전과 사회 계급 간의 갈등에 의해 추동된다고 주장했다. 핵심 아이디어는 다음과 같다. (a) 기본 및 상부 구조 모델: 기본은 경제적 기초(생산력과 관계)를 의미한다. 상부구조는 법, 문화, 정치, 이데올로기로 구성되며, 이러한 이념들은 그 기반에서 발생하고 이를 강화한다. (b) 사회의 진보는 계급투쟁에 의해 형성된 일련의 생산양식(예: 봉건제, 자본주의)을 통해 발생한다.

3. 소외(Alienation): 마르크스 철학의 중심 개념은 소외인데, 그는 그의 초기 저작(1844년 Economic and Philosophic Manuscripts) 에서 이를 설명한다. 자본주의 하에서 노동자들은 몇 가지 방식으로 소외된다. (a) 노동의 산물로부터: 노동자는 자신이 생산한 것을 소유하지 않는다. (b) 생산 행위에서 : 일은 단조로워지고 개인적 성취감이 부족하다. (c) 다른 사람들로부터: 관계는 시장의 논리에 의해 형성되는 거래적이 된다. (d) 자신의 인간성으로부터: 근로자는 자신의 창의적이고 사회적 잠재력에 대한 연결을 잃게된다. 소외는 사유재산과 자본주의의 결과이며, 마르크스는 공산주의 사회에서만 극복할 수 있다고 주장했다.

4. 기초와 상부구조(Base and Structure): 기준은 생산력과 생산관계

(예: 기술, 노동, 자본) 를 포함한 사회의 경제적 기반을 나타낸다. 상부 구조는 경제적 기반에서 발생하고 이를 뒷받침하는 문화, 정치, 종교, 이데올로기 및 제도를 포함한다. 밑변이 상부구조를 결정하지만, 상부구조는 변증법적 관계에서 밑변에도 영향을 미친다.

5. 프락시스(Praxis): 마르크스주의 철학에서 프락시스는 이론과 실천의 통일을 의미한다. 마르크스주의는 단순한 학문적 틀이 아니다. 그것은 사회를 변화시키려고 한다. 마르크스가 포이어바흐에 관한 테제에서 말했듯이 '철학자들은 다양한 방식으로 세계를 해석했을 뿐이다. 그러나 중요한 것은 그것을 바꾸는 것이다.' 행동에 대한 이러한 강조는 마르크스주의를 순전히 사변적이거나 관념주의적인 철학과 구별한다.

6. 이데올로기 비판: 마르크스에게 이데올로기는 기존 사회 질서를 정당화함으로써 지배 계급의 이익에 봉사하는 일련의 사상이다. 그는 『독일 이데올로기』(The German Ideology)에서 다음과 같이 말한 것으로 유명하다. '각 시대의 지배 이념은 언제나 그 시대의 지배 계급의 관념이었다.' 철학, 종교, 그리고 문화적 규범들은 물질적 조건들과 계급 관계의 산물로 여겨진다. 이데올로기에 대한 마르크스의 비판은 사상 이면의 물질적 이해관계를 밝히고 그것이 어떻게 착취를 영속시키는지를 보여주려고 한다.

7. 물질주의 대 이상주의(Materialism vs. Idealism): (a) 유물론: 마르크스주의는 근본적으로 유물론적이며, 물질적 조건과 경제적 현실이 인간의 의식과 사회 발전을 형성한다고 주장한다. (b) 이상주의: 마르크스주의는 헤겔과 다른 관념주의 철학자들이 제안한 관념이나 추상

적 개념이 역사를 주도한다는 관념론적 개념을 거부한다.

8. 중심 주제로서의 계급투쟁(Class Struggle as a Central Theme):
(a) 계급의 중심성: 마르크스주의 철학은 계급투쟁을 역사 발전의 중심에 놓는다. 역사는 주인과 노예, 영주와 농노, 자본가와 노동자 사이의 계급 갈등과 같은 계급 갈등의 역사라고 주장한다. (b) 목표: 궁극적인 목표는 계급 없는 공산주의 사회의 수립을 통해 계급 차별을 철폐하는 것이다.

마르크스주의 철학에 대한 영향: 1. 헤겔(Hegel): 마르크스는 헤겔의 변증법을 채택했지만 관념론을 유물론으로 대체했다. **2. 루드비히 포이어바흐(Ludwig Feuerbach)**의 종교에 대한 유물론적 비판은 마르크스가 물질적 조건에 초점을 맞추는 데 영향을 미쳤지만, 마르크스는 포이어바흐가 실천에 충분히 초점을 맞추지 않았다고 비판했다.

마르크스주의 철학의 유산: 마르크스주의 철학은 진화하고 다양화되었다. **1. 서구 마르크스주의:** 안토니오 그람시(Antonio Gramsci), 테오도르 아도르노(Theodor Adorno), 헤르베르트 마르쿠제(Herbert Marcuse) 와 같은 사상가들은 마르크스주의를 문화 및 이데올로기 분석을 포함하도록 확장했다. **2. 레닌주의(Leninism):** 블라디미르 레닌은 마르크스주의를 정치 조직과 혁명에 초점을 맞추기 위해 채택했다. **3. 현대 마르크스주의:** 마르크스주의 철학은 비판 이론, 문화 연구, 탈식민주의 이론과 같은 분야에서 여전히 영향력이 있었다.

II. 마르크스주의 경제학(Marxist Economics)

마르크스주의 경제학은 칼 마르크스와 프리드리히 엥겔스의 저작에서 파생된 경제 사상으로 자본주의 경제에 대한 비판하고 사회주의와 공산주의의 원칙에 기초한 대안적인 사회 경제 체제를 다음과 같은핵심개념으로 제안한다.

1. 핵심 원칙(Core Principles): (a) 역사적 유물론: 마르크스는 물질적 조건(경제적 기반) 과 생산 수단이 사회 구조, 법률, 정치 및 이데올로기(상부 구조) 를 형성한다고 주장했다. (b) 계급투쟁: 사회는 생산수단과의 관계에 따라 계급으로 나눈다. (c) 부르주아지: 생산수단(공장, 토지, 자원)을 소유한 자본가 계급. (d) 프롤레타리아트: 생존을 위해 노동력을 판매하는 노동 계급. (e) 착취: 마르크스는 자본주의가 본질적으로 노동자가 생산한 것의 가치보다 낮은 임금을 지불함으로써 노동자를 착취한다고 믿었는데, 이를 잉여가치라고 하는 개념이다.

2. 잉여가치와 이익(Surplus Value and Profit): (a) 노동 가치 이론: 마르크스는 상품의 가치는 그것을 생산하는 데 필요한 사회적으로 필요한 노동 시간에 의해 결정된다고 주장했다. (b) 잉여가치: 노동자가 창출한 가치와 노동자가 받는 임금의 차이. 이 잉여는 자본가들에 의해 이윤으로 전유된다. (c) 자본 축적: 더 많은 이윤을 창출하기 위해 잉여 가치를 생산 과정에 재투자하는 것으로, 마르크스는 이를 자본주의의 핵심 특징으로 보았다.

3. 자본주의의 모순(Contradiction of Capitalism): 마르크스는 자본주의가 내적 모순 때문에 본질적으로 불안정하다고 믿었다. (a) 과잉생산과 위기: 이윤에 쫓기는 자본가들은 사회가 소비할 수 있는 것보다 더 많이 생산하여 경제 위기를 초래한다. (b) 부의 집중: 부의 집중은 소수의 손에 집중되어 불평등을 악화시킨다. (c) 소외: 노동자는 노

동의 상품화로 인해 자신의 노동, 자신이 만든 제품, 그리고 자신의 인간성으로부터 소외된다.

4. 사회주의로의 이행(Transition to Socialism): 마르크스는 자본주의의 혁명적 전복을 구상했다. (a) 프롤레타리아트 독재: 노동계급이 생산수단을 장악하는 과도기적 국가. (b) 사회주의 경제: 사회주의 하에서 생산 수단은 집단적으로 소유되며 상품은 이윤이 아닌 필요에 따라 생산된다. (c) 공산주의: 계급 구분이 사라지고 사회가 '각자가 자신의 능력에 따라, 각자의 필요에 따라'라는 원칙에 따라 작동하는 최종 단계 이다.

자본주의에 대한 마르크스주의 비판: 1. 자본주의는 인간의 필요보다 이윤을 우선시한다. 2. 이는 주기적 위기(예: 경기 침체 및 불황) 로 이어진다. 3. 그것은 불평등과 환경 파괴를 영속화한다. 그것은 노동자들을 그들의 노동과 사회로부터 소외시킨다. 4. 마르크스주의 경제학에 대한 현대의 비판과 수정에는 세계화, 금융화 및 생태 문제를 다루는 것이 포함된다. 마르크스주의 경제학은 비판에 직면해 있지만, 자본주의 체제를 분석하고 대안을 상상하는 기본 틀로 남아 있다.

영향력과 유산: 마르크스주의 경제학은 다음과 같은 영향을 미쳤다. 1. 전 세계적으로 사회주의 및 공산주의 운동. 2. 사회학, 정치 경제학 및 문화 연구와 같은 학문 분야. 3. 구소련, 쿠바, 중국과 같은 사회주의 국가에서의 정책 결정(마르크스에 대한 해석은 매우 다양하지만).

III. 마르크스주의 정치학(Marxist Politics)

마르크스주의에서 정치는 경제적, 철학적 원칙과 깊이 얽혀 있다. 그것은 기존 정치 체제(특히 자본주의)에 대한 비판과 사회주의, 그리고 궁극적으로 공산주의를 달성하기 위한 혁명적 변혁에 대한 옹호에 중점을 둔다. 다음은 마르크스주의의 정치적 측면에 대한 자세한 탐구이다.

1. 마르크스주의의 핵심 정치사상: (a) <u>정치의 동인으로서의 계급투쟁</u>: 마르크스주의에서 정치는 주로 부르주아지(자본가 지배계급)와 프롤레타리아트(노동계급)와 같은 대립 계급 간의 투쟁에 뿌리를 두고 있다. 정치 제도들(정부, 법률, 국가)은 부르주아지가 자신들의 지배력을 유지하기 위해 사용하는 도구로 간주된다. (b) <u>계급 지배의 도구로서의 국가</u>: 마르크스는 국가가 중립적이지 않고 지배계급의 이익에 봉사한다고 주장했다. 자본주의 사회에서 국가는 사유재산을 보호하고 계급 불평등을 영속화한다. 이것은 공산주의에서 '국가의 쇠퇴'라는 개념으로 이어지며, 계급 구분이 제거되면 국가는 무용지물이 된다. (c) <u>변화의 수단으로서의 혁명</u>: 마르크스는 자본주의가 점진적이거나 평화적인 수단을 통해 개혁될 수 있다는 생각을 거부했다. 그는 자본주의 국가를 전복하기 위해 프롤레타리아 혁명이 필요하다고 믿었다. 혁명 이후, 프롤레타리아트 독재가 자본주의 국가를 대체하고, 사회주의를 향한 과도기적 단계로 작용했다.

2. 프롤레타리아트 독재: 이 개념은 자본주의 전복 이후 노동계급의 정치적 통치를 가리킨다. 그것은 근대적 권위주의적 의미에서의 독재가 아니라, 부르주아지의 잔재를 억압하기 위한 다수(프롤레타리아트)에 의한 민주적 통치이다. 그것의 주요 역할은 자본주의 구조를 해체하고, 생산 수단의 사적 소유를 폐지하고, 계급 없는 사회를 위한 길을 닦는 것이다.

3. 마르크스주의의 민주주의: 마르크스주의자들은 부르주아 민주주의(자유민주주의)를 자본주의적 이해관계를 위한 겉치레로 비판한다. 그들은 그것이 진정한 권력이 부유층의 손에 남아 있는 동안 평등하다는 환상을 준다고 주장한다. 이와는 대조적으로 프롤레타리아 민주주의는 집단적 소유, 경제적 평등, 참여적 거버넌스에 초점을 맞추면서 다수의 요구를 우선시할 것이다.

4. 혁명과 정치적 변화: 마르크스주의는 자본주의의 모순 때문에 혁명적 변화의 불가피성을 강조한다. (a) 경제 위기: 호황과 불황의 반복적인 순환은 자본주의를 약화시키고 혁명을 위한 조건을 창출한다. (b) 계급의식: 노동자들은 자신들의 착취를 인식하게 되고 자본주의 체제에 도전하기 위해 조직한다. 혁명은 단순한 도덕적 의무가 아니라 역사적 필요성으로 여겨진다.

5. 공산주의는 최종 목표: (a) 계급 없고 국가 없는 사회: 공산주의의 마지막 단계에서는 계급도, 착취도, 국가 기구도 없다. (b) 집단적 소유: 자원과 생산수단은 집단적으로 소유되어 사유재산과 이윤 동기를 제거한다. (c) 글로벌 혁명: 마르크스주의는 자본주의 자체가 본질적으로 전지구적이기 때문에 공산주의를 국제 체제로 구상한다.

6. 자본주의의 정치에 대한 비판: (a) 정치에서의 소외: 노동자들이 생산에서 소외되는 것처럼, 자본주의 민주주의에서 시민들은 소외되어 실제 의사결정에 대한 영향력이 제한된다. (b) 자본에 의한 협조: 정치 지도자, 정당, 심지어 사회운동조차도 종종 자본가의 이해관계에 의해 영향을 받거나 통제된다. (c) 제국주의: 마르크스주의자들은 자본주의 국가들이 종종 다른 나라의 자원과 노동력을 착취하기 위해 제국주의

에 가담하여 세계적인 불평등을 영속화한다고 주장한다.

7. 실천하는 마르크스주의: 맑스주의 정치 이론은 다음과 같은 나라들에서 적용되어 왔다(상당한 변형이 있다). (a) 러시아(소비에트 연방): 레닌이 이끄는 볼셰비키 혁명은 마르크스주의 원칙에 기반한 사회주의 국가를 수립했지만 나중에 권위주의로 비판받았다. (b) 중국: 마오쩌둥은 마르크스주의를 농민 혁명에 초점을 맞추기 위해 채택하고 농업 사회주의를 강조했다. (c) 쿠바, 베트남 등: 이들 국가는 또한 마르크스주의에서 영감을 받은 정치 체제를 시행했다. 이러한 적용은 사회주의 사회를 건설하는 것을 목표로 했지만, 종종 마르크스의 원래 비전에서 크게 벗어났다.

유산과 영향력: 마르크스주의 정치 사상은 다음과 같은 영향을 미쳤다. (a) 사회주의 및 공산주의 운동: 전 세계의 정당, 노동 조합 및 활동가 그룹은 마르크스주의 사상을 끌어들였다. (b) 탈식민지 투쟁: 많은 반제국주의 및 해방 운동이 마르크스주의 원칙을 채택했다. (c) 신자유주의에 대한 비판: 마르크스주의는 불평등, 기업 권력, 환경 파괴와 같은 현대 글로벌 문제를 분석하기 위한 틀을 계속 제공하고 있다. 결론: 마르크스주의 정치는 자본주의 체제에 대한 급진적인 비판을 제공하고 계급 없고 평등한 사회를 만드는 것을 목표로 하는 혁명적 대안을 제안한다. 그것의 실제 적용은 논란의 여지가 있지만, 그 핵심 아이디어는 정치 이론과 행동주의에 여전히 영향력이 있다.

IV. 마르크스의 저서: 공산당 선언(The Communist Manifesto, 1848)

공산당 선언은 칼 마르크스와 프리드리히 엥겔스가 쓴 정치 팜플렛으로 1848 년 2 월 21 일에 출판 되었다. 이 책은 현대 정치사에서 가장 영향력 있는 작품 중 하나이며 공산주의의 원칙을 제시한다.

1. 주요 컨텍스트: (a) 역사적 배경: 이 선언문은 산업 혁명과 정치적 격변으로 특징지어지는 유럽의 광범위한 사회적, 경제적 변화의 시기에 출판되었다. 노동자들은 착취와 열악한 생활 조건에 직면했고, 이는 다양한 혁명 운동의 부상으로 이어졌다. (b) 목적: 공산주의동맹의 의뢰를 받은 이 팜플렛은 국제 노동계급 운동의 선언문으로 쓰여질 예정이었다.

2. 주요 주제: (a) <u>계급투쟁</u>: 이 선언은 역사는 주로 부르주아지(자본가 계급) 와 프롤레타리아트(노동 계급) 와 같은 대립 계급 간의 갈등에 의해 주동된다고 주장한다. 그것은 부르주아지가 자본주의를 통해 이윤을 창출하기 위해 프롤레타리아트의 노동을 착취한다고 주장한다. (b) <u>사유 재산의 폐지</u>: 마르크스와 엥겔스는 생산 수단으로서의 사유재산을 폐지할 것을 요구하며, 착취를 없애기 위해 집단적 소유를 주장한다. (c) <u>혁명적 변화</u>: 그들은 프롤레타리아트가 혁명을 통해 부르주아지를 타도하고 계급, 무국적 사회를 건설해야 한다고 주장한다. (d) <u>자본주의에 대한 비판</u>: 이 선언문은 자본주의가 불평등, 소외, 불안정을 야기한다고 비판하면서 자본주의의 궁극적인 붕괴를 예측한다. (e) <u>공산주의 목표</u>: 이 책은 무상교육, 누진과세, 상속권 폐지, 신용의 중앙화, 국가 통제의 확립 등 일련의 즉각적인 요구들을 개략적으로 제시하고 있다.

3. 유명한 인용문 및 영향: (a) 인용문 '지금까지 존재하는 모든 사회의 역사는 계급투쟁의 역사이다.' '세계의 노동자들이여, 단결하라! 쇠사슬 말고는 잃을 게 없다!' (b) 영향: 공산당 선언은 전 세계 사회주의 및 공산주의 운동의 초석이 되었으며 다음 세기 동안 혁명과 정치 사상에 영향을 미쳤다. 이 책은 결정론과 계급 역학에 대한 지나치게 단순화된 견해로 비판을 받았지만, 마르크스주의 이론을 이해하기 위한 기본 텍스트로 남아 있다.

V. 마르크스의 저서: 자본론
Das Kapital, 3 Volumes, 1867, 1885, 1894

Das Kapital: Critique of Political Economy(일반적으로 Das Kapital이라고 함)는 1867년에 처음 출판된 Karl Marx의 중요한 저작이다. 이 책은 마르크스주의 이론의 기초가 되는 텍스트이자 자본주의에 대한 비판적 분석이다. 마르크스는 자본주의 사회를 지배하는 경제 법칙을 조사하고 자본주의가 어떻게 노동을 착취하고 불평등을 생성하며 자본주의의 붕괴로 이어질 수 있는 내재적 모순을 발전시키는지 탐구한다. 다음은 핵심 요소에 대한 개요이다. 앞에서 전반적으로 논의한 내용이 본 저술 소개에서 일부 중복될 수밖에 없다는 점을 부언한다.

제1권: 자본주의적 생산의 과정: 이 책은 가장 유명한 책이며, 마르크스가 생전에 출판한 유일한 책이다. 주요 주제는 다음과 같다. (1) 상품과 가치: 마르크스는 상품의 이중적 성격(사용가치와 교환가치)을 설명하고 모든 가치의 원천으로서의 노동 개념을 도입한다. (2) 잉여가치(Surplus Value): 그는 자본가들이 어떻게 노동자들로부터 잉여가치를 추출함으로써 이익을 얻는지를 설명하는데, 노동자들은 그들이 생산한 것의 가치보다 더 적은 임금을 받는다. (3) 자본 축적: 마르크스는 자본이 더 많은 자본을 창출하기 위해 재투자되고 착취와 불평등을 영속화하는 방법을 탐구한다. (4) 소외: 노동자는 자신의 노동, 자신이 만든 제품, 인간성으로부터 소외된다.

제2권: 자본의 순환 과정: 1885년 마르크스의 사후에 출간된 이 책은 자본의 순환에 초점을 맞춘다. 주요 주제는 다음과 같다. (1) 생산, 유통, 실현을 통한 자본의 이동에서 자본의 역동성. (2) 자본을 생산적 자본, 상품 자본, 화폐 자본으로 나누는 것. (3) 자본주의적 생산에서 시간과 회전율의 역할.

제3권: 전체로서의 자본주의적 생산과정: 1894년 엥겔스에 의해 편집되어 출판된 이 책은 자본 주의의 광범위한 역학을 조사한다. 주요 주제는 다음과 같다. (1) 이윤율이 떨어지는 경향은 자본주의의 핵심 모순이다. (2) 금융자본의 발전과 위기에서의 역할. (3) 자본가들 사이의 경쟁이 어떻게 자본의 집중을 소수의 손에 집중시키는지. (4) 자본주의의 내부 모순의 결과인 경제 위기.

그의 자본론은 경제학, 정치학, 사회학 및 철학에 지대한 영향을 미쳤다. 그것은 전 세계의 사회주의와 공산주의 운동에 영감을 주었고 자본주의를 분석하기 위한 틀을 제공했다. 비판자와 지지자 모두 현대 경제의 역사적, 구조적 역학을 이해하는 데 그 중요성을 인식하고 있다.

VI. 마르크스주의의 유토피아 정치체제

마르크스는 프롤레타리아 국가가 독재를 수립할 것이라고 예상했다. 프롤레타리아트 독재의 목적은 단일 프롤레타리아 계급을 제외한 모든 계급을 제거하는 것이다. 마르크스는 혁명이 일어났을 때 사회에서 압도적인 수의 사람들이 프롤레타리아트에 속할 것이라고 예상했다. 따라서 만약 그가 독재가 프롤레타리아트에 의해 이루어져야 한다는 것을 의미했다면, 상황은 정말로 달라졌을 것이다. 대다수의 사람들(프롤레타리아트)은 남아있는 소수의 자본가 집단에게 자신의 평등주의적 정책들을 강요할 것이다. 그러한 체제는 레닌이 사용했던 체제보다 더 민주적일 것이다.

'어쨌든 독재 정권이 사회를 사회주의 유토피아로 이끄는 데 성공함에 따라, 점점 더 많은 사람들이 사회주의 윤리를 받아들이게 될 것인데, 이는 자신의 능력에 맞게 일하고 노동의 결실을 사회의 나머지 사람들과 공유하려는 의지를 의미했다. 이 개념은 분명히 마르크스 사상의 가장 혁명적인 측면이다… 마르크스는 독재 정권이 사람들이 이기적이고 원자주의적인 방식을 버리고 사회 전체의 이익에 기여하는 집단적 또는 유기적 가치를 채택하도록 격려할 것으로 기대했다. 새로운 사회는 각자가 자신의 능력에 따라, 각자가 필요로 하는 원칙에 따라 운영될 것이다.'

'사람들이 자신의 노동을 즐기도록 장려될 수 있다면, 그들은 자본주의 체제에서 가능했던 것보다 더 생산적이 될 것이다. 만약 생산성이 모두에게 동등하게 공유된다면, 사회적 불안과 좌절은 아마도 줄어들 것이고, 행복하고 만족한 대중을 만들어낼 것이다. 그리하여 범죄와 전쟁과 인간의 혼란이 사라질 것이다. 갈등과 불안이 줄어들면서 사회의 토대가 점진적으로 변화하면 제2의 마르크스 주의 국가가 탄생할 것이다. 독재의 필요성은 사라질 것이다. 마지막 비 프롤레타리아트가 사라졌을 때, 국가는 시들었을 것이다: 경찰국가는 더 이상 존재하지 않게 되었을 것이다. 그렇게 되면 사회의 모든 개인이 모두의 이익을 위해 책임감 있게 스스로를 통치할 수 있는 자유가 생길 것이고, 체제는 많은 아나키스트들이 원했던 것과 유사한 민주적 유토피아로 진화했을 것이다. 이전 국가는 뼈대만 남을 것이고, 그것은 단지 경제를 관리할 것이다.'

마르크스는 사회주의가 조만간 세계 모든 나라에서 역사 발전의 법칙에 의해 채택될 것으로 예상했다. 그는 민족국가는 자본가들에 의해 조직되어 실제로 많은 공통점을 가진 사람들을 서로 분리시켰다고 주장했다. 국경은 자본주의 체제를 강화하기 위해 고안된 인위적인 구분에 불과했다. 노동자들은 나라가 없어 국경은 사라지고, 전 세계는 하나의 사회주의 유토피아가 되었을 것이다.

국제노동자협회(IWA)는 1864년 런던에서 제1인터내셔널(The First International)을 설립하였다. 런던에 살고 있던 프랑스의 급진적 공화주의자 빅토르 르 뤼베즈(Victor Le Lubez)는 칼 마르크스를 독일 노동자 대표로 런던에 초청했다. IWA는 1865 년에 예비 회의를 열었고 1866 년 제네바에서 첫 번째 회의를 가졌다. 러시아 혁명가 미하일 바쿠닌(Mikhail Bakunin)과 그의 집단주의적 아나키스트 동료들은 제1인터내셔널에 가입했다. 그들은 국가의 혁명적 전복과 소유의 집단화를 주장하는 인터내셔널의 연방주의적 사회주의 분파들과 동맹을 맺었다. 1871년 파리에서 일어난 반란으로 파리 코뮌(The Paris Commune)이 설립되었는데, 이 코뮌은 잠시 동안 파리를 통치한 정부였다. 코뮌은 프랑스가 프랑스-프로이센 전쟁에서 패배한 후 파리에서 일어난 봉기의 결과였다. 아나키스트들은 파리 코뮌의 설립에 적극적으로 참여했다. 그 후 사회주의 운동은 차단되었다.

제2인터내셔널(The Second International)이 1889년 파리에서 창설되어 20개국에서 온 384명의 대표들이 약 300개의 노동 및 사회주의 조직들을 대표했다. 아나키스트들은 주로 마르크스 주의자들의 압력 때문에 쫓겨났고 들어올 수 없었다. 1895년 죽기 직전에 엥겔스는 이제 일반적으로 인정받는 하나의 수정처럼 명백한 마르크스 이론과 사회주의자들의 거대한 국제적 군대가 있다고 주장했다. **아나키즘(Anarchism)**은 19세기의 노동계급 운동과 파시즘에 대항하는 스페인 내전 시대의 투쟁과 연관되어 있었다. 1907년 암스테르담의 국제 아나키스트 대회는 14개국의 대표들이 아나키스트 운동의 조직, 대중 교육 문제, 총파업 또는 반군사주의에 관하여 논의했다.

1883년 마르크스가 사망할 무렵 그의 영향력은 **독일 사회민주당(SPD)** 내에서 특히 강했는데, 이 당은 1875년 마르크스주의 정당과 마르크스의 독일 라이벌인 페르디난트 라살레가 만든 정당의 합병으로 형성되었다. 1896년, **에두아르트 베른슈타인(Eduard Bernstein)**은 완전한 민주주의가 달성되면 점진적인 수단에 의한 사회주의로의 이행이 가능하며 혁명적 변화보다 더 바람직하다고 주장했다. 베른슈타인과 그의 지지자들은 마르크스주의의 고전적 교리를 수정하려고 했기 때문에 수정주의자로 인식되었다. 전후 유럽의 혼란스러운 상황 속에서 러시아에서는 혁명적 사회주의가 득세했다. 공산당은 세계 대부분의 사회주의 정당에서 소수 또는 다수 분파로부터 형성되었는데, 이들은 레닌주의 모델을 지지하기 위해 떨어져 나갔다. 제3인터내셔널 코민테른(1919-43)은 레닌 치하에서 설립되었고, 1943년 이오시프 스탈린에 의해 해체되었다.

마르크스가 죽었을 때 사회주의 운동은 지배적인 지도자를 잃었지만 결국 정통 마르크스주의, 마르크스-레닌주의, 사회민주주의라는 세 가지 사회주의 교리가 등장했다.

I. 정통 마르크스주의(Orthodox Marxism)

정통 마르크스주의는 칼 마르크스의 사상을 구체적으로 해석하고 적용한 것으로, **칼 카우츠키(Karl Kautsky, 1854-1938)**가 선도하였다. 그는 체코-오스트리아의 철학자, 언론인, 마르크스주의 이론가로서 제1차 세계대전 이후에 소비에트 국가에 관한 레닌-트로츠키 논쟁에 관하여 볼세비키 혁명을 비판하였다. 카우츠키는 비엔나대학에서 역사 철학 경제학을 공부하였고, 1875년 오스트리아 사회민주당의 당원이 되었다. 스위스의 독일 사회주의자 그룹에 가입하여 마르크스 주의자가 되었고, 1881년 영국을 방문하여 마르크스와 엥겔스를 만났다. 1883년 그는 한 월간 잡지사를 세워 1890년부터 주간하여 발행하고 1917년까지 편집인으로 마르크스주의를 선전하였다. 그는 1885-90년 런던에 체재하면서 엥겔스와 가까운 친구가 되었고, 엥겔스는 그에게 마르크스 자본론 세 권의 편집을 맡겼다. 엥겔스 사후 1895-1914 기간에 그는 가장 중요하고 영향력이 있는 마르크스주의 이론가가 되었다. 1890년대 말 번스타인이 수정주의 입장에서 전통적 마르크스주의를 공격할 때에, 카우츠키는(사회적 윤리를 강조하는) 그가 진보적 자본가들이나 비 계급투쟁 노선과 동맹을 위해 길을 내는 것이라고 비난하였다.

1914년 독일 사회민주당이 1차 대전을 지지할 때, 카우츠키는 독일이 러시아의 위협에 대항하여 방어적 전쟁을 하고 있다고 주장하였다. 그러나 1915년 정부가 야만적인 고비용의 전쟁을 지속할 것을 인지하고, 그는 사회민주당의 전쟁지도자들에 반대하는 번스타인에게 호소하고, 독일 정부의 병합정책을 비판하였다. 그는 1917년 사회민주당을 떠나 독립 사회민주당으로 옮겨, 반전 사회주의자들을 단합시켰다. 독일의 11월 혁명(1918) 이후 카우츠키는 단명한 혁명정부의 외무부 차관보로 재직하여 독일제국이 일으킨 전쟁의 유죄를 증명하는 서류를 찾으려고 노력하였다. 전후 독일은 이원집정부제로 바이마르 공화국(1919-33)을 수립하였다. 카우츠키는 조지아를 방문하여 1921년 러시아의 적군이 조지아 민주공화국을 침공하여 사회주의 공화국을 수립하는 것을 보았다. 조지아 침략으로 인한 파괴와(소비에트 러시아에서) 실제 노동자 계급이 가지는 미미한 정치적 역할 때문에 소련연방은 제국주의 국가가 되고 있다고 생각하였다. 카우츠키의 유산은 (1) 반 볼셰비키 논쟁 (2) 마르크스의 자본론(3권)을 편집 출간 (3) 독일 사회 민주주의당의 단합이라고 할 것이다.

A. 정통 마르크스주의의 주요 특징

1. 역사적 유물론(Historical Materialism): 정통 마르크스주의자들은 마르크스의 유물론적 역사 개념을 지지하는데, 이 개념은 인간 사회의 발전이 주로 경제적 힘과 계급 투쟁에 의해 주도된다고 본다. 사회는 생산 양식과 생산 관계가 진화함에 따라 단계(예: 봉건제→ 자본주의 → 사회주의)를 통해 발전한다.

2. 계급투쟁에 집중: 부르주아지(자본의 소유자) 와 프롤레타리아트(노동계급) 사이의 갈등은 자본주의를 이해하는 데 핵심적이다. 정통 마르크스주의는 노동계급의 혁명적 잠재력을 강조한다.

3. 경제적 결정론(Economic Determinism): 정통 마르크스주의자들은 종종 정치, 문화 또는 이데올로기와 같은 사회의 다른 측면보다 경제 구조의 결정적인 역할을 강조한다. 하부구조(경제구조)는 상부구조(제도, 법, 이데올로기)를 형성한다.

4. 과학적 사회주의: 정통 마르크스주의자들은 마르크스주의를 경험적 분석과 합리적 비판에 뿌리를 둔 사회를 이해하고 변화시키는 과학적 방법으로 본다. 그들은 이것을 유토피아적 사회주의와 구별하는데, 그들은 그것을 이상주의적이고 물질적 조건과 단절된 것으로 간주한다.

5. 혁명적 프락시스: 정치적 행동은 필수적인 것으로 간주된다. 정통 맑스주의자들은 종종 프롤레타리아트가 자본주의 국가를 전복하도록 지도할 전위정당의 형성을 주장한다.

B. 정통 마르크스주의의 핵심 인물들: (1) 프리드리히 엥겔스(Friedrich Engels): 마르크스가 사망한 이후 마르크스의 많은 사상을 발전시키고 대중화했다. (2) 칼 카우츠키(Karl Kautsky): 제2 인터내셔널에서 정통 마르크스주의의 주요 이론가로 간주된다. (3) 게오르기 플레하노프: 변증법적 유물론의 중요성을 강조한 러시아 마르크스주의자. (4) 레닌: 정통 마르크스주의를 러시아의 상황에 적응시켜 레닌주의의 발전을 이끌었다.

C. 정통 마르크스주의에 대한 비판과 도전: (1) 독단주의(Dogmatism): 비평가들은 정통 마르크스 주의가 지나치게 경직되고 독단적이 되어 마르크스의 저술을 적응 가능한 도구가 아니라 변하지 않는 진리로 취급할 수 있다고 주장한다. (2) 경제적 결정론: 일부 사람들은 정통 마르크스주의가 다른 사회적, 문화적, 정치적 영향을 희생시키면서 경제적 요인을 과도하게 강조한다고 주장한다. (3) 선택의지의 소홀함: 구조적 힘에 초점을 맞추면 역사를 형성하는 데 있어 인간의 선택의지의 역할을 경시할 수 있다. (4) 적응의 실패: 정통 마르크스주의는 복지국가의 부상이나 세계화된 경제와 같은 자본주의의 변화를 설명하지 못한다는 비판을 받아왔다. 정통 마르크스주의는 20세기 초 세계 사회주의와 공산주의 운동에 큰 영향을 미쳤다.

II. 마르크스-레닌주의(Marxism-Leninism)

마르크스-레닌주의는 칼 마르크스와 프리드리히 엥겔스의 이론을 블라디미르 레닌(Vladmir Lenin, 1870-1924)이 개발한 혁명적 실천 및 전략과 종합한 정치 이데올로기이다. 그것은 20세기 동안 전 세계, 특히 소련 치하에서 공산당의 지배적인 이데올로기가 되었다. 1917년 10월 쿠데타로 권력을 잡은 레닌이 이끄는 볼셰비키는 공산당으로 개명하고, 그 지도자들은 최초의 공산주의 혁명가로서 그들 세계에서 확실한 권위를 누렸으며, 마르크스-레닌주의는 소련연방과 그 위성국가에서 지배적 이념이 되었다. 소련연방을 단번에 사회주의로 만들려고 시도하면서, 볼셰비키가 러시아 내전으로 싸우는 동안, 레닌은 국가의 생산성이 위험 수준으로 추락하는 것을 목격하였다. 내전이 끝나고 레닌은 신경제정책으로 경제를 재편성하여 점진적으로 사회주의화 하려고 시도하였다. 1924년 조셉 스탈린은 적과 동지들을 무자비하게 숙청하고 권력을 장악하여 소련연방을 재편성하고, 공포정치를 통해 독재 권력을 1953년 그의 사망 시까지 유지하였다.

A. 블라디미르 레닌(1870-1924)은 부유한 중산층에 태어나 사회주의 혁명사상을 품고 러시아 황제의 통치에 저항하는 시위 참가로 인해 카잔 제국대학에서 퇴학당하고 세인트 페테르부르크 대학에서 1급 법학 학위를 받았다. 그는 1897년 선동죄로 체포되어 서부 유럽으로 망명하였고, 마르크스주의 러시아 사회민주노동당의 저명한 이론가가 되었다. 그는 1903년 멘셰비키 반대하는 볼셰비키 정파의 이념적 분리에 주요한 역할을 하였다. 멘셰비키는 부르주아 혁명은 부르주아가, 프롤레타리아 혁명은 프롤레타리아가 주도해야 한다고 주장하였으나, 레닌은 민주적 혁명에서 노동자 계급이 혁명을 주도해야 하고, 신뢰할만한 유일한 동맹은 소작 농민 계층이며, 자본가 계급은 반혁명 세력으로 그들 자신의 혁명을 하기에는 너무 비겁하여, 노동자와 농민

이 연대한 혁명으로 독재정권을 수립해야 한다고 주장하였다. 레닌은 실패한 러시아혁명(1905)에서 폭동을 조장하였고, 1907년 러시아에 친위 쿠데타가 일어나 볼세비키 세력은 지하로 숨고, 레닌은 다시 망명길에 올랐다. 볼세비키는 1912년 프라하 당 대회에서 멘셰비키와 결별을 선언하고 독립된 당이 되었다. 그는 제1차 세계대전이 광범위한 유럽 노동자 혁명으로 변화하도록 운동을 전개하였고, 세계대전이 자본주의를 뒤엎고 사회주의로 대치할 것이다고 믿었다.

1917년 2월혁명으로 황제를 축출하고 임시정부를 수립하자, 레닌은 러시아로 돌아와 10월 볼세비키 혁명의 주도적 역할을 하였고, 레닌의 새로운 정부는 처음 좌익 사회주의 혁명세력, 선출된 소비에트, 헌법의회가 권력을 공유하였으나, 볼세비키는 공산당으로 개명하여 권력을 중앙에 집중하였다. 레닌의 행정부는 토지를 농부들에게 재분배하고 은행과 대규모 기업은 국유화하였다. 레닌은 중앙세력(독일, 오스트리아-헝가리, 오토만 제국, 불가리아)에 영토를 양도하는 평화조약에 서명하여 세계대전으로부터 철수하고 코민테른을 통하여 세계혁명을 증진하였다. 반대자들은 비밀경찰에 의해 자행되는 폭력적 붉은 테러로 진압되고, 수만 명이 살해되거나 집단수용소로 보내졌다. 레닌의 행정부는 1917-22년 러시아 내전에서 반 볼세비키 군대를 패퇴시키고 폴란드-소비에트 전쟁(1919-21)을 감독하였다. 전쟁의 파괴, 기근, 대중봉기에 대응하여 레닌은 1921년 시장 지향적 신경제정책을 통하여 경제성장을 장려하였다. 1924년 그는 건강 악화로 사망하고 조셉 스탈린이 권력을 계승하였다.

B. 맑스-레닌주의의 핵심 교리: 1. <u>역사적 유물론</u>: 마르크스-레닌주의는 역사가 물질적 조건과 계급 투쟁에 의해 형성된다는 마르크스의 견

해를 유지하며, 자본주의에서 사회주의로의 전환을 역사 발전의 불가피한 단계로 강조한다. 2. 프롤레타리아 혁명: 혁명을 통한 자본주의의 전복을 주장하며, 프로레타리아트 노동계급이 부르주아지로부터 정치권력을 장악해야 한다고 주장한다. 3. 전위당(The Vanguard Party): 레닌의 핵심 전위당 개념은 노동계급 중에서 가장 정치적으로 의식이 있는 구성원들로 규율되어 중앙집권화된 당이 혁명을 이끌고 프롤레타리아트 독재를 유지하는 데 필요하다고 주장한다. 4. 프롤레타리아트 독재(Dictatorship of the Proletariat): 노동계급이 자본주의의 잔재를 해체하고 사회주의를 건설하기 위해 사회에 대한 통제력을 행사하는 과도기적 국가를 말한다. 그것은 반혁명 세력을 억압하는 것을 포함한다. 5. 민주적 집중제(Democratic Centralism) 는 당내 민주적 토론과 엄격한 단결을 결합한다. 일단 결정이 내려지면 모든 구성원은 그 결정을 지지하고 실행해야 한다. 6. 제국주의는 자본주의의 가장 높은 단계로서 억압받는 민족들은 해방되어야 한다. 7. 과도기적 단계로서의 사회주의: 마르크스-레닌주의는 사회주의를 자본주의와 완전한 공산주의 사이의 중간 단계로 본다. 사회주의 기간 동안 국가는 생산 수단을 통제하고 계급 차이를 없애기 위해 부를 재분배하는 데 중심적인 역할을 한다. 8. 유토피아의 실현: 더 많은 사람들이 프롤레타리아가 되고 사회주의자가 됨에 따라, 계급 차이는 줄어들 것이고 사람들 사이의 투쟁은 줄어들 것이다. 인간 갈등이 사라지면 마르크스가 예측한 대로 국가에 대한 필요성도 사라질 것이다. 결국 사람들이 평화롭게 살고 일할 수 있는 유토피아가 등장할 것이다. 9. 반식민지 및 반제국주의 투쟁: 맑스-레닌주의는 제국주의와 식민주의에 대항하는 세계적인 투쟁을 지원하며, 해방 운동과 연계한다.

C. 마르크스-레닌주의의 핵심 인물들: 1. <u>블라디미르 레닌</u>(Vladimir Lenin): 마르크스-레닌주의의 이론적 토대를 발전시켜 전위정당의 필요성, 제국주의의 역할, 혁명 전략을 강조했다. 2. <u>이오시프 스탈린</u> (Joseph Stalin): 소련 집권 기간 동안 마르크스-레닌주의를 확장하고 제도화하여 '일국 사회주의'와 국가 권력의 중앙집중화와 같은 개념을 장려했다. 3. <u>마오쩌둥(毛澤東)</u>: 마르크스-레닌주의를 중국의 특수한 상황에 맞게 적응시키고, 농민 혁명과 게릴라전을 강조하는 마오쩌둥 주의를 발전시켰다. 4. <u>호치민, 피델 카스트로, 김일성</u>: 베트남, 쿠바, 북한에서 각각 반식민지 투쟁과 사회주의 국가 건설에 마르크스-레닌 주의를 적용한 지도자들이다.

D. 마르크스-레닌주의의 실천: 마르크스-레닌주의는 많은 사회주의 국가, 특히 소련, 중국(개혁 이전 시대) 및 동구권 국가의 이데올로 기적 기반이 되었다. 주요 사례는 다음과 같다. 1. 중앙집권적 계획 (Centralized Planning): 국가가 경제를 통제하며, 생산과 분배는 시 장 수요보다는 사회적 필요를 충족시키기 위해 계획된다. 2. 일당 통 치: 공산당은 전위 정당으로서 정치 생활을 지배했으며, 종종 반대 의 견과 반대파를 억압했다. 3. 대중 동원: 국가는 마르크스-레닌주의 이 데올로기를 주입하기 위해 대중 교육과 선전 캠페인을 장려했다. 4. 억압: 마르크스-레닌주의 정권은 종종 반혁명 활동을 억압하기 위해 광범위한 보안 장치를 사용했으며, 이는 권위주의에 대한 비판으로 이 어졌다.

E. 맑스-레닌주의에 대한 비판: 1. 권위주의: 비평가들은 마르크스-레 닌주의가 종종 중앙집권적이고 권위주의적인 정권으로 이어져 정치 적 자유와 반대 의견을 억압한다고 주장한다. 2. 경제적 비효율성: 중

앙 집중식 계획은 비효율성, 부족 및 침체로 인해 비판을 받아 왔다. 3. 마르크스의 원래 아이디어에서 벗어남: 서구 마르크스주의와 같은 일부 마르크스주의 이론가들은 마르크스- 레닌주의가 사회주의에 대한 마르크스의 원래 비전을 왜곡하고 국가의 역할을 과도하게 강조한다고 주장한다. 4. 인권 침해: 마르크스-레닌주의 국가들은 특히 스탈린과 같은 지도자 하에서 숙청, 강제 노동, 대량 억압으로 비판을 받아왔다. **마르크스-레닌주의의 유산:** 마르크스-레닌주의는 그 논쟁에도 불구하고 20세기 세계 역사를 형성하는 데 중요한 역할을 했다. 그것은 반식민지 운동에 영감을 주었고, 자본주의 발전 모델에 대한 대안을 제공했으며, 전 세계적으로 경제 및 사회 정의에 대한 논쟁에 영향을 미쳤다. 이는 소련 붕괴 이후 쿠바, 북한, 중국 등에서 여전히 유효하다.

III. 마오쩌둥주의(Maoism – Communism in China)

마오쩌둥주의는 중화인민공화국(PRC)의 건국 지도자인 마오쩌둥이 개발한 공산주의의 한 형태 이다. 그것은 마르크스-레닌주의를 중국의 독특한 역사적, 사회적, 경제적 조건에 적응시킨 것이며 마오쩌둥의 지도력 아래 중국 공산당(CCP)의 지도 이데올로기가 되었다. 마오쩌둥주의는 현대 중국의 정치, 경제, 사회 제도를 형성하는 데 중심적인 역할을 했다.

A. 마오쩌둥주의의 핵심 원칙: 1. 농민 혁명: 산업 프롤레타리아트의 역할을 강조하는 고전적 마르크스 주의와 달리, 마오쩌둥주의는 농민을 주요 혁명 세력으로 우선시한다. 이는 혁명 당시 중국의 압도적 농경 사회를 반영한다. **2. 인민 전쟁:** 마오쩌둥주의는 게릴라전과 대중의 동원을 옹호하여 특히 농촌 지역에서 기존 정권을 전복시킨다. 이 전략

은 중국 국공내전에서 중국 공산당이 국민당(국민당)을 상대로 승리하는 데 핵심적인 역할을 했다. **3. 대량 라인(Mass Line):** 당 지도부가 국민과 긴밀한 접촉을 유지하고, 국민의 견해를 수렴하며, 국민의 요구를 반영하는 정책을 수립하는 통치 전략이다. **4. 지속적인 혁명:** 마오쩌둥주의는 관료주의에 맞서 싸우고 혁명 정신이 살아 있도록 하기 위해 지속적인 혁명의 필요성을 강조한다. 이 아이디어는 문화 대혁명과 같은 급진적 인 캠페인으로 이어졌다. **5. 자립:** 마오쩌둥주의는 자력갱생을 장려하며, 외세나 외부 원조에 대한 의존을 거부한다. 이는 부분적으로 중화인민공화국 건국 초기에 중국이 고립된 것에 대한 대응이었다.

B. 마오쩌둥주의의 실천: 마오쩌둥의 지도력은 중국을 사회주의 국가로 변모시키기 위한 정책과 캠페인의 시행을 보았다. 여기에는 다음이 포함된다. **1. 토지 개혁(1949-1953):** 중국 공산당은 지주로부터 토지를 몰수하여 농민에게 재분배함으로써 전통적인 봉건 제도를 깨고 농촌의 가난한 사람들에게 힘을 실어주었다. **2. 대약진 운동(1958-1962):** 농업을 급속히 산업화하고 집단화하려는 야심 찬 캠페인인 대약진운동은 철강 생산과 농업 생산량을 늘리는 것을 목표로 했다. 하지만 그로 인해 경제적 혼란과 수천만 명의 사망자가 발생한 비극적인 기근이 발생했다. **3. 문화대혁명(1966-1976):** 문화대혁명은 마오쩌둥이 중국 공산당에 대한 통제력을 재확립하고 혁명적 열정에 다시 불을 붙이려는 시도였다. 그 결과 광범위한 박해, 문화 유산 파괴, 사회적 혼란이 일어났다. **4. 반제국주의와 국제적 영향력:** 마오쩌둥주의는 전 세계, 특히 아시아, 아프리카, 라틴 아메리카의 혁명 운동에 영향을 미쳤다. 페루의 Shining Path와 인도의 Naxalite 운동에 영감을 주었다.

C. **중국 마오쩌둥주의의 유산:** 1976년 마오쩌둥이 사망한 후 중국은 시장 지향적 개혁을 도입한 덩샤오핑(鄧小平)의 지도 아래 엄격한 마오주의 정책에서 벗어났다.

민주적 사회주의는 민주적 통치와 사회주의 원칙을 결합하려는 정치적, 경제적 이데올로기이다. 그것은 민주주의 실천을 경제 영역으로 확장하는 것을 옹호하며, 자원의 사회적 소유, 부의 재분배, 개인의 자유와 민주적 제도를 유지하면서 불평등을 줄이는 것을 목표로 하는 정책을 강조한다.

A. 민주적 사회주의의 핵심 원칙

1. 민주적 거버넌스: 민주적 사회주의자들은 자유 선거, 언론, 출판 및 집회의 자유를 포함한 정치적 민주주의를 지지한다. 권위주의적 사회주의 정권과 달리 민주적 사회주의는 사회주의 목표를 달성하고 유지하기 위해 민주적 절차를 주장한다.

2. 사회적 소유권: 해석은 다양하지만, 사회적 소유권은 일반적으로 주요 산업(예: 에너지, 의료, 운송) 에 대한 공적 소유와 사적 이익이 아닌 공익에 봉사하도록 하는 자원의 집단적 통제를 포함한다.

3. 경제 민주주의: 민주적 사회주의는 노동자 협동조합, 노동조합 대표, 참여적 관리와 같은 메커니즘을 통해 노동자에게 의사 결정에 대한 발언권을 부여함으로써 작업장을 민주화하려고 한다.

4. 복지 국가와 사회 정의: 민주적 사회주의의 핵심은 의료, 교육, 주택 및 기타 필수 서비스에 대한 보편적 접근을 제공하는 강력한 복지 국가라는 아이디어 이다. 그것은 누진적 조세와 재분배 정책을 통해 빈

곤, 불평등 및 구조적 불의를 줄이는 것을 목표로 한다.

5. 환경 지속 가능성: 많은 민주적 사회주의 운동은 생태 문제를 통합하여 지속 가능성을 우선시하고 기후 위기를 해결하는 정책을 옹호한다. 여기에는 종종 재생 가능 에너지로의 전환과 천연 자원의 이윤 중심의 착취에 도전하는 것이 포함된다.

6. 글로벌 연대: 민주적 사회주의자들은 종종 제국주의에 반대하고 공정 무역과 빈곤 및 기후 변화와 같은 문제를 해결하기 위한 전 세계적인 노력을 옹호하면서 국제 협력과 연대를 지지한다.

B. 민주적 사회주의 vs. 다른 이데올로기들

1. 민주적 사회주의 대 사회민주주의: 밀접하게 관련되어 있기는 하지만, 사회민주주의는 자본주의 체제를 근본적으로 바꾸지 않고 복지 프로그램과 노동 보호와 같은 정책을 통해 자본주의를 개혁하는 데 초점을 맞추는 경향이 있다. 반면에 민주적 사회주의는 자본주의에서 벗어나 핵심 자원의 공적 또는 집단적 소유를 가진 사회주의 경제로 전환하려고 한다.

2. 민주적 사회주의 대 공산주의: 전통적으로 이해되는 공산주의는 국가와 계급이 없는 사회를 지향하며 종종 혁명적 수단을 포함한다. 민주적 사회주의는 권위주의적 접근을 거부하고 민주적 틀 내에서 사회주의를 달성하기 위한 점진적이고 민주적인 개혁을 강조한다.

3. 민주적 사회주의 vs. 권위주의적 사회주의: 민주적 사회주의는 소련이나 마오쩌둥주의 중국과 같은 정권에서 볼 수 있는 권위주의에 근본적으로 반대하며, 정치적 자유를 우선시하고 일당 통치를 거부한다.

Table III-5-1. Tensions within Socialism: Social Democracy vs. Communism
사회주의 내부의 긴장: 사회민주주의 대 공산주의

Social Democracy (Eduard Bernstein)	Communism (Lenin, Stalin, Mao)
Ethical socialism	Scientific Socialism
Revisionism	Fundamentalism
Reformism	Utopianism
Evolution/Gradualism	Revolution
Humanize capitalism	Abolish Capitalism
Ameliorate Class Conflict	Classless Society
Relative Equality	Absolute Equality
Mixed Economy	State Collectivization
Economic Management	Central Planning
Parliamentary Party	Vanguard Party
Political Pluralism	Dictatorship of Proletariat
Liberal-Democratic State	Proletarian/People's State

Source: Hugo W. Kim, *The Transformation of Politics, Economy, and Science* (North Charleston, SC: CreateSpace, 2020), 246.

C. 민주적 사회주의의 역사적 맥락

1. 19세기의 뿌리: 민주적 사회주의는 사회주의와 민주주의 원칙을 혼합하고자 했던 칼 마르크스, 로자 룩셈부르크, 에두아르트 베른슈타인과 같은 초기 노동 운동과 사상가들에 그 뿌리를 두고 있다.

2. 20세기 확장: 민주적 사회주의는 영국 노동당과 스웨덴 사회민주당과 같은 정당이 보편적 의료, 공교육, 노동자 보호와 같은 정책을 시행하면서 유럽에서 두각을 나타냈다.

3. 현대의 영향: 21세기에는 미국의 버니 샌더스(Bernie Sanders) 와 영국의 제레미 코빈(Jeremy Corbyn) 과 같은 인물들이 특히 젊은 세대들 사이에서 민주적 사회주의를 대중화했다.

D. 민주적 사회주의의 실천: 스웨덴, 덴마크, 노르웨이 등은 종종 민주적 사회주의가 작동하는 사례로 인용되지만 사회 민주주의로 더 정확하게 묘사된다. 이들 국가는 강력한 복지국가와 시장경제를 결합하여 민주적 거버넌스를 유지하면서 필수 서비스에 대한 보편적 접근을 보장한다.

E. 민주적 사회주의에 대한 비판: 비평가들은 다음과 같이 주장한다. 1. 과도한 세금과 규제를 통해 혁신과 경제성장을 억누를 수 있다. 2. 공공소유의 확대는 비효율성과 관료주의로 이어질 수 있다. 3. 민주주의와 사회주의 사이의 균형을 잡는 것은 도전적일 수 있으며, 국가의 지나친 개입의 위험이 있다. 이러한 비판에도 불구하고 민주적 사회주의는 특히 불평등, 기후 변화 및 의료 접근성에 대한 우려가 커짐에 따라 활기찬 이데올로기로 남아 있다.

Figure III-5-1. Democratic Socialism is Still Socialism!
민주적 사회주의는 여전히 사회주의이다.

현대 사회주의(Modern Socialism)

현대 사회주의는 경제적 불평등을 줄이고 공익을 제공하는 것을 목표로 자원과 산업에 대한 집단적 소유 또는 규제를 옹호하는 정치적, 경제적, 사회적 이데올로기의 스펙트럼을 나타낸다. 혁명을 통해 사회의 급진적인 변화를 제안하는 초기 형태의 사회주의와 달리 현대 사회주의는 일반적으로 더 개혁주의적이며 민주주의 체제 내에서 작동한다.

A. 현대 사회주의의 특징

1. 민주적 사회주의: (a) 사회주의적 목표와 민주적 절차를 결합한다. (b) 보편적 의료보험, 무상 또는 보조금 지급 교육, 노동 보호, 누진세와 같은 정책을 옹호한다. (c) 예: 스웨덴, 덴마크, 노르웨이와 같은 북유럽 국가들은 강력한 사회 안전망과 시장 경제를 혼합하여 민주적 사회주의의 요소를 실천한다.

2. 사회주의 경제정책: (a) 주요 산업(예: 에너지, 의료 또는 운송) 의 공공 소유에 중점을 둔다. (b) 노동자가 의사 결정과 이익에 지분을 갖는 협력적 비즈니스 모델이다. (c) 착취와 환경 피해를 방지하기 위한 민간 시장을 규제한다.

3. 사회 안전망: 보편적 의료, 무료 또는 보조금 교육, 강력한 사회 보장 시스템과 같은 포괄적인 사회 복지 프로그램을 제공하는 데 중점을 둔다.

4. 경제적 평등: 현대 사회주의는 누진세, 부의 재분배 및 사회 프로그램을 통해 경제적 격차를 줄이려고 한다.

5. 환경 사회주의: (a) 지속 가능성과 집단 행동을 통한 기후 변화 대처

를 강조한다. (b) 화석 연료에서 벗어나 공정한 경제 시스템의 일환으로 재생 에너지에 투자하는 것을 지원한다.

6. 자본주의 비판: (a) 현대 사회주의는 부의 불평등, 정치에 대한 기업의 영향력, 규제되지 않은 자본주의 하의 노동자 착취를 비판한다. (b) 부와 권력이 소수의 손에 집중되는 것을 줄이려고 한다.

7. 글로벌 영향력: (a) 사회주의 이데올로기를 가진 정당과 운동은 유럽에서 라틴 아메리카 및 아시아 일부에 이르기까지 전 세계적으로 활동하고 있다. (b) 사회주의 인터내셔널과 유럽사회주의당과 같은 조직들은 초국가적 협력을 지지한다.

B. 현대 사회주의 국가

1. 스웨덴: 강력한 복지 국가와 높은 생활 수준으로 유명한 스웨덴은 시장 경제와 광범위한 사회 프로그램 및 공공 서비스를 결합한다.

2. 덴마크: 스웨덴과 마찬가지로 덴마크는 보편적 의료 서비스, 무료 교육, 넉넉한 사회 보장 혜택을 제공하며 상대적으로 높은 세금으로 운영된다.

3. 노르웨이: 천연자원, 특히 석유를 통해 부를 축적한 노르웨이는 강력한 사회복지 시스템을 구축하고 주요 산업에서 높은 수준의 공공 소유를 유지하고 있다.

4. 핀란드: 고품질 교육 시스템과 포괄적인 사회 서비스로 유명한 핀란드는 국민에게 높은 생활 수준을 보장한다.

5. 독일: 독일의 사회적 시장 경제는 순수한 사회주의 국가는 아니지

만 공공 의료, 사회 보장, 강력한 노동 보호와 같은 사회주의 요소를
포함하고 있다.

C. 현대 사회주의의 충격과 도전

현대 사회주의는 경제적 효율성과 사회적 평등의 균형, 경제적 변동에
대처하는 것, 대중의 기대치를 관리하는 것 등 다양한 도전에 직면해
있다. 비판가들은 종종 높은 세금과 광범위한 사회 프로그램이 경제
성장과 혁신을 억누를 수 있다고 주장한다. 그러나 지지자들은 불평등
감소, 사회 안정 및 모든 시민의 삶의 질 향상의 이점을 강조한다.

제4장
자본주의 경제의 성장과 발전
Capitalistic Economy: Growth and Development

＼ 자본주의의 경제적 효율성
Economic Efficiency in Capitalism · 176

그림 IV-0-1: 지속 가능한 경제적 성장

자본주의의 경제적 효율성

Economic Efficiency of Capitalism

조지프 슘페터는 자본주의가 낡은 산업과 경제 구조가 파괴되고 새로운 혁신과 기업가적 벤처로 대체되는 과정을 통해 진화한다고 주장했다. 그는 자본주의 체제가 부유하고 지적인 엘리트를 양산하여 기업가 정신을 약화시키는 정책으로 결국은 쇠퇴할 것이라고 예측하였다. 그러나 구 소련의 붕괴는 자유시장경제 없이는 정치 체제가 성공할 수 없다는 것을 증명하였다.

자본주의 경제에서 국민소득의 성장은 두 가지 방식에 의해 생성된다: 하나는 노동, 자본, 기타 자원을 포함한 더 많은 입력을 사용하는 것이며, 다른 하나는 첨단 기술과 개선 된 관리 기술로 생산성을 향상하여 새로운 상품과 서비스를 시장에 도입하는 것이다. 일반균형 상태에서 경제적 효율성은 [소비]에서 예산의 범위 내에서 효용을 극대화함으로써 소비자의 만족을 달성하고, [생산]에서 주어진 비용으로 생산량을 극대화하여 이윤을 추구한다. 그리고 [교환]에서는 소비의 한계대체율을 생산의 기술적 대체의 한계율과 같게하여 생산과 소비를 맞춘다. 이로서 소비-생산-교환의 과정에서 경제적 효율을 달성한다. 사회복지를 최적화하기 위해 경제에서 효율적 성장과 정치에서 평등한 분배가 충돌에 직면할 수 있으며, 이에 대해 정부는성장 정책과 분배 정책을 조율해야할 필요가 있다. 이것이 현대 정치경제학의 주요 쟁점이라 할 것이다.

국가 간에 무역이 이루어질 때 정치와 법률, 경제, 과학과 기술, 사회와 문화 등 다양한 요인이 무역에 영향을 미친다. 두 국가의 비교우위를 고려할 때, A국과 B국은(A+B)의 결합된 무차별곡선이 각 국가의 생산 가능성 경계에서 두 거래 지점을 연결하는 선에 도달하는 특정 지점 에서 더 높은 효용을 누릴 수 있다. 관세와 무역 장벽은 국내 소비자 또는 생산자를 보호하고 국가 안보를 위해 사용된다. 그러나 관세는 경제 성장과 후생에 부정적인 영향을 미치는 반면, 자유 무역과 무역 장벽 감소는 비교우위 상품의 교류를 증가시켜 경제 성장에 긍정적인 영향을 미친다.

자본주의 국가는 경제의 효율성을 극대화하여 국민 총생산을 높이려 한다. 빈부격차를 줄이기 위해 정부는 부유층으로부터 더 많은 세금을 거둬들여 더 나은 인프라를 구축하고, 교육과 의료를 개선하며, 불우한 사람들에게 사회적 서비스를 제공한다. 그러나 일정 기간에 가용자원이 제한되어 있기 때문에 정부가 높은 세금을 징수하면 납세자는 복종을 거부하여 국가는 법과 질서를 유지할 수 없게 된다. 따라서 자본주의 경제의 효율성과 민주주의 정치의 평등성은 서로 타협해야 국가가 정치 경제 사회의 안정을 유지하여 건재할 수 있다.

A. 경제발전에서 자본주의의 공헌: 1. 혁신과 기술 발전: 자본주의의 경쟁적 성격은 기업이 제품, 서비스 및 생산 방법을 개선하기 위해 노력함에 따라 혁신을 촉진한다. 역사적 예로는 산업 혁명, 실리콘 밸리의 부상, 의료 기술의 발전 등이 있다. 2. 경제 성장: 자본주의 경제는 사회주의나 공산주의와 같은 다른 체제에 비해 더 높은 수준의 GDP 성장을 창출하는 경향이 있다. 시장 기반 시스템에서 자원의 효율적인 배분은 생산성과 부 창출을 가능하게 한다. 3. 일자리와 소득 창출: 자본주의 경제는 제조업에서 서비스업, 기업가 정신에 이르기까지 다양

한 고용 기회를 창출하는 데 능숙하다. 4. 소비자 선택: 자본주의는 소비자에게 다양한 재화와 서비스를 제공하여 그들의 생활 수준과 삶의 질을 향상시킨다. 5. 글로벌 무역 및 통합: 시장 경제는 세계화를 촉진하여 상호 연결된 경제를 창출하고 글로벌 시장에 대한 접근을 확대한다.

B. 경제발전에서 자본주의의 도전: 1. 불평등: 자본주의는 소득과 부의 격차를 악화시킬 수 있으며, 빈부격차가 커질 수 있다. 소수의 손에 자본이 집중되면 사회적, 경제적 불안정을 초래할 수 있다. 2. 착취 및 노동 문제: 자본주의는 이윤을 추구하는 과정에서 노동자 착취, 안전하지 않은 노동 조건, 불충분한 임금으로 이어질 수 있다. 3. 환경 파괴: 자본주의 체제는 종종 지속 가능성보다 이윤을 우선시하여 천연 자원의 과도한 착취와 환경 피해를 초래한다. 4. 붐 앤 버스트 사이클: 자본주의 경제는 투기, 규제 완화 또는 시장 실패로 인해 금융 위기와 경기 침체에 빠지기 쉽다. 5. 시장 실패: 의료, 교육, 공공 인프라와 같은 필수 서비스는 순전히 자본주의 체제에서는 충분히 제공되지 않을 수 있으며, 이는 정부의 개입을 필요로 한다.

C. 자본주의와 경제발전의 실천: 1. 서구 경제: 미국과 서유럽과 같은 나라들은 높은 수준의 경제 발전을 이루기 위해 자본주의 체제를 활용해 왔다. 그러나 이들 국가는 종종 불평등과 시장 실패를 완화하기 위해 자본주의와 사회 복지 정책을 결합한다(예: 스칸디나비아의 사회 민주주의). 2. 신흥 경제국: 중국, 인도, 브라질, 남아프리카와 같은 국가들은 성장을 촉진하기 위해 자본주의의 요소들을 통합했으며, 종종 국가 통제와 균형을 맞췄다. 3. 포스트-사회주의 이행: 사회주의에서 벗어나는 나라들(예: 러시아, 동유럽) 은 자본주의 구조를 채택하는 데

다양한 성공을 거두었으며, 일부는 부패와 불평등으로 어려움을 겪었다.

D. 자본주의는 경제 발전을 위한 최선의 체제인가? 자본주의가 경제 성장을 위한 놀라운 능력을 보여주었지만, 그 성공 여부는 주어진 사회 내의 규제 체계, 사회 정책 및 문화적 가치에 달려 있다. 사회주의의 요소(예: 공공 의료, 교육)를 통합한 하이브리드 시스템은 성장과 형평성 및 지속 가능성의 균형을 맞추는 데 더 효과적인 경우가 많다.

01 성장과 개발의 경제 이론
The Economic Theory of Growth and Development

성장과 개발 경제 이론은 자본 축적, 기술 발전, 인적 자원 및 제도의 개선과 같은 요인을 고려하여 시간이 지남에 따라 경제가 어떻게 확장되고 개선되는가에 중점을 둔다. 경제 성장은 한 국가의 상품 및 서비스 생산량 증가를 의미하며, 일반적으로 국내 총생산 또는 국민 총생산의 증가를 흔히 양적으로 측정한다. 경제 개발은 성장을 넘어 생활 수준의 개선, 빈곤 감소, 건강 및 교육의 향상, 소득의 공평한 분배를 포함하며, 질적이면서 양적인 발전을 측정한다.

주요 경제 성장 이론

1. 고전적 성장 이론(아담 스미스, 데이비드 리카르도, 토마스 맬서스): (a) 자본 축적, 노동 및 토지에 초점을 맞춘다. (b) 스미스는 분업과 생산성 향상을 강조했다. (c) 맬서스는 인구 증가가 자원을 앞질러 경기 침체로 이어질 수 있다고 주장했다.

2. Harrod-Domar 성장 모델: (a) 저축과 투자의 역할을 강조한다. (b) 성장은 저축률과 자본의 생산성(자본-산출 비율)에 달려 있다. (c) 균형 잡힌 투자와 저축이 없는 불안정의 위험을 강조한다.

3. 신고전주의 성장 모델(Solow-Swan 모델): (a) 장기 성장의 핵심 동인으로서 기술의 역할을 소개한다. (b) 자본과 노동에 대한 수익률의 감소가 안정적인 성장률로 이어진다고 주장한다. (c) 기술 진보와 자본 축적의 중요성을 강조한다.

4. 내인성 성장 이론(Endogenous Growth Theory): (a) 혁신, 교육 및 지식 파급 효과와 같은 내부 요인에 중점을 둔다. (b) 외생적 기술 진보의 가정을 거부한다(Solow의 모델에서와 같이). (c) 폴 로머(Paul Romer)와 로버트 루카스(Robert Lucas)는 연구, 인적 자본 및 혁신을 촉진하는 정책을 강조함으로써 기여했다.

경제 개발의 핵심 개념: 1. 인적 자본: 인력의 교육, 기술 및 건강은 개발에 필수적이다. **2. 제도 및 거버넌스:** 법치주의, 재산권, 부패 수준은 개발 결과에 상당한 영향을 미친다. **3. 구조적 변화:** 생산성이 낮은 부문(예: 농업) 에서 생산성이 높은 부문(예: 제조업 및 서비스업) 으로 자원을 이동시킨다. **4. 소득 분배:** 불평등을 해소하지 않는 성장은 더 광범위한 개발을 저해할 수 있다. **5. 지속 가능한 개발:** 성장은 환경적 지속 가능성과 세대 간 형평성을 고려한다.

I. 저개발국가의 특성

저개발국(LDCs)은 경제 발전 수준이 상대적으로 낮은 국가로, 다양한 사회적, 경제적, 제도적 문제를 특징으로 한다. LDC의 주요 특징은 다음과 같다.

1. 낮은 소득 수준과 빈곤: (a) 1인당 소득: LDC는1인당 소득이 낮기 때문에 빈곤이 만연하다. (b) 불평등: 높은 소득 불평등이 일반적이며, 부는 인구의 작은 부문에 집중되어 있다. (c) 자급자족 생활: 많은 사람들이 생존을 위해 농업이나 비공식 부문에 의존한다. **2. 농업의 지배:** (a) 1차 부문 의존성: 인구의 상당 부분이 농업에 종사하고 있으며, 종종 전통적이고 비효율적인 방법을 사용한다. (b) 낮은 생산성: 현대 기술의 제한된 사용, 열악한 관개 시설, 기반 시설 부족으로 인해 농업

생산량이 감소한다. (c) 취약성: 경제는 기후 충격, 가뭄 및 원자재 가격 변동에 민감하다. **3. 급속한 인구 증가와 높은 부양 비율:** (a) 높은 출산율: 출산율이 높아 인구가 급격히 증가하는 경우가 많다. (b) 젊은 인구: 인구의 많은 부분이 노동 연령 미만으로 높은 부양 비율을 생성한다. (c) 자원에 대한 부담: 급속한 인구 증가는 교육, 의료 및 기타 사회 서비스에 부담을 준다.

4. 낮은 수준의 산업화: (a) 저개발 산업: 제조업 및 산업 부문은 규모가 작고 저개발되어 있다. (b) 원자재 수출: 경제는 부가가치가 낮은 가공을 통해 주요 상품(예: 광물, 곡물) 의 수출에 의존한다. (c) 제한된 기술 진보: 자본과 기술의 부족으로 인해 현대 기술의 채택이 느리다. **5. 취약한 인프라:** (a) 교통 및 통신: 열악한 도로망, 제한된 전기 접근성, 취약한 통신 시스템은 경제 활동을 방해한다. (b) 의료 및 교육: 의료 및 교육에 대한 부적절한 투자는 낮은 인적 자본 개발로 이어진다. (c) 물 및 위생: 깨끗한 물과 위생 시설에 대한 접근이 제한되어 있다. **6. 낮은 수준의 인적 자원:** (a) 교육: 높은 수준의 문맹률, 낮은 학교 등록률, 낮은 교육의 질. (b) 의료: 의료 서비스에 대한 접근이 제한되어 높은 유아 사망률, 산모 사망률 및 질병 유병률을 초래한다. (c) 영양실조: 영양실조가 높으며, 특히 어린이들 사이에서 그렇다.

7. 이원적(Dualistic) 경제구조: (a) 현대 대 전통 부문: 소규모의 현대적인 도시 부문과 대규모 전통적인 농촌 부문의 공존. (b) 소득 격차: 이 부문 간의 생산성과 소득에 상당한 차이가 있다. **8. 정치적, 제도적 과제:** (a) 취약한 제도: 열악한 거버넌스, 투명성 부족, 비효율적인 사법 시스템. (b) 부패: 만연한 부패는 경제 성장과 발전을 저해한다. (c) 정치적 불안정: 잦은 분쟁, 쿠데타, 정치적 불안으로 인해 개발 노력이

방해를 받고 있다. **9. 외부 의존성:** (a) 해외 원조와 부채: 외국 원조와 차관에 대한 의존도가 높아 종종 부채 위기로 이어진다. (b) 수출 지향 경제: 수출을 위해 몇 가지 주요 원자재에 대한 의존도는 경제를 글로벌 가격 변동에 취약하게 만든다. (c) 기술 수입: 국내 혁신의 제한으로 인해 수입 기술에 대한 의존도가 높아진다.

10. 사회적, 문화적 제약: (a) 성 불평등: 여성은 교육, 직업 및 의사 결정 역할에 대한 접근이 제한되는 경우가 많다. (b) 전통적 관습: 문화적 규범과 전통은 때때로 근대화에 대한 저항이나 제한적인 사회적 역할과 같은 진보를 방해한다. (c) 도시화 문제: 급속한 도시화는 인구 과밀, 빈민가 및 부적절한 도시 서비스로 이어진다. **11. 환경 문제:** (a) 자원 황폐화: 천연 자원의 과도한 개발은 삼림 벌채, 토양 침식 및 생물 다양성 손실로 이어진다. (b) 기후 취약성: LDC는 가뭄, 홍수, 해수면 상승과 같은 기후 변화의 영향에 더 취약한 경우가 많다. (c) 녹색 기술 부족: 환경 친화적인 기술에 대한 제한된 접근은 지속 가능한 개발을 방해한다. **12. LDC에 대한 일반적인 지표의 예:** (a) 낮은 인간 개발 지수(HDI). (b) 높은 지니계수(소득 불평등). (c) 높은 실업률과 불완전 고용. (d) 낮은 기대 수명.

II. 이중 경제 모델(Dual Economy Model)

이중 경제 모델은 동일한 경제 내에서 두 개의 별개 부문, 즉 전통적인 생산성이 낮은 부문과 현대의 생산성이 높은 부문이 공존하는 것을 설명하는 경제 이론이다. 이 프레임워크는 일반적으로 개발도상국이나 저개발국의 구조적 특성을 설명하는 데 사용된다. 이중 경제 모델의 가장 영향력 있는 버전 중 하나는 1954년 W. Arthur Lewis가 제안한 것으로, Lewis Model of Development with Unlimited Supply of Labor로 알려져 있다. 다음은 그 개요이다.

A. 이중경제모델의 주요 특징

1. 두 개의 뚜렷한 부문: (a) 전통(농업) 부문: 낮은 생산성, 자급자족 농업, 잉여 노동이 특징이다. 노동 생산성은 자본, 현대 기술 또는 인프라의 부족으로 인해 정체되는 경우가 많다. 이 부문의 근로자는 일반적으로 생계 수준에 가까운 임금을 받는다. (b) 현대(산업) 부문: 더 높은 생산성, 자본 집약적 생산 및 임금 고용을 특징으로 한다. 투자, 기술 발전 및 시장 지향적 활동에 의해 주도된다. 농업 부문에 비해 높은 임금을 제공한다.

2. 노동 잉여: (a) 전통적인 부문은 종종 잉여 노동력을 가지고 있는데, 이는 많은 노동자들이(이윤 감소나 위장된 실업으로 인해) 한계 산출에 거의 기여하지 않는다는 것을 의미한다. (b) 현대 부문은 전체 농업 생산에 부정적인 영향을 미치지 않으면서 이러한 잉여 노동력을 활용할 수 있다.

3. 자본 축적: (a) 산업 부문의 이익은 생산을 확대하고 노동 수요를 늘리며 경제 성장을 촉진하기 위해 재투자된다. (b) 현대 부문이 성장함에 따라 경제는 점차 농업 지배에서 산업 지배로 전환된다.

4. 임금 차이: 두 부문 사이에는 임금 격차가 존재하며, 현대 부문의 임금은 전통적인 부문의 근로자를 유치하기 위해 생계 수준보다 약간 높게 설정된다.

5. 구조적 변화: (a) 시간이 지남에 따라 노동이 전통적인 부문에서 현

대 부문으로 이동함에 따라 GDP와 고용에서 농업 부문이 차지하는 비중은 점진적으로 감소하고 있다. (b) 이러한 변화는 경제 발전의 특징으로 간주된다.

B. 루이스 모델의 단계

1. 초기 단계: 생산성이 낮은 대규모 농업 인력. 산업 부문이 부상하기 시작하지만 상대적으로 규모가 작다. **2. 전환 단계:** 노동은 전통적인 부문에서 현대적인 부문으로 이동하기 시작한다. 산업 이윤은 재투자되어 자본 축적과 부문 확장으로 이어진다. 경제가 꾸준히 성장하기 시작한다. **3. 현대화 단계:** 전통적 부문의 잉여 노동력은 고갈된다(전환점). 현대 부문의 임금은 노동력이 부족해짐에 따라 상승하기 시작한다. 경제는 산업화된 구조로 변화한다.

C. 루이스 모델의 가정: 1. 노동의 무제한적 공급: 전통적 부문은 잉여 노동력을 가지고 있어 초기에 임금을 인상하지 않고도 산업 확장을 보장한다. 2. 현대 부문의 생산성 향상: 자본과 기술은 현대 부문의 생산성을 높인다. 3. 이윤의 재투자: 산업 이윤은 생산 능력 확대에 재투자되는 것으로 가정한다. 4. 일정한 임금: 현대 부문의 임금은 노동 잉여가 소진될 때까지 생계형 수준 이상으로 고정되어 있다.

D. 이중경제 모델에 대한 비판: 1. 무제한 노동의 가정: 모든 경제가 노동의 무제한적인 공급을 가지고 있는 것은 아니다. 농촌에서 도시로의 이주는 농업 노동자를 조기에 고갈시킬 수 있다. 2. 이익의 재투자: 현대 부문의 이익이 항상 국내로 재투자되는 것은 아니며, 특히 외국인 투자에 의존하는 경제에서는 더욱 그렇다. 3. 제도적 요인의 방치: 이 모델은 노동 운동이나 산업 성장을 저해할 수 있는 제도적, 사회적, 정

치적 장벽을 간과한다. 4. 도시 실업: 농촌 지역에서 도시로의 급속한 이주는 현대 부문이 노동력을 신속하게 흡수할 수 없는 경우 도시 실업 또는 불완전 고용으로 이어질 수 있다. 5. 환경 파괴: 집중적인 산업화는 특히 자원에 의존하는 경제에서 자원 고갈과 환경 문제로 이어질 수 있다. 6. 소득 불평등: 이 모델은 산업 성장의 혜택이 균등하게 분배되지 않을 수 있기 때문에 처음에는 불평등을 악화시킬 수 있다.

E. 이중경제모형의 적용: 1. 정책 지침: (a) 잉여 노동력을 흡수하기 위해 산업화, 인프라 및 기술에 대한 투자의 필요성을 강조한다. (b) 노동 이동성을 촉진하기 위한 교육 및 기술 개발의 중요성을 강조한다. **2. 구조적 변화의 이해:** 개발도상국의 농업 경제에서 산업 경제로의 전환을 설명하는 데 도움이 된다. **3. 부문별 개입:** 과도한 농촌-도시 이주를 방지하기 위해 농업 생산성 향상을 위한 목표 정책을 제안한다.

02 저개발 국가의 투자, 저축 및 인구
Investment, Saving and Population in Less Developed Countries

자원 배분에서 저개발국(LDCs)의 투자 기준을 고려할 때, LDC는 제한된 인프라, 낮은 자본 가용성, 거버넌스 문제, 외부 충격에 대한 취약성과 같은 고유한 문제에 직면해 있으므로 자원 할당은 경제 및 사회 발전을 위한 장기적인 이익을 극대화하는 데 중점을 두어야 한다.

I. 저개발국가의 자원배분: 투자기준

1. 발전 영향: (a) 빈곤 감소: 투자가 일자리를 창출하거나, 소득을 늘리거나, 자원에 대한 접근성을 개선하여 빈곤을 완화하는 데 직접적으로 기여할 것인가? (b) 기본 서비스에 대한 접근성: 소외된 인구를 위한 교육, 의료, 위생 및 주택과 같은 중요한 서비스에 대한 접근성을 개선하는가? (c) 포용성: 투자가 여성, 청소년 및 농촌 지역 사회를 포함하여 소외되거나 취약한 그룹을 대상으로 하는가? (d) 지역 형평성: 지리적 격차를 해소하고 소외된 지역에서 공평한 개발을 보장하는가?

2. 국가 우선순위에 부합: (a) 전략적 적합성: 투자가 국가의 개발 계획, 빈곤 감소 전략 또는 지속 가능한 개발 목표(SDG)와 연계되어 있는가? (b) 부문별 우선순위: 농업, 에너지, 교육, 의료 또는 인프라와 같이 개발에 중요한 핵심 부문에 초점을 맞추고 있는가? (c) 자립(Self-Reliance): 투자가 외국 원조에 대한 의존도를 줄이고 경제적 자급자족을 촉진할 것인가? **3. 재정적 실행 가능성:** (a) 비용-편익 분석: 예상되는 편익(경제적, 사회적 또는 환경적)이 비용보다 큰가? (b) 자금 유치: 프로젝트가 공공-민간 파트너십(PPP), 기부 기관 또는 외국인 직

접 투자(FDI)를 포함한 여러 출처의 자금을 활용할 수 있는가? (c) 지속 가능성: 프로젝트가 초기 투자 후 재정적으로 자립할 수 있는가, 아니면 지속적인 외부 지원이 필요한가? **4. 자원 효율성:** (a) 자원의 효율적인 사용: 프로젝트가 재정적, 자연적, 인적 자원의 최소한의 사용으로 효과를 극대화하는가? (b) 기회 비용: 더 높은 수익이나 영향을 줄 수 있는 자원에 대한 더 나은 대체 용도가 있는가? **5. 리스크 관리:** (a) 정치적, 경제적 안정성: 프로젝트는 정치적 불안정, 부패 또는 경제적 변동성과 관련된 위험을 어떻게 완화하는가? (b) 기후 및 환경 위험: 투자가 LDC의 중요한 과제인 기후 변화와 환경 악화를 설명하는가? (c) 복원력: 프로젝트가 자연 재해, 전염병 또는 시장 변동과 같은 외부 충격을 견딜 수 있도록 설계되었는가? **6. 역량 구축:** (a) 기술 개발: 투자가 인력을 위한 훈련 및 교육과 같은 지역 역량 구축을 위한 기회를 제공하는가? (b) 기술 이전: 국가에 기술과 혁신을 도입하거나 강화할 것인가? (c) 제도적 강화: 거버넌스 개혁을 지원하거나 프로젝트를 효과적으로 이행하고 관리할 수 있는 지역 기관의 역량을 강화하는가?

7. 사회적, 환경적 지속 가능성: (a) 환경 보호: 투자가 환경 표준을 준수하거나, 재생 에너지를 촉진하거나, 지속 가능한 관행(예: 지속 가능한 농업 또는 임업) 을 장려하는가? (b) 사회적 포용: 양성 평등, 지역 사회 참여 및 사회적 응집력을 촉진하는가? (c) 장기적 영향: 프로젝트의 이점이 시간이 지나도 지속되어 향후 개발을 위한 기반을 마련할 가능성이 있는가? **8. 인프라 및 타당성:** (a) 기존 인프라: 프로젝트가 국가의 제한된 인프라(예: 도로, 전기, 통신) 를 활용하거나 개선할 수 있는가? (b) 실행 타당성: 프로젝트가 국가의 역량, 규제 환경 및 제도적 틀을

감안할 때 현실적인가? (c) 유지 관리 계획: 자원 낭비를 방지하기 위해 수명 주기 동안 투자를 유지하기 위한 명확한 계획이 있는가? **9. 확장성 및 복제성:** (a) 확장성: 더 많은 인구 또는 다른 지역에 혜택을 주기 위해 프로젝트를 확장할 수 있는가? (b) 복제 가능성: 투자 모델이 국내 또는 다른 LDC 내의 다른 상황에서 복제될 가능성이 있는가?

10. 파트너십 및 협업: (a) 공공-민간 파트너십(PPP): 투자가 정부, 기업 및 NGO 간의 협력을 장려하여 위험을 공유하고 전문 지식을 활용하도록 장려하는가? (b) 지역사회 참여: 소유권과 장기적인 지속 가능성을 보장하기 위해 지역 사회가 계획 및 구현에 참여하고 있는가? (c) 공여국 및 국제적 지원: 프로젝트가 국제 개발 기관으로부터 보조금, 양허 대출 또는 기술 지원을 받을 수 있는가? **11. 모니터링 및 평가:** (a) 측정 가능한 결과: 경제 성장, 빈곤 감소 또는 사회 개선에 대한 투자의 영향을 추적할 수 있는 명확한 지표가 있는가? (b) 책임: 리소스 사용을 모니터링하고, 투명성을 보장하고, 부패를 최소화하기 위한 프레임워크가 있는가? (c) 피드백 메커니즘: 구현에서 배운 교훈을 향후 프로젝트를 개선하는 데 적용할 수 있는가? **12. 경제성장 잠재력:** (a) 시장 연계: 투자가 현지 생산자 또는 기업의 시장 접근을 강화하는가? (b) 수출 잠재력: 경쟁력 있는 부문을 촉진하여 국가의 수출 수입에 기여할 것인가? (c) 생산성 향상: 농업, 제조업 또는 서비스와 같은 핵심 부문의 생산성을 향상시키는가? 이러한 기준을 적용하면 LDC의 자원 할당을 최적화하여 재정적 수익을 제공할 뿐만 아니라 인간 개발, 사회적 형평성 및 환경 지속 가능성에 크게 기여하는 투자의 우선 순위를 지정할 수 있다.

II. 자원 할당과 경제 성장 전략: 균형 대 불균형 성장

균형성장전략과 불균형성장전략은 경제발전에 대한 두 가지 뚜렷한 접근법이다. 두 전략 모두 성장을 촉진하는 것을 목표로 하지만 방법론과 초점에서 상당한 차이가 있다.

A. 균형 대 불균형 성장(Balanced vs Unbalanced Growth)

라그나 뉘크세(Ragnar Nurkse, 1907-1959)는 균형 성장이론을 창시하였다. '이 이론은 저 개발국 정부가 동시에 여러 산업에 대규모 투자를 해야 한다는 가설을 세운다. 이를 통해 시장 규모가 확대되고 생산성이 향상되며 민간 부문의 투자 인센티브가 제공될 것이다. Nurkse는 경제의 산업 부문과 농업 부문 모두에서 균형 잡힌 성장을 달성하는 데 찬성했다. 그는 농업과 제조업 간의 확장과 부문 간 균형이 필요하며, 이를 통해 각 부문이 다른 부문의 제품에 대한 시장을 제공하고 다른 부문의 발전과 성장에 필요한 원자재를 공급할 수 있어야 한다는 것을 인식했다. Nurkse와 Paul Rosenstein-Rodan은 균형 성장 이론의 선구자였으며 오늘날 균형 성장 이론이 이해되는 방식의 대부분은 그들의 연구로 거슬러 올라간다. Nurkse의 이론은 저개발 국가의 빈약한 시장 규모가 어떻게 저개발 국가를 영속시키는지에 대해 논의한다. Nurkse는 또한 시장 규모의 다양한 결정 요인을 명확히하고 생산성에 주요 초점을 맞췄다. 그에 따르면 저개발 국가에서 생산성 수준이 높아지면 시장 규모가 확대되고 선진국으로 도약한다.

앨버트 허쉬만(Albert O. Hirschman, 1915-2012)은 불균형성장이론을 주창하였다. 그에 따르면, '저개발국은 1인당 GNI가 낮고 1인당 GNI가 느리고, 소득 불평등이 심하고 빈곤이 만연하며, 생산성이 낮고, 농업에 대한 의존도가 높으며, 후진적인 산업 구조, 소비 비율이 높고 저축률이 낮으며, 인구 증가율이 높고 의존 부담이 많다. 높은 실업률과 불완전 고용률, 기술적 후진성과 이원론(전통적 부문과 현대적 부문의 존재) 등 저개발 국가에서는 이러한 특성으로 인해 자원이 부족하거나 이러한 자원을 활용할 수 있는 인프라가 부족하다. 투자자와 기업가가 부족하면 현금 흐름이 균형 잡힌 경제 성장에 영향을 미치는 다양한 부문으로 향할 수 없다.'

경제의 불균형: 'Hirschman에 따르면 개발은 경제의 균형을 무너뜨림으로써만 이루어질 수 있다. 이는 사회적 간접 자본(SOC) 또는 직접적인 생산 활동(DPA)에 투자함으로써 가능하다. 사회적 간접자본은 외부경제를 창출하는 반면, 직접적 생산활동은 외부경제를 전유한다. (i) 사회적 간접 자본에 대한 투자의 과잉: 사회적 간접 자본은 1차, 2차 및 3차 서비스가 기능할 수 없는 일련의 것들에 관심을 갖는다. SOC에는 교육, 공중 보건, 관개, 배수, 전기 등에 대한 투자가 포함된다. SOC에 대한 투자는 직접 생산 활동(DPA)에 대한 민간 투자에 긍정적인 영향을 미친다. SOC에 대한 투자는 사적 이익을 동기로 이루어지는 자율 투자라고한다. 마찬가지로 관개 시설은 농업의 발전으로 이어진다. SOC에서 불균형이 발생함에 따라 DPA에 대한 투자로 이어질 것이다. (ii) 직접적 생산 활동에 대한 투자의 초과: 직접적 생산 활동에는 재화와 서비스의 공급을 직접적으로 증가시키는 투자가 포함된다. DPA에 대한 투자는 이윤 극대화를 목적으로 이루어지는 민간 부문에 대한 투자를 의미한다. 이러한 프로젝트에서는 높은 수익이 예상되는 곳에 먼저 투자가 이루어진다. 이런 식으로 DPA는 항상 이익에 의해 유도된다.'

B. 균형 성장 전략(Balanced Growth Strategy)

이 전략은 경제의 모든 부문에 걸친 동시적이고 비례적인 발전을 강조한다. 주요 특성: 1. 전체론적 개발: 경제가 균형 잡힌 방식으로 성장할 수 있도록 모든 부문(농업, 산업, 서비스)이 함께 개발된다. 2. 상호 의존성(Interdependence): 경제의 여러 부문이 상호 의존적 이며 한 부문의 성장이 다른 부문의 성장을 지원한다고 가정한다. 3. 위험 분산: 이 전략은 여러 부문에 걸쳐 투자를 분산함으로써 한 부문에 대한 과도한 의존의 위험을 줄인다. 4. 인프라 개발: 모든 부문을 동등하게 지원하기 위해 포괄적인 인프라(교통, 교육, 의료) 에 중점을 둔다. 5. 수요와 공급의 균형(Demand and Supply Balance): 전반적인 소비 수준에 부합하는 재화와 서비스의 생산을 장려하여 부족 또는 잉여를 피한다.

균형성장의 장점: 1. 지역 및 부문별 격차를 줄인다. 2. 장기적인 안정성과 지속 가능성을 촉진한다. 3. 여러 부문에 걸쳐 기회를 다각화하여 실업을 최소화한다. **균형성장의 도전:** 상당한 리소스와 계획이 필요하다. 자원을 너무 얇게 분산시켜 투자의 영향을 희석시킬 수 있다. 자본이 제한적 이거나 제도가 약한 경제에서는 달성하기 어렵다.

C. 불균형 성장 전략(Unbalanced Growth Strategy)

이 전략은 전반적인 경제 성장을 주도할 수 있는 특정 부문 또는 산업에 대한 투자의 우선 순위를 정하는 데 중점을 둔다. 주요 특성: 1. 전략적 투자: 다른 부문의 성장을 촉진할 수 있는 잠재력이 가장 높은 '핵심 부문' 또는 산업(예: 중공업 또는 인프라)을 개발하는 데 중점을 둔다. 2. 연쇄 반응: 한 부문의 성장은 다른 부문의 상품 및 서비스에 대한 수요를 창출하여 전반적인 개발로 이어진다. 3. 희소한 자원 할당: 제한된 자원을 인식하고 가장 큰 영향을 미치는 영역에 집중한다. 4. 혁신 및 전문화: 경쟁 우위를 창출하기 위해 핵심 영역에서 혁신과 전문화를 장려한다.

불균형성장의 장점: 1. 희소한 자원의 효율적인 사용. 2. 대상 부문의 급속한 성장. 3. 우선순위가 높은 산업에서 기업가 정신과 혁신을 장려한다. **불균형성장의 도전:** 1. 저개발 부문이나 지역을 소홀히 하여 불평등을 심화시킬 위험. 2. 특정 부문에 대한 과도한 의존은 경제를 충격에 취약하게 만들 수 있다. 3. 나중에 불균형을 해결하기 위해 시정 조치가 필요할 수 있다.

Table IV-2-1. Comparison of Balanced Growth Strategy and Unbalanced Growth Strategy

균형성장전략과 불균형성장전략의 비교

구분	균형 성장	불균형 성장
집중	모든 부문에 동등하게	가장 큰 영향을 미치는 핵심 부문
자원배분	전 부문에 걸친 자원 배분	우선순위 부문에 집중
위험	위험은 낮지만 성장 속도가 느림	위험은 높지만 더 빠른 성장
형평성	불평등을 줄인다	불평등을 증가시킬 수 있다
복잡성	포괄적인 계획이 필요함	처음에는 쉽지만 나중에 조정이 필요

III. 경제 개발을 위한 국내자원(Domestic Resources for Development)

A. 경제 개발을 위한 가용한 국내 자원

1. 재정적 자원: (a) 국내 저축: 가계와 기업의 저축을 동원하면 인프라, 산업 및 기술에 대한 투자를 위한 자본을 창출하는 데 도움이 된다. (b) 세수: 효율적인 조세 시스템은 교육, 의료 및 공공 인프라와 같은 개발 프로젝트에 자금을 지원하기 위한 정부 수입을 창출한다. (c) 자본 시장: 지역 증권 거래소, 채권 시장 및 은행 시스템의 개발을 통해 기업은 자금에 접근할 수 있다.

2. 인적 자원: (a) 교육 및 기술 개발: 교육을 받고 숙련된 인력은 생산성, 혁신 및 경쟁력을 높인다. (b) 기업가 정신: 기업가 정신을 장려하면 일자리를 창출하고 경제를 다각화하며 혁신을 촉진한다. (c) 보건 시스템: 건강한 인구는 생산적인 노동력을 유지하는 데 필수적이다.

3. 천연 자원: (a) 농업 자원: 지속 가능한 농업 관행은 식량 안보와 농촌 소득을 향상시킨다. (b) 광물 및 에너지 자원: 석유, 가스 및 광물과 같은 자원의 추출을 적절하게 관리하면 상당한 투자 수익을 창출할 수 있다. (c) 재생 가능한 자원: 태양열, 풍력 및 수력 발전 자원은 에너지 자급자족에 기여하고 수입 의존도를 줄인다.

4. 제도적 자원: (a) 강력한 거버넌스: 투명한 제도와 법치는 투자와 성장을 위한 환경을 조성한다. (b) 인프라: 운송, 에너지 및 통신 인프라에 대한 투자는 경제적 효율성을 개선하고 시장을 연결한다. (c) 사회 안전망: 취약 계층을 보호하는 프로그램은 경제적 안정에 기여하고 불평등을 줄인다.

5. 기술 및 혁신 자원: (a) 연구 개발(R&D): 혁신과 기술 채택을 촉진하면 생산성이 향상되고 지역 산업이 전 세계적으로 경쟁력을 갖출 수 있다. (b) 디지털 인프라: 인터넷 및 디지털 도구에 대한 액세스를 확대하면 기업가 정신을 촉진하고 커뮤니티를 연결할 수 있다.

B. 국내 자원 동원을 강화하기 위한 전략

1. 조세제도 개혁: (a) 세금 구조를 단순화하여 개인과 기업이 더 쉽게 규정을 준수할 수 있도록 한다. (b) 공정성을 보장하기 위해 누진세를 도입한다. **2. 부패와의 전쟁:** (a) 유출을 줄이기 위해 반부패 기관 및 정책을 강화한다. (b) 자원 사용의 투명성과 책임성을 강화한다. **3. 비공식 경제의 공식화:** (a) 비공식 기업이 신용에 대한 접근 및 법적 보호와 같은 공식화할 수 있는 인센티브를 창출한다. (b) 사업자 등록 및 운영에 대한 장벽을 줄인다. **4. 금융 포용성 육성:** (a) 은행 및 금융 서비스에 대한 접근성 확대, 특히 소외된 지역 사회에 대한 접근성 확대. (b) 모바일 뱅킹과 같은 디지털 금융 시스템을 홍보한다. **5. 제도 강화:** (a) 세무 준수를 강화하기 위한 세무 당국의 역량 구축. (b) 효과적인 예산 계획 및 집행을 위해 공무원을 교육한다. **6. 대중의 인식 제고:** (a) 국가 발전을 위한 세금과 공공 기여의 중요성에 대해 시민을 교육한다. (b) 예산 모니터링에 대한 시민 참여를 장려한다.

C. 국내 자원 동원에 대한 과제

1. 취약한 제도적 역량: 비효율적인 조세제도와 공공재정관리. **2. 대규모 비공식 부문:** 등록되지 않은 사업체 및 비공식 근로자에 대한 과세의 어려움. **3. 부패 및 유출:** 잘못된 관리 및 불법 금융 흐름으로 인한 자원 손실. **4. 경제 구조:** 농업 또는 천연 자원과 같은 불안정한 산업에

대한 의존도. **5. 낮은 세금 준수:** 정부에 대한 신뢰 부족은 세금 납부를 방해한다.

IV. 외국 자원과 경제 개발(Foreign Resources and Development)

경제 개발을 위한 해외 자원은 국가, 회사 또는 조직이 개발 또는 경제 성장을 달성하기 위해 활용하는 외부 자산, 자본, 지식 또는 파트너십을 의미한다. 이러한 리소스는 일반적으로 다른 국가 또는 글로벌 네트워크에서 시작되며 혁신을 촉진하고 시장을 확장하며 생산성을 향상시키는 데 중요한 역할을 한다.

A. 경제 개발에 기여하는 외국 자원

1. 외국인 직접 투자(FDI): 외국 기업이 한 국가의 산업, 사업체 또는 인프라에 투자하는 자본으로 국내 자본이 부족할 수 있는 프로젝트에 자금을 제공한다. 일자리를 창출하고 지역 산업을 활성화하며, 새로운 기술, 관리 전문 지식 및 스킬을 소개한다. **2. 해외 원조 및 보조금:** 개발 프로젝트를 지원하기 위해 외국 정부, 국제기구 또는 NGO가 제공하는 재정적 또는 기술적 지원으로 인프라(도로, 에너지, 물) 를 개선하고; 교육 및 의료 시스템을 강화하며; 빈곤 퇴치 및 재난 복구를 지원한다. **3. 기술이전:** 외국 기업, 대학 또는 연구 기관으로부터 첨단 기술을 공유하거나 수입하는 것으로, 농업, 제조업 및 IT와 같은 산업의 생산성을 향상시키고; 프로세스의 혁신과 현대화에 박차를 가하며; 신흥 시장의 R&D 역량을 강화한다. **4. 국제 무역:** 상품, 서비스 및 원자재의 수입 및 수출로; 현지 제품에 대한 시장 접근을 확대하고; 경쟁력과 다각화를 높이며; 경제적 상호 의존과 안정성을 촉진한다. **5. 글로**

벌 인재와 인적 자원: 외국 전문가를 고용하거나, 국제 팀과 협력하고, 숙련된 디아스 포라를 활용한다. 전문 분야에 대한 전문 지식을 제공하고; 문화 간 혁신과 지식 교환을 촉진하며; 국내 기술 격차를 해소한다. **6. 외환 및 송금:** 국외 거주자가 본국으로 보내는 돈으로; 가계 소득과 소비를 촉진하고; 교육, 의료 및 중소기업에 대한 투자를 강화하며, 국가 통화 및 외환 보유고를 안정화한다. **7. 국제 파트너십 및 합작 투자:** 프로젝트를 수행하거나 제품을 만들기 위한 현지 및 외국 기관 간의 협력 노력이다. 위험과 자원을 공유하고, 글로벌 시장과 유통 채널에 대한 접근을 허용하며, 모범 사례 공유를 통해 현지 전문성을 강화한다. **8. 글로벌 금융 시장과 대출:** 국제 금융 기관(예: 세계 은행, IMF) 또는 민간 대출 기관에서 차입을 한다. 대규모 인프라 및 개발 프로젝트에 자금을 지원하고, 금융 위기 동안 경제를 안정시키며, 신용 등급 및 투자 기회를 개선한다.

고려해야 할 과제: 해외 자원은 성장을 크게 촉진할 수 있지만 다음과 같은 과제가 있다. 1. 외부 자금 조달에 대한 의존성. 2. 의사 결정에서의 주권 상실. 3. 착취 또는 불공정 무역 협정의 위험. 4. 외국 차관으로 인한 부채 부담.

B. 외국자원의 할당 기준(Criteria for Distributing Foreign Resources)

외국 자원의 분배는 효과적이고 공평하며 지속 가능한 방식으로 배분될 수 있도록 전략적이고 잘 정의된 프레임워크를 필요로 한다. 해외 자원의 분배 기준은 종종 공여국의 목표, 수혜자의 필요, 예상되는 영향에 따라 달라진다. 일반적으로 고려되는 주요 기준은 다음과 같다.

1. 개발 우선순위: 자원은 국가 개발 전략 또는 UN 지속 가능한 개발

목표(SDG)에 요약된 것과 같은 수혜 국가의 개발 계획, 우선 순위 및 목표와 일치해야 한다. 예: 보건의료를 우선시하는 국가는 병원을 짓고 의료진을 교육하는 데 외국 원조를 할당할 수 있다. **2. 필요 기반 할당:** 자원은 빈곤 수준, 인프라 격차 또는 재해 복구 요구 사항과 같은 요구 사항의 긴급성과 심각성에 따라 분배되어야 한다. 인간 개발 지수(HDI), 빈곤율, 기본 서비스(교육, 의료, 깨끗한 물)에 대한 접근 등을 고려한다. **3. 형평성과 포용성:** 소외되고 취약한 인구가 외국 자원의 혜택을 받을 수 있도록 한다. 여기에는 농촌 지역, 소외된 지역 사회, 여성 및 어린이가 포함된다. 예: 이미 개발된 도시 지역에서 서비스를 확장하기보다는 접근성이 부족한 지역에 농촌 전기화를 위한 자원을 분배한다. **4. 경제적 타당성과 지속가능성:** 외국 자원의 지원을 받는 프로젝트 또는 이니셔티브는 경제적 타당성과 장기적인 지속 가능성을 입증해야 한다. 핵심 요소는 비용 효율성, 경제적 수익을 창출할 수 있는 잠재력, 환경 영향 최소화 이다.

5. 책임과 투명성: 리소스가 어떻게 분배되고 사용되는지 추적하기 위해 적절한 관리 메커니즘이 마련되어 있어야 한다. 이를 통해 기부자와 수혜자 간의 신뢰가 구축된다. 예: 부패를 방지하고 효과적인 사용을 보장하기 위해 모니터링 시스템과 정기 감사를 수립한다. **6. 자원을 흡수할 수 있는 능력:** 수신자(지역, 기관 또는 부문) 가 리소스를 효과적으로 관리하고 활용할 수 있는 능력이다. 예: 수혜자가 새로운 도구를 올바르게 사용할 수 있도록 기술 이전과 함께 교육을 제공한다. **7. 지정학적 및 전략적 이해관계:** 공여국은 자국의 지정학적 또는 경제적 이익에 부합하는 지역이나 프로젝트의 우선순위를 정할 수 있다. 예: 무역로를 지원하기 위한 인프라 또는 전략적으로 중요한 지역에 대한 투

자. **8. Impact 및 Multiplier Effect의 잠재력:** 자원은 부문과 지역 사회 전반에 걸쳐 높은 영향 또는 파급 효과를 약속하는 이니셔티브를 목표로 해야 한다. 예: 문맹률을 높여 고용률을 높이고 경제 성장을 이끄는 교육 프로그램에 자금을 지원한다.

9. 이해관계자 참여: 자원 분배에 대한 결정에는 지방 정부, 지역 사회 조직 및 수혜자를 포함한 주요 이해 관계자의 의견이 포함되어야 한다. 예: 해외 원조를 할당하기 전에 현지의 필요를 파악하기 위한 지역사회 협의. **10. 지역 및 부문별 균형:** 지역적 불균형이나 특정 부문에 대한 과도한 집중을 피하기 위해 자원을 분배한다. 예: 한 국가의 여러 지방에 걸쳐 의료, 교육 및 인프라에 대한 투자의 균형을 조정한다. **11. 조건 및 준수:** 공여국은 종종 거버넌스 개혁이나 국제 협약 준수와 같은 자원 사용에 대한 조건을 부과한다. 수신자는 규정 준수를 입증해야 한다. 예: 기후 관련 기금을 받는 국가는 탄소 배출량을 줄이기 위한 정책을 시행해야 할 수 있다. **12. 기부자 목표와의 연계:** 자원은 민주주의 증진, 무역 관계 개선 또는 기후 변화와 같은 글로벌 과제 해결과 같은 공여국의 정책 목표에 부합하는 방식으로 분배되는 경우가 많다.

외국 자원 할당의 과제: 1. 부패 및 잘못된 관리: 자원이 의도한 수혜자에게 도달하지 못할 수 있다. 2. 정치적 영향력: 할당은 실제 필요보다는 정치적 우선 순위에 따라 편향될 수 있다. 3. 의존성: 외국 자원에 대한 지나친 의존은 국내 주도권을 약화시킬 수 있다.

V. 인구와 경제 발전(Population and Economic Development)

A. 인구와 소득 분포의 관계

인구와 소득 분포는 사람들이 지리적 영역에 걸쳐 분포하는 방식과 인구 내에서 소득이 분배되는 방식의 패턴을 나타낸다.

1. 인구 분포: 이것은 사람들이 지역, 국가 또는 전 세계에 어떻게 퍼져 있는지를 나타낸다. (a) 인구 밀도: 단위 면적당 사람 수(예: 평방 킬로미터당). (b) 도시 대 농촌: 도시 대 농촌 지역에 거주하는 사람들의 비율이다. (c) 인구통계학적 요인: 인구의 연령, 성별 및 인종 구성. 지리적 패턴: 자원, 유리한 기후 및 경제적 기회(예: 도심, 해안 지역)를 중심으로 인구가 밀집되어 있다.

2. 소득 분배: 이것은 사회 내에서 개인이나 집단 간에 소득이 어떻게 분배되는지에 초점을 맞춘다. 경제적 불평등에 대한 통찰을 제공한다. 주요 조치는 다음과 같다. (a) 지니 계수: 소득 불평등을 통계적으로 측정한 것이다(0 = 완전 평등, 1 = 최대 불평등). (b) Quintiles/Deciles: 인구를 동일한 그룹으로 나눈다(예: 상위 10% 대 하위 10%). (c) 로렌츠 곡선(Lorenz Curve): 소득 불평등을 그래픽으로 표현한 것이다.

3. 인구와 소득 분포의 관계: (a) 도시화와 소득: 도시 지역은 평균 소득이 더 높지만 소득 불평등이 더 클 수도 있다. (b) 자원에 대한 접근: 자원이 풍부한 지역의 인구는 소득 수준이 더 높을 수 있지만 이러한 인구 내 소득 분포는 다를 수 있다. (c) 지역적 불평등: 농촌 지역은 도심에 비해 빈곤과 경제적 기회에 대한 불평등한 접근에 직면할 수 있다.

(d) 인구 증가: 개발도상국의 높은 인구 증가는 자원에 부담을 주고 소득 불평등을 악화시킬 수 있다.

B. 인구와 경제 발전

인구의 크기, 구성 및 분포가 지역 또는 국가의 경제적 궤적에 큰 영향을 미칠 수 있기 때문에 인구와 경제 개발은 밀접하게 상호 관련되어 있다.

1. 인구 역학과 경제 발전: 경제 발전에 영향을 미치는 주요 인구 요인은 다음과 같다. (a) 인구 규모: 인구가 많을수록 노동력과 소비자 시장이 커질 수 있지만 과도한 인구 증가는 자원에 부담을 줄 수 있다. (b) 인구 증가: 개발도상국의 높은 인구 증가율이 인프라, 교육 및 고용 개선을 앞지를 경우 경제 성장에 도전이 될 수 있다. (c) 인구 밀도: 인구 밀도가 높은 지역(예: 도시)은 종종 경제 활동을 주도하지만 혼잡, 주택 부족 및 불평등을 피하기 위해 효과적인 계획이 필요하다. (d) 연령 구조: 노동 연령 인구와 비노동 연령 인구의 비율은 매우 중요하다. 예를 들어: (i) 인구통계학적 배당금(Demographic Dividend): 노동 연령 집단의 인구 중 상당 부분은 충분한 일자리가 있다는 전제 하에 경제적 생산성을 높일 수 있다. (ii) 인구 고령화: 선진국에서는 노인 인구의 비율이 높아 연금 제도와 의료 자원에 부담을 줄 수 있다.

2. 경제 발전이 인구에 미치는 영향: (a) 소득 및 출생률: 소득이 높을수록 출산율이 낮아지는 경우가 많은데, 이는 가정이 교육, 의료 및 삶의 질에 더 많이 투자하기 때문이다. (b) 도시화: 경제 발전은 도시화로 이어지며 사람들은 더 나은 직업 기회와 생활 수준을 위해 도시로 이

주한다. (c) 의료 및 기대 수명: 경제 성장은 의료 접근성을 개선하여 사망률을 줄이며 기대 수명을 늘린다.

3. 인구 및 경제 개발의 과제: (a) 인구 과잉: 저소득 국가의 급속한 인구 증가는 천연 자원에 부담을 주고 실업을 초래하며 빈곤을 증가시킨다. (b) 인구 부족: 일부 고소득 국가에서 인구 성장률이 낮거나 마이너스 이면 노동력 부족과 경제 성장 둔화로 이어진다. (c) 소득 불평등: 경제 성장은 종종 서로 다른 인구 집단에 걸쳐 불균등한 혜택을 초래하여 불평등을 악화시킨다.

4. 인구와 개발을 연계하는 정책: 정부는 종종 인구 문제를 해결하고 경제 개발을 촉진하기 위해 다음과 같은 정책을 채택한다. (a) 가족 계획: 교육과 피임에 대한 접근을 통해 인구 증가를 통제한다. (b) 교육: 양질의 교육 및 기술 훈련에 대한 접근을 제공하여 인적 자본에 투자한다. (c) 도시 개발: 인프라, 주택 및 공공 서비스를 통한 도시화를 관리한다. (d) 이민 정책: 노동 공급과 인구 통계학적 추세의 균형을 맞추기 위해 이민을 장려하거나 규제한다.

C. 이민과 고용(Migration and Employment)

이민의 유형: 1. 자발적 이주: 사람들은 종종 고용, 교육 또는 삶의 질과 같은 더 나은 기회를 위해 이사를 선택한다. 예: 일자리를 찾아 농촌에서 도시로 이주하거나 더 높은 임금을 받기 위해 다른 나라로 이주하는 경우. **2. 강제 마이그레이션:** 전쟁, 박해, 자연재해, 기후변화와 같은 외부적 요인에 의해 강요되는 이동이다. 예: 분쟁 지역에서 도망친 난민 또는 홍수나 가뭄으로 집을 잃은 지역 사회. **3. 내부 마이그레이션:** 한 주 또는 지방에서 다른 주 또는 지방으로 이동하는 것과 같이 동일

한 국가 내에서 이주한다. 예: 사람들이 더 나은 경제적 기회를 찾아 도시로 이주하는 도시화. **4. 국제 이주:** 영구적 또는 임시로 국경을 넘는 이동이다. 예: 직장, 학업 또는 가족 재결합을 위해 다른 국가로 이주하는 경우이다.

이민과 노동력과의 관계

1. 이민이 노동력에 미치는 경제적 영향: (a) 노동력 부족 해소: 이민자들은 종종 의료, 건설, 기술 및 농업과 같은 특정 산업의 노동력 부족 문제를 해결하는 데 도움이 된다. (b) 숙련 노동자 대 비숙련 노동: 숙련 이민자는 첨단 기술 부문에 기여하는 반면, 비숙련 노동자는 농업 및 가사 노동과 같은 분야에서 필수적이다. (c) 기업가 정신: 이민자들은 종종 일자리를 창출하고 경제 성장을 촉진하는 사업을 시작하는 기업가이다. (d) 파견 국가: 이주로 노동자를 잃은 국가(특히 숙련 노동자)는 자국의 노동 시장에 해를 끼치는 '두뇌 유출'을 경험할 수 있으나 이주민들이 본국으로 보내는 송금은 지역 경제를 활성화하고 빈곤을 줄일 수 있다.

2. 인력 다양성 및 포용성: (a) 이민은 다양성을 증가시켜 조직 내에서 더 큰 혁신과 창의성으로 이어질 수 있다. (b) 인적 자원은 포용적인 채용 관행을 구현하고 문화적 차이를 포용하는 환경을 조성해야 한다.

3. 이주노동자가 직면한 어려움: (a) 언어 장벽: 의사 소통의 어려움은 업무 성과와 통합에 영향을 미칠 수 있다. (b) 차별: 이주 노동자는 직장에서 편견과 불평등한 대우에 직면할 수 있다. (c) 법률 및 비자 제약: 이민 정책은 취업 기회를 제한하거나 거주 및 직업 안정성에 대한 불확실성을 야기할 수 있다.

4. 이민 정책 및 법적 체계: (a) 국가는 노동 시장에 영향을 미치는 다양한 이민 정책을 채택한다. 예컨대: 초청 근로자 프로그램: 농업 또는 IT와 같은 분야의 외국인 근로자를 위한 임시 비자. (b) 기술 이민 경로: 캐나다 및 호주와 같은 국가의 포인트 기반 시스템은 숙련된 노동력을 우선시한다. 정책은 착취를 방지하기 위해 이주 노동자에 대한 임금, 혜택 및 보호를 규제한다.

5. 글로벌 트렌드와 이주 패턴: 이주 추세는 종종 경제적 기회, 갈등 또는 기후 변화를 따른다. 예를 들어: 선진국에서 숙련 노동자에 대한 수요가 높다. 환경 위기로 이주하는 기후 난민.

6. 인적 자원 전략: (a) 이민자 직원 온보딩: 직장 문화에 보다 원활하게 통합하기 위한 맞춤형 프로그램을 활성화한다. (b) 법률 준수: 비자 요구 사항 및 노동법을 준수하도록 한다. (c) 지원 서비스: 이민 근로자가 성공할 수 있도록 언어 교육, 멘토링 프로그램 및 문화 오리엔테이션을 제공한다. 이로 인하여 우수한 해외 노동력을 유치할 수 있다.

<u>03</u> 부문별 경제 개발
Sectoral Economic Development

I. 농업과 녹색혁명(Agriculture and Green Revolution)

농업은 특히 개발도상국에서 많은 국가 경제의 초석이다. 그것은 직간접적으로 수백만 명의 사람들에게 일자리를 제공하고 농촌 인구의 주요 수입원 역할을 한다. 많은 지역에서 농업은 국내총생산(GDP)의 상당한 부분을 차지하며 경제 성장의 핵심 동인이다. 또한 농업은 식품 가공, 운송 및 소매와 같은 다른 산업을 지원한다. 농산물 수출은 또한 국가에 상당한 수입을 창출하여 무역 적자의 균형을 맞추고 외환 보유고를 강화하는 데 도움이 된다.

A. 시장적 잉여(Marketed Surplus)

시장적 잉여의 개념은 농부의 총 농업 생산량 중 자신의 소비 요구와 종자 요구 사항 및 현물 지불과 같은 기타 의무를 충족 한 후 시장에서 판매되는 부분을 나타낸다.

$$시장잉여금 = 총\ 생산량 - 소비\ 및\ 보유\ 생산(생산자별)$$

시장적 잉여의 결정 요인: 1. 농장의 규모: 규모가 큰 농장은 일반적으로 생존 요구량보다 더 많이 생산하기 때문에 더 높은 시장 잉여를 가지고 있다. 2. 작물 유형: 목화, 사탕수수 또는 커피와 같은 환금 작물은 일반적으로 쌀이나 밀과 같은 자급 작물보다 시장 잉여에 더 많이 기여한다. 3. 가계 소비: 가계의 소비 요구가 낮을수록 잠재적 시장 잉여가 높아진다. 4. 시장 접근: 시장과의 근접성, 인프라의 가용성 및 수요는 시장 잉여 수준에 영향을 미친다. 5. 정부 정책: 보조금, 최소 지원 가격(MSP) 및 조달 정책은 더 높은 마케팅을 장려한다. 6. 날씨와 수확량: 유리한 기상 조건과 개선된 농업 기술은 시장 잉여를 증가시킬 수 있다.

시장적 잉여의 중요성: 1. 경제 성장: 시장잉여는 농업의 상업화를 촉진하여 농촌 농민들이 소득을 얻고 생산성에 재투자할 수 있도록 한다. 2. 공급망: 식품 공급망의 중추를 형성하여 시장에서 농산물의 가용성을 보장한다. 3. 정책 결정: 시장잉여를 이해하면 정책 입안자가 식량 안보를 관리하고, MSP를 설정하고, 농업을 위한 자원을 할당하는 데 도움이 된다.

시장잉여의 유형: 1. 자발적: 농부들이 유리한 시장 조건을 이용하기 위해 잉여분을 기꺼이 판매한다. 2. 의무: 농부들이 종종 정부 정책, 세금 또는 부채 상환으로 인해 잉여분을 판매한다.

B. 녹색혁명(Green Revolution)

녹색혁명은 20세기 중반에 시작된 농업의 대대적인 변혁기를 가리킨다. 그것은 개발 도상국에서 식량 생산을 늘리기 위해 새로운 기술, 관행 및 작물 품종의 도입으로 특징 지어졌다.

녹색 혁명의 주요 특징: 1. 다수확 품종(HYVs): 더 높은 수확량을 생산하는 유전자 개량 작물 품종(특히 밀, 쌀, 옥수수)을 개발하고 채택한다. 2. 화학 투입물: 화학 비료, 살충제 및 제초제를 광범위하게 사용하여 작물 생산성을 높이고 손실을 줄인다. 3. 관개 시스템: 농작물에 안정적인 물 공급을 보장하기 위해 개선된 관개 인프라를 구축한다. 4. 기계화: 농업 효율성을 향상시키기 위해 트랙터 및 수확기와 같은 기계 사용을 증가한다. 5. 과학적 농업 관행: 윤작, 잡종 종자 및 토양 건강 관리를 포함한 현대 농업 기술에 중점을 둔다.

녹색혁명의 목표: 녹색 혁명은 농업 생산량을 늘리고 농민의 생계를 개선함으로써 아시아, 라틴 아메리카 및 아프리카와 같은 지역의 식량 불안정과 기근을 해결하는 것을 목표로 했다.

주요 수치: 1. 노먼 볼로그(Norman Borlaug): 종종 '녹색 혁명의 아버지'라고 불리는 볼로그는 수확량이 많고 질병에 강한 밀 품종을 개발했으며 멕시코, 인도, 파키스탄에서 광범위하게 활동했다. 2. M. S. 스와미나탄: '인도 녹색 혁명의 아버지'로 알려진 그는 인도 농부들에게 수확량이 많은 품종의 밀과 쌀을 소개하는 데 중요한 역할을 했다.

긍정적인 영향: 1. 식량 생산 증가: 인도와 멕시코와 같은 나라들은 주요 작물을 자급자족하게 되었다. 2. 기근 감소: 증가된 생산량은 증가하는 인구를 먹이는 데 도움이 되었다. 3. 경제 성장: 농업 부문의 성장은 농촌 개발과 고용을 촉진했다. 4. 글로벌 영향력: 녹색 혁명은 전 세계 농업 연구 및 혁신의 토대를 마련했다.

부정적 영향: 1. 환경 파괴: 화학 비료와 살충제의 남용은 토양 황폐화, 수질 오염 및 생물 다양성 손실을 초래했다. 2. 불평등: 자원에 접근할 수 있는 부유한 농부들이 더 많은 혜택을 받았고, 부유한 농부들과 가난한 농부들 사이의 격차가 확대되었다. 3. 의존성: 농부들은 종자, 비료, 관개 시스템과 같은 외부 투입물에 의존하게 되었다. 4. 건강 문제: 살충제와 화학 물질은 농부와 소비자의 건강을 위협했다.

녹색혁명의 유산: 식량 부족에 직면한 국가에서 세계 농업을 변화시키는 데 중요한 역할을 했다. 그러나 식량 안보와 환경 보존의 균형을 맞

추기 위해 지속 가능한 농업 관행의 필요성을 강조했다. 또한 녹색 혁명의 단점을 해결하는 동시에 장기적인 지속 가능성을 보장하는 데 중점을 둔다.

II. 산업화(Industrialization)

산업화는 주로 농업에서 상품과 서비스 제조에 기반한 경제로 산업을 전환하는 과정을 말한다. 산업화는 18세기 후반에 등장한 이래 현대 경제 발전과 사회 변화의 초석이었다.

A. 산업화의 주요 특징: 1. 기계화: 육체 노동을 기계로 대체하여 더 빠르고 효율적인 생산을 가능하게 한다. 2. 대량 생산: 표준화된 제품은 조립 라인과 자동화된 프로세스를 사용하여 대량으로 생산된다. 3. 도시화: 사람들이 공장과 산업에서 일자리를 찾으면서 농촌 지역에서 도심으로 인구가 이동하는 것이다. 4. 기술 혁신: 생산 공정을 개선하기 위한 도구, 기계 및 기술의 지속적인 개발 이다. 5. 에너지 전환: 인간과 동물의 힘에서 석탄, 증기, 전기, 그리고 최근에는 석유 및 재생 에너지와 같은 에너지원으로 전환한다. 6. 인프라 개발: 산업 활동을 지원하기 위해 교통(철도, 도로, 항만) 및 통신망을 확장한다.

B. 산업구조의 변화(산업혁명의 단계)

제1차 산업혁명(1760-1840): 영국에서 시작되었다. 섬유 산업, 증기력 및 철 생산에 중점을 둔다. 주요 발명품: 방적 제니, 동력 직기, 증기 기관.

제2차 산업혁명(1870-1914): 유럽, 미국, 일본의 다른 지역으로 확산. 철강 생산, 화학 제조 및 전기의 발전과 관련이 있다. 혁신: 전화, 전구, 내연 기관.

3차 산업혁명(1960년대–2000년대): 디지털 혁명으로 알려져 있다. 전자, 컴퓨터 및 정보 기술을 중심으로 한다. 인터넷과 자동화의 발전.

4차 산업혁명(현재 Industry 4.0): 인공 지능(AI), 로봇 공학, 사물 인터넷(IoT), 3D 프린팅 및 생명 공학에 중점을 둔다. 스마트하고 상호 연결된 시스템에 중점을 둔다.

Table IV-3-1. Changes in Industrial Technology
산업 기술의 변화

산업혁명	혁명의 중심 기술	지배 시대
제1차 산업혁명	증기기관 기반의 기계화 혁명	18세기 후반 영국 시작 유럽과 북미로 확산
제2차 산업혁명	전기에너지 기반의 대량생산 혁명	1914 Henry Ford Conveyer
제3차 산업혁명	컴퓨터 인터넷 기반의 지식정보 혁명	1970 년대 이후 WWW(1992)
제4차 산업혁명	만물초 지능 혁명**	2016 다보스 포럼에서 언급

** includes Clouding Computing, Big Data,
Artificial Intelligence, and Internet of Things.

C. 산업화의 영향

1. 긍정적인 영향: (a) 경제 성장: 생산성 향상 및 부 창출. (b) 기술 발전: 현대 의학 및 통신 도구와 같이 삶의 질을 향상시키는 혁신. (c) 일자리 기회: 새로운 산업 및 고용 부문의 창출. (d) 생활 수준 향상: 상품, 서비스 및 인프라에 대한 접근성 향상.

2. 부정적 영향: (a) 환경 파괴: 오염, 삼림 벌채 및 천연 자원의 고갈. (b) 도시 문제: 빠르게 성장하는 도시의 인구 과밀, 열악한 생활 조건,

부적절한 인프라. (c) 노동 착취: 산업화 초기 단계의 가혹한 노동 조건, 아동 노동 및 소득 불평등. (d) 문화적 변화: 전통적인 생활 방식과 지역 사회의 붕괴.

D. 다른 지역의 산업화: 유럽 및 북미: 제조 및 기술 혁신에 중점을 둔 산업화의 선구자. 아시아: 일본, 중국, 인도와 같은 국가는 20세기와 21세기에 산업 강국이 되었다. 아프리카와 라틴 아메리카: 산업화는 역사적, 구조적 문제로 인해 더 느리게 진행되었다.

E. 현대 산업화: 기후 변화와 자원 부족을 해결하기 위해 지속 가능하고 친환경적인 관행을 통합 한다. '녹색 산업화'와 같은 개념은 재생 에너지, 순환 경제 및 환경 영향 최소화에 중점을 둔다.

III. 무역과 무역 정책(Trade and Trade Policies)

무역 정책은 정부가 국제 무역 및 다른 국가와의 경제 관계를 관리하는 데 사용하는 일련의 규칙, 규정 및 전략이다. 이러한 정책은 경제 성장을 촉진하고 국내 산업을 보호하며 수입 및 수출을 규제하는 것을 목표로 한다. 무역 정책은 국가마다 크게 다를 수 있으며 경제적 우선순위, 정치적 목표 또는 국제 협약의 영향을 받을 수 있다.

III-1. 표준 무역 모델(The Standard Trade Model)

표준 무역 모델은 고전 및 현대 무역 이론의 여러 요소를 통합하는 국제 무역의 이론적 틀이다. 이는 무역 패턴, 무역 조건 및 무역의 후생 영향을 분석하기 위한 통합적인 접근 방식 역할을 한다. 이 모델은 Ricardian 모델, Heckscher-Ohlin 모델 및 기타 무역 이론의 개념을 기반으로 하며 생산, 소비 및 무역 간의 관계를 강조한다.

A. 표준 무역 모델의 주요 특징

1. 두 개의 상품과 두 개의 국가: 이 모델은 두 개의 상품(예: 식품 및 의류) 과 서로 거래하는 두 국가를 가정한다. 2. 생산 가능성 프론티어 (PPF): 각 국가에는 해당 국가의 자원과 기술을 감안할 때 생산할 수 있는 두 상품의 최대 조합을 보여주는 PPF가 있다. PPF의 형태는 기회 비용을 반영한다. PPF가 오목하면 하나의 재화가 더 많이 생산될수록 기회 비용이 증가한다. 3. 상대적 가격 및 기회 비용: (a) PPF의 기울기는 한 재화를 다른 재화와 관련하여 생산하는 기회 비용을 나타낸다. (b) 국제 무역을 통해 국가는 기회 비용이 낮은 상품 생산을 전문으로 할 수 있다.

4. 무관심 곡선과 소비: (a) 무관심 곡선은 두 상품의 조합에 대한 소비자 선호도를 나타낸다. (b) 무역을 통해 국가는 PPF 밖에서 소비 포인트를 달성하여 전반적인 후생을 높일 수 있다. 5. 거래 조건(TOT): (a) 무역 조건은 수입품에 대한 수출품의 상대적 가격을 측정한다(수출가격/수입가격). (b) 무역 조건의 변화는 무역 국가의 복지에 영향을 미친다. 6. 전문화 및 비교 우위: 이전의 모델과 마찬가지로, 표준무역모델은 비교우위에 기초한 전문화를 강조하는데, 여기서 국가들은 상대적으로 더 효율적으로 생산할 수 있는 재화를 수출한다.

B. 표준 무역 모델의 핵심 개념

1. 세계 상대적 수요와 공급: (a) 상대적 공급량(RS): 세계 시장에서 한 재화에 대한 상대적인 다른 재화의 총 공급량으로, 무역 국가의 결합된 PPF를 기반으로한다. (b) 상대적 수요(RD): 모든 무역 국가에서 다

른 재화에 대한 상대적인 총 수요. (c) RS 곡선과 RD 곡선의 교차점은 국제 무역에서 상품의 세계 상대 가격을 결정한다. 2. <u>무역을 통한 이익</u>: 무역은 국가들이 비교 우위를 가지고 있는 상품을 전문화함으로써 자주적인 생산 가능성을 넘어서는 지점에서 소비할 수 있게 해준다. 3. <u>거래 조건 변경의 효과</u>: (a) 무역 측면에서의 개선: 한 국가는 수출 가격이 수입 대비 상대적으로 상승하면 동일한 양의 수출량으로 더 많은 수입을 얻을 수 있기 때문에 이익을 얻는다. (b) 무역 측면의 악화: 한 국가는 수출 가격이 수입 대비 하락하여 상품을 수입할 수 있는 능력을 감소시키면 손해를 보게 된다.

4. <u>경제 성장과 무역</u>: (a) 편향 성장(Biased Growth): 한 부문에서 생산을 불균형적으로 확대하는 성장(예: 수출 편향 또는 수입 편향 성장). 수출 편향적 성장은 종종 한 국가의 무역 조건을 악화시킨다. 수입 중심의 성장은 한 국가의 무역 조건을 개선하는 경향이 있다. (b) 립친스키 정리(Rybczynski Theorem): 생산요소(예: 노동 또는 자본)의 증가는 해당 요소를 집중적으로 사용하는 재화의 생산량을 증가시킨다. 5. <u>무역의 후생 효과</u>: (a) 무역은 국가가 자급자족할 때보다 더 많이 소비할 수 있게 함으로써 국가에 이익을 준다. (b) 그러나 무역 조건 또는 무역 정책(예: 관세) 의 변화는 우리 사이의 이익을 재분배할 수 있다.

C. 표준 무역 모델의 응용: 1. 무역 정책 분석: 관세, 수출 보조금 및 쿼터는 무역 및 복지 조건에 미치는 영향을 이해하기 위해 모델을 사용하여 연구할 수 있다. 2. 경제 성장의 영향: 이 모델은 한 국가의 경제 성장이 글로벌 무역 패턴과 무역 조건에 어떤 영향을 미치는지 설명한다. 3. 무역의 분배 영향: 이 모델은 무역이 국가 내 및 국가 간의 소득

분배에 어떻게 영향을 미치는지 강조할 수 있다.

D. 표준 무역 모델의 한계

1. 가정 단순화: 다른 무역 모델과 마찬가지로 완전 경쟁, 지속적인 기술, 운송 비용이 없다고 가정하므로 현실 세계에서는 유지되지 않을 수 있다. 2. 산업 내 무역: 이 모델은 국가들이 유사한 상품을 동시에 수출하고 수입하는 산업 내 무역을 설명하기 위해 고군분투한다. 3. 다이나믹 이펙트: 이 모델은 기술 진보나 혁신과 같은 무역의 장기적 동적 효과를 설명하지 않는다.

결론적으로, 표준 무역 모델은 무역 패턴, 후생 효과 및 무역 조건의 역할을 분석하는 보다 유연하고 일반적인 방법을 제공하는 강력한 프레임워크이다. 이는 이전의 무역 이론을 기반으로 하지만 소비 선호도, 생산 가능성 및 국제 가격 조정을 통합하여 무역의 이점과 과제를 이해하기 위한 포괄적인 도구이다.

III-2. 무역 정책(Trade Policies)

무역 정책은 정부가 국제 무역 및 상업을 관리하기 위해 구현하는 전략, 규정 및 협정이다. 이러한 정책은 국가 간 상품, 서비스 및 투자의 흐름에 영향을 미친다. 주요 무역 정책은 다음과 같은 몇 가지 핵심 영역으로 분류할 수 있다.

1. 자유무역정책은 국경을 넘어 상품과 서비스의 무제한 교환을 장려하며 관세, 할당량 및 기타 무역 장벽을 제거한다. 예: NAFTA(현 USMCA), 유럽 연합의 단일 시장 또는 환태평양 경제동반자 협정 (CPTPP)과 같은 협정.

2. 보호무역주의 정책은 외국 경쟁으로부터 국내 산업을 보호한다. (a) 관세: 외국 상품을 더 비싸게 만들기 위해 수입품에 세금을 부과한다. (b) 할당량: 가져올 수 있는 제품의 수량에 대한 제한이다. (c) 보조금: 국내 생산자에 대한 재정 지원을 통해 경쟁력을 높일 수 있다. 예: 미국이 국내 철강 제조업체를 보호하기 위해 철강 수입에 관세를 부과하고 있다.

3. 수출 촉진 정책은 국내 산업이 수출용 상품을 생산하도록 장려하는 데 중점을 둔다. 주요 특징: 세금 인센티브, 수출업체에 대한 보조금 및 인프라 개선. 예: 한국 대만의 20세기 경제성장 전략.

4. 수입 대체 정책은 국내 생산을 촉진하여 수입 의존도를 줄이는 것을 목표로 한다. 신흥 산업을 보호하기 위한 수입에 대한 높은 관세 및 쿼터를 부과한다. 예를 들어, 인도와 많은 라틴아메리카 국가들은 20세기 중반에 이 전략을 추구했다.

5. 공정거래 정책은 노동권 및 환경 지속 가능성을 포함한 글로벌 무역에서 윤리적 관행을 보장하는 데 중점을 둔다. 주요 특징은 제품(예: 공정 무역 커피)에 대한 인증 프로그램 및 소규모 생산자에 대한 공평한 대우를 보장한다.

6. 양자 및 다자간 협정은 두 개 이상의 국가 간의 협정에 기반한 무역 정책으로 무역 장벽 감소 및 무역 표준을 수립한다. 예: 양자: 미-중 1단계 무역 협정. 다자간: 세계무역기구(WTO) 협정.

7. 제재 및 금수 조치는 정치적 또는 경제적 압력의 도구로 사용되는 무역 정책이다. 특정 국가 또는 단체와의 무역에 대한 제한. 예: 쿠바에 대한 미국의 금수 조치, 러시아에 대한 제재.

8. 관세 동맹과 무역 블록은 자국 국가 간 또는 외부 국가와 공통 무역 정책을 채택하는 국가 그룹 이다. 예: 유럽 연합, 아세안, 메르코수르.

무역 정책의 장단점: 장점: 국내 일자리와 산업을 보호한다. (관세를 통해) 정부 수입을 창출한다. 경제적 다각화를 장려한다. 단점: 무역 전쟁이나 보복 조치로 이어질 수 있다. 소비자의 상품 비용을 증가시킬 수 있다. 혁신과 경쟁을 억누를 수 있다.

III-3. 무역과 관세(Trade and Tariffs)

A. 관세의 역할

1. 국내 산업 보호: (a) 관세는 외국 경쟁에서 벗어나기 위해 고군분투하는(초기) 산업에 대한 보호 장벽 역할을 한다. 관세는 수입품을 더 비싸게 만듦으로써, 국내 생산자들에게 경쟁 우위를 제공한다. (b) 개발도상국들은 국제적으로 경쟁할 수 있는 능력을 키우는 동시에 자국의 제조업이나 농업을 보호하기 위해 관세를 부과하는 경우가 많다. (c) 단기적으로 관세는 산업이 성장하고 일자리를 창출하며 국내 전문성을 구축하는 데 도움이 될 수 있다. 그러나 과잉보호는 장기적으로 비효율성과 침체로 이어질 수 있다.

2. 정부를 위한 수익 창출: (a) 관세는 특히 대체 세금 징수 수단이 없는 개발도상국에서 정부 수입의 중요한 원천이다. (b) 조세 제도가 취약하거나 비공식 경제를 가진 국가에서는 수입품(예: 연료, 전자 제품 또는 소비재)에 대한 관세가 국가 예산에 상당한 기여를 할 수 있다. (c) 관세는 인프라, 공공 서비스 및 사회 프로그램에 자금을 지원하는 데 도움이 된다. 그러나 관세에 대한 과도한 의존은 외국인 투자 및 무역

파트너십을 저해할 수 있다.

3. 무역수지 개선 목적: (a) 관세는 특히 한 국가가 지속적인 무역 적자를 겪고 있는 경우 수입을 줄이고 국가의 무역 수지를 개선하는 도구로 사용될 수 있다. (b) 수입 수준이 높은 국가는 관세를 사용하여 해외 지출을 줄임으로써 국내 생산을 늘리고 수입 의존도를 낮출 수 있다. (c) 단기적으로는 무역 수지가 더 우호적으로 이어질 수 있다. 그러나 장기적으로 볼 때 소비자의 비용은 증가하고 산업의 효율성은 떨어질 수 있다.

4. 국내 투자 장려: (a) 관세는 지역 산업을 보호함으로써 핵심 부문에 대한 국내 투자를 장려할 수 있다. (b) 외국산 차량에 관세를 부과하는 국가는 현지 제조업체가 국내 자동차 생산에 투자하도록 유도하여 산업 성장을 촉진할 수 있다. (c) 지역 기업은 용량을 늘리고, 기술을 개선하고, 경쟁 우위를 개발하도록 동기를 부여받을 수 있다. 그러나 보호받는 산업은 글로벌 경쟁의 압력 없이 현실에 안주할 수 있다.

5. 산업화의 촉진(수입 대체): (a) 일부 국가는 수입 대체 산업화(ISI)를 촉진하기 위해 관세가 높은 정책을 채택하여 현지 생산을 촉진하여 외국 상품에 대한 의존도를 줄이는 것을 목표로 한다. (b) 20세기 중반에 브라질과 아르헨티나와 같은 많은 라틴 아메리카 국가들은 관세를 섬유, 기계, 식품 가공과 같은 산업을 건설하기 위한 도구로 사용했다. (c) 이 전략은 국내 생산을 촉진할 수 있지만 지역 산업이 국제적으로 경쟁력이 없는 경우 비효율성의 위험이 있다. 시간이 지남에 따라 이러한 보호주의 정책은 지속 불가능한 경제 모델을 만들 수 있다.

6. 무역 거래에서 협상 레버리지 창출: (a) 관세는 때때로 국제 무역 협

상에서 협상 도구로 사용된다. (b) 한 국가가 특정 상품에 대한 관세를 인상하여 무역 상대국이 관세를 인하하거나 더 유리한 조건에 동의하도록 압력을 가할 수 있다. (c) 단기적인 무역 이점으로 이어질 수 있지만 긴장이나 무역 전쟁을 유발할 수 있으며, 보복 조치가 취해질 경우 경제 성장에 해가 된다.

B. 관세의 잇점

1. 경제적 다각화: 관세는 단일 산업 또는 자원에 의존하는 경제를 다각화하는 데 도움이 되는 새로운 부문(예: 제조업, 기술) 의 성장을 촉진할 수 있다. 2. 일자리 창출: 관세는 지역 산업을 보호함으로써 외국 경쟁자에 의해 추월될 수 있는 부문에서 고용을 창출하는 데 도움이 될 수 있다. 3. 인프라 및 사회 개발: 관세 수입은 인프라, 의료, 교육 및 장기 경제 성장을 촉진하는 기타 중요한 분야에 자금을 조달할 수 있다.

C. 관세의 도전과 단점

1. 소비자 물가 상승: 관세는 수입 상품의 가격을 인상하여 소비자의 가격 상승으로 이어지며, 이는 저소득 가구에 불균형적으로 영향을 미칠 수 있다. 2. 무역 보복: 관세를 부과하는 국가는 자국의 관세를 부과함으로써 보복할 수 있으며, 이는 잠재적으로 관련 국가 모두의 경제에 피해를 줄 수 있다. 이는 무역 전쟁으로 이어져 세계 무역과 경제 성장을 감소시킬 수 있다. 3. 보호 산업의 비효율성: 관세의 보호를 받는 산업은 혁신하거나 효율성을 개선할 인센티브가 부족할 수 있으며, 이는 장기적인 경제 침체로 이어질 수 있다. 4. 외국인 투자 감소: 높은 관세는 기업이 보다 개방적인 무역 정책과 낮은 진입 장벽을 가진 시

장을 선호할 수 있기 때문에 외국인 직접 투자를 억제할 수 있다.

D. 경제 개발에서 관세의 예

1. 한국: 1960년대와 1970년대에 한국은 전자, 철강, 자동차와 같은 기간산업을 건설하기 위해 관세를 포함한 보호주의 정책을 시행했다. 이 전략은 이 나라가 농업 경제에서 산업 강국으로 전환하는 데 도움이 되었다. 2. 인도: 독립을 쟁취한 후 인도는 국내 제조업을 장려하기 위해 높은 관세를 부과하는 수입 대체 산업화를 추진했다. 이는 특정 부문의 성장에 도움이 되었지만, 비효율성과 글로벌 경쟁력 저하를 초래하기도 했다. 3. 미국: 19세기에 미국은 세계 경제의 리더가 되기 전에 섬유와 철강과 같은 초기 산업을 보호하기 위해 관세를 사용했다. 오늘날에도 관세는 여전히 미국 무역 정책에서 중요한 역할을 하고 있으며, 특히 철강 및 알루미늄과 같은 산업에서 그러하다.

결론: 관세는 경제 발전을 촉진하는 데 중요한 도구가 될 수 있으며, 특히 신흥 산업을 보호하고 일자리를 창출하며 정부의 수익을 창출하는 데 중요한 도구가 될 수 있다. 그러나 장기적인 효과는 신중한 관리에 달려 있다. 관세의 남용 또는 의존은 비효율성, 소비자 가격 상승 및 무역 긴장으로 이어질 수 있다. 최적의 발전을 위해 관세는 인적 자본, 인프라에 대한 투자, 국제 경쟁력 육성을 포함하는 보다 광범위하고 균형 잡힌 무역 정책의 일부가 되어야 한다.

E. 무역수지에 영향을 미치는 경제적 요인

(1) 환율: 통화가 강하면 수입품은 더 싸지고 수출품은 더 비싸져 무역수지에 영향을 미친다. (2) 경제 성장: 높은 국내 성장은 수입 증가로 이어질 수 있으며, 무역 상대국의 경제 성장은 수출을 촉진할 수 있다.

(3) 무역 정책: 관세, 쿼터, 자유무역 협정(FTA)은 무역 흐름에 영향을 미친다. (4) 경쟁력: 국내 상품과 외국 상품의 품질과 가격은 수출량과 수입량에 영향을 미친다. (5) 천연 자원: 자원이 풍부한 국가는 높은 수출량으로 인해 무역 흑자를 기록하는 경우가 많다.

III-4. 관세의 후생 효과: 기본 개념의 도표

아래 도표는 관세 부과 후에 발생하는 후생효과의 개념을 설명한다. 도표의 X축은 상품의 수량, Y축은 상품의 가격이다. 두개의 곡선은 음 (-) 경사의 수요곡선(D)과 양(+) 경사의 공급곡선을 나타낸다. 자유무역과 관세의 상황을 비교하기 위하여, 무관세 상태의 세계시장 가격(PW)과 관세부과후 가격(PT)를 고려하였다. 도표에서(a) 자유무역 시에는 소비자는시장 가격(P_W)에서 필요한 상품을 자유롭게 구매할 수 있다. 국내 생산자는 P_W에 따라 생산하며, 부족분은 수입으로 충당한다. (b) 관세 부과 후에는 관세로 인해 국내 가격이 P_t로 상승한다($P_t = P_W +$ 관세). 따라서 소비자는 더 높은 가격에 적응해야 하며, 소비량은 줄어든다. 국내 생산자는 가격 상승 덕분에 생산을 늘린다. 따라서 수입량은 감소한다.

Figure IV-3-1. Welfare Effects of Tariffs
관세의 후생 효과

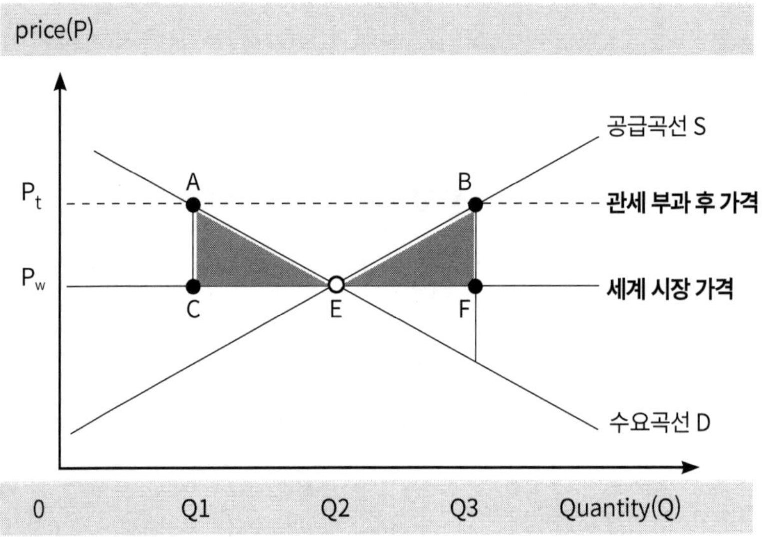

관세의 후생효과

1. 소비자 잉여 감소: 소비자 잉여는 소비자가 지불할 의사가 있는 최대 금액과 실제 지불한 금액의 차이이다. 관세로 인해 가격이 상승하면, 소비자 잉여는 감소한다. 도표에서, 소비자 잉여의 감소분은(P_t와 P_W 사이의) 삼각형과 사각형 부분으로 나타난다.

2. 생산자 잉여 증가: 생산자 잉여는 생산자가 실제 받은 금액과 생산 비용의 차이이다. 관세로 인해 국내 가격이 상승하면 국내 생산자는 더 많은 수익을 얻는다. 도표에서, 생산자 잉여의 증가는(P_t와 P_W 사이의) 사각형으로 나타난다.

3. 정부 수입 증가: 정부는 수입 상품에 관세를 부과하여 수익을 얻는다.

도표에서, 정부 수입은 수입량 감소에 해당하는 직사각형 부분이다.

4. 후생 손실: 관세로 인해 발생하는 비효율성(후생 손실)은 도표의 두 개의 삼각형 부분으로 나타난다. 하나는 소비 감소로 인한 비효율이며 다른 하나는 국내 비효율적인 생산 증가로 인한 비효율이다.

요약하면 도표상에서 관세는 소비자 잉여를 감소시키고, 생산자 잉여와 정부 수입을 증가시킨다. 그러나, 이 과정에서 두 개의 삼각형으로 표시되는 후생 손실이 발생한다. 이는 관세가 전체 경제적 효율성을 떨어뜨린다는 것을 보여준다.

04 경제 개발 계획
Economic Development Planning

I. 자본주의 하의 경제개발 계획

자본주의의 경제 개발 계획은 시장의 힘, 사적 소유 및 경쟁에 크게 의존하는 동시에 시장 실패를 해결하고 성장을 지원하기 위해 국가의 전략적 개입을 통합한다는 점에서 사회주의와 근본적으로 다르다. 자본주의 체제의 정부는 비즈니스 혁신, 투자 및 무역에 도움이 되는 환경을 조성하는 동시에 광범위한 사회적 요구의 균형을 맞추는 데 중점을 둔다.

A. 자본주의에서 경제개발 계획의 핵심특징

1. 시장 주도 개발: 경제 활동은 주로 수요와 공급의 시장 힘에 의해 좌우된다. 민간 기업은 투자, 생산 및 혁신의 주요 동인이다. **2. 제한적 정부 개입:** 정부는 주로 시장 실패를 해결하고, 공공재를 제공하고, 산업을 규제하기 위해 개입하는 촉진 역할을 한다. 계획은 덜 중앙 집중화되는 경향이 있으며 비즈니스가 번창할 수 있는 조건을 만드는 데 중점을 둔다. **3. 개인 소유권:** 대부분의 자원과 생산수단은 이윤을 추구하는 사적 주체가 소유하고 운영한다. 경제 계획은 기업가 정신과 경쟁을 장려하여 성장을 촉진한다.

4. 공공-민간 파트너십(PPP): 정부는 종종 인프라나 주택과 같은 개발 프로젝트에 자금을 조달하고 구현하기 위해 민간 기관과 협력한다. **5. 탈 중앙화된 의사 결정:** 계획은 일반적으로 국가, 지역, 지방 등 여러 수

준에서 이루어지며 민간 이해 관계자가 영향력 있는 역할을 한다. 기업과 소비자는 경제적 결과를 공동으로 형성하는 독립적인 결정을 내린다. **6. 혁신과 경쟁력에 집중:** 자본주의 계획은 세계 시장에서 경쟁 우위를 유지하기 위해 혁신, 연구 및 기술 발전을 촉진하는 것을 강조한다.

B. 자본주의에서 경제개발 계획의 목표

1. 경제 성장: 정책은 GDP 성장을 극대화하고 투자를 유치하는 데 맞춰져 있다. 수출과 글로벌 경쟁력에 기여하는 산업을 지원한다. **2. 일자리 창출:** 중소기업(SME), 신생 기업 및 대규모 산업의 고용 기회 창출을 장려한다. **3. 인프라 개발:** 운송, 에너지 및 통신 시스템에 투자하여 비즈니스 운영을 지원하고 연결성을 개선한다.

4. 비즈니스 환경 개선: 관료주의적 장애물을 줄이고, 규제를 단순화하고, 기업에 세금 인센티브를 제공하는 정책을 수행한다. **5. 빈곤과 불평등 감소:** 주요 초점은 아니지만 사회 안전망, 직업 훈련 및 저렴한 주택과 같은 프로그램이 불균형을 해결하기 위해 구현될 수 있다. **6. 지속 가능성 및 환경 문제:** 점점 더 자본주의 경제가 기후 변화에 대처하고 지속 가능한 개발을 촉진하기 위해 녹색 성장 전략을 통합하고 있다.

C. 자본주의 하의 경제개발 전략

1. 클러스터 개발: 기술을 위한 실리콘 밸리 또는 자동차 제조를 위한 디트로이트와 같은 상호 연결된 산업의 지리적 집중을 촉진한다. 2. 외국인 직접 투자(FDI) 유치: 다국적 기업을 유치하기 위해 세금 감면이나 규제 완화와 같은 인센티브를 제공한다. 3. 수출 지향 정책: 국제

시장을 위한 상품과 서비스를 생산하는 산업을 지원한다. 4. 자유무역 협정(FTA): 무역 장벽을 낮추고 국내 기업의 시장 접근을 확대하기 위한 협정 협상. 5. 혁신 생태계: 기술 단지, 연구 허브, 대학-산업 협력을 구축하여 혁신을 촉진한다. 6. 노동력 개발: 숙련되고 적응력이 뛰어난 인력을 확보하기 위해 교육 및 직업 훈련에 투자한다. 7. 도시 및 지역 계획: 도심을 활성화하고 저개발 지역에 대한 투자를 촉진하여 지역 격차를 줄인다.

D. 자본주의 경제개발 계획의 예: 1. 미국: 기업에 대한 세금 인센티브, 인프라 지출(예: 주간 고속도로 시스템), 국립과학재단(NSF)과 같은 기관을 통한 혁신 지원과 같은 정책. 2. 독일: 자본주의 원칙과 강력한 사회 복지 시스템 및 수출 주도 성장을 지원하는 산업 정책을 결합한 '사회적 시장 경제' 모델이다. 3. 싱가포르: 친기업 정책, 고도로 숙련된 인력, 인프라 및 기술에 대한 전략적 투자를 통해 글로벌 금융 및 무역 허브가 될 것이다. 4. 대한민국: 20세기 정부 주도의 산업정책은 삼성과 현대와 같은 대기업을 육성하여 급속한 경제 발전을 주도했다.

E. 자본주의에서 경제개발 계획의 강점: 1. 능률: 시장 주도 시스템은 자원을 효율적으로 할당하여 소비자 수요에 동적으로 대응한다. 2. 혁신: 경쟁은 기술 발전과 창의성을 촉진한다. 3. 부의 창출: 사적 소유와 기업가 정신은 부를 창출하고 더 많은 투자를 촉진한다. 4. 적응성: 분산된 의사 결정은 변화하는 상황에 대한 유연성과 탄력성을 허용한다.

F. 자본주의에서 경제개발 계획의 과제: 1. 불평등: 경제적 이익은 종종 부유한 개인이나 지역에 집중되어 소득 불균형을 악화시킨다. 2. 시장 실패: 환경 파괴, 독점, 공공재 부족 공급은 국가의 개입을 필요로 한

다. 3. 단기적 초점: 이윤 동기는 장기적인 사회적 필요보다 즉각적인 수익을 우선시할 수 있다. 4. 세계화에 대한 압력: 국내 산업은 값싼 수입품과 경쟁하기 위해 고군분투할 수 있으며, 이는 일자리 감소로 이어질 수 있다.

II. 사회주의 하의 경제개발 계획

사회주의 하의 경제 개발 계획은 사회적 복지를 달성하기 위해 집단적 소유, 중앙 조정 및 자원의 공평한 분배를 우선시하는 원칙에 따라 작동한다. 시장의 힘과 사기업에 크게 의존하는 자본주의 체제와 달리, 사회주의 경제발전계획은 사회적 필요를 충족시키고 불평등을 줄이기 위해 국가 주도의 노력과 기간산업의 공적 소유를 강조한다.

A. 사회주의에서 경제 개발 계획의 주요 특징

1. 중앙 집중식 계획: 계획위원회와 같은 중앙 기관은 종종 5 년 또는 장기 계획을 통해 경제 계획을 수립하고 시행한다. 자원 배분, 생산, 투자에 대한 결정은 시장의 역학에 의해서가 아니라 국가에 의해 이루어진다.

2. 자원의 공개 소유권: 공장, 천연자원, 사회기반시설과 같은 생산수단은 국가나 협동조합이 소유하고 관리한다. 이윤은 민간 주주에게 분배되기보다는 공공 서비스와 개발에 재투자된다.

3. 사회 복지에 중점: 경제 계획은 시민을 위한 교육, 의료, 주택 및 식량 안보와 같은 기본 요구 사항을 충족하는 데 중점을 둔다. 정책은 빈곤, 실업, 소득 불평등을 줄이는 것을 목표로 한다.

4. 공평한 분배: 자원과 부는 공정성을 보장하고 지역, 계급 및 공동체 간의 격차를 줄이기 위해 분배된다. 균형 잡힌 성장을 촉진하기 위해 저개발 지역에 특별한 관심을 기울이는 경우가 많다.

5. 장기 목표에 대한 강조: 계획은 단기적인 이익보다 지속 가능하고 포용적인 성장을 우선시 한다. 경제적 결정은 사회적, 환경적 영향을 고려한다.

6. 통제된 시장 메커니즘: 시장이 존재할 수는 있지만, 그 역할은 제한되고 규제되어 착취를 방지하고 국가의 목표에 부합한다. 가격, 임금 및 생산 수준은 종종 국가에 의해 결정된다.

B. 사회주의 경제 개발 계획의 목표

1. 산업화: 중공업(예: 철강, 에너지) 의 급속한 발전을 통해 자립과 경제적 자립을 달성한다. **2. 집단 농업(Collective Agriculture):** 개인 농업을 국영 또는 협동 농장으로 대체하여 효율성과 형평성을 높인다. **3. 일자리 창출:** 공공사업과 국가 주도 산업을 통해 완전 고용을 달성한다. **4. 인프라 개발:** 경제 성장을 지원하기 위해 교통, 에너지 및 통신 네트워크를 구축한다. **5. 인간 개발:** 교육, 의료 및 사회 서비스에 대한 무료 또는 보조금 지원을 제공한다.

C. 사회주의 경제 개발 모델의 예

1. 소련: 산업화와 집단화에 중점을 둔 Gosplan(State Planning Committee) 을 통한 중앙 집중식 계획. 5개년 계획은 급속한 산업 성장에 초점을 맞췄지만, 그 대가로 소비재와 개인의 자유를 희생시키는 경우가 많았다.

2. 중국(1949년 이후): 마오쩌둥 시대의 계획은 농업 개혁, 산업화, 집단화(예: 대약진운동) 를 우선시했다. 1978년 이후 덩샤오핑(鄧小平)의 개혁은 계획과 시장 요소를 결합한 시장 사회주의를 도입했다.

3. 쿠바: 교육, 의료 및 평등에 중점을 두고 있지만 무역 금지 조치와 제한된 자원으로 인한 경제적 어려움에도 불구하고 그렇다. 국가 주도의 이니셔티브와 국제 연대에 대한 높은 의존도(예: 의사와 교사 수출).

4. 베트남: 중국과 마찬가지로 베트남도 통일 후 사회주의 계획을 채택했지만 1980년대 개혁을 통해 '사회주의 중심의 시장경제'로 전환했다.

D. 사회주의 경제개발 계획의 강점

1. 사적 이익보다 공공의 복지를 우선시한다. 2. 소득 및 부의 불평등 감소. 3. 대규모 프로젝트를 위한 자원의 신속한 동원. 4. 장기 목표와 사회적 안정성에 중점을 둔다.

E. 사회주의 경제개발 계획의 과제

1. 자원 할당의 비효율성: 중앙 집중식 시스템은 정확한 수요 예측에 어려움을 겪을 수 있으며, 이로 인해 과잉 또는 공급 부족이 발생할 수 있다. 2. 관료주의의 과잉 접근: 과도한 중앙 집중화는 의사 결정 속도 저하, 부패 및 경직성을 초래할 수 있다. 3. 인센티브 부족: 시장 경쟁이나 개인의 이윤 동기가 없으면 혁신과 생산성이 뒤처질 수 있다. 4. 세계화에 대한 압력: 사회주의 경제는 종종 글로벌 자본주의 경제에 통합되는 데 어려움을 겪는다. 5. 정치적 제약: 국가에 권력이 집중되면 권위주의가 초래되어 자유가 제한되고 반대 의견이 억압될 수 있다.

III. 경제 개발 계획을 위한 정량적 방법

경제 개발 계획을 위한 정량적 방법에는 수학, 통계 및 계산 도구를 사용하여 데이터를 분석하고, 추세를 예측하고, 정책 및 이니셔티브의 잠재적 영향을 평가하는 것이 포함된다. 여기서는 5가지 주요 방법만 간략히 언급하고자 한다.

1. 입력-출력(I-O) 분석: 경제의 서로 다른 부문 간의 상호 의존성을 분석한다. 성장을 주도하는 핵심 산업을 파악한다. 투자의 파급 효과 추정(예: 관련 부문의 일자리 창출). 경제적 충격 또는 정책 변화의 영향 평가. 예: 제조업에 대한 투자가 공급망, 고용 및 GDP에 미치는 영향을 추정.

2. 비용-편익 분석(CBA): 프로젝트의 비용과 편익을 비교하여 프로젝트의 경제적 타당성과 효율성을 평가한다. 도로 또는 에너지 시스템과 같은 인프라 프로젝트를 평가한다. 사회적 이익을 극대화하기 위한 대안 정책을 비교한다. 주요 지표: 순현재가치(NPV), 편익-비용 비율(BCR), 내부 수익률(IRR). 예: 대중 교통 프로젝트가 비용보다 더 많은 이점(혼잡, 오염 감소)을 창출하는지 여부를 평가한다.

3. 경제적 영향 분석: 지역 경제에 대한 투자 또는 이벤트의 단기 및 장기 효과를 측정한다. 새로운 비즈니스, 산업 또는 정책의 경제적 효과를 평가한다. 관광, 문화 행사 또는 자연 재해의 영향을 측정한다. 예: 새로운 공항이 지역 GDP와 고용에 미치는 영향을 분석한다.

4. 계산 가능한 일반평형(CGE) 모델: 경제가 정책 변화, 무역 충격 또는 자원 할당 변화에 어떻게 반응하는지 시뮬레이션한다. 세제 개혁, 무역 정책 또는 환경 규제를 평가한다. 장기 개발 계획을 위한 모델링 시

나리오. 예: 탄소세가 다양한 부문 및 가계 소득에 미치는 영향 평가.

5. 회귀 분석: 변수 간의 관계를 식별하고 결과를 예측한다. 교육, 인프라 또는 무역 개방과 같은 경제 성장을 주도하는 요인을 분석한다. 정책 입력에 따른 고용 또는 소득 변동 예측. 예: 교육 수준이 지역 생산성에 미치는 영향 추정.

IV. 경제성장의 구조적 변화

소득 증가는 국내 수요와 생산의 구성을 변화시키고, 반대로 투자율의 상승과 노동의 재배치는 총체적 성장을 증가시키는 경향이 있다. 그러나 이러한 변화는 국가 간에 결코 균일하지 않은데, 이는 보유 자원과 경제의 초기 구조, 그리고 개발 정책의 선택에 의해 영향을 받기 때문이다. 극단적인 경우, 큰 구조적 변화는 성장이 거의 또는 전혀 없는 것과 관련이 있을 수 있다. 그것은 수요와 무역의 변화가 생산 구조에 미치는 영향을 자극하기 위해 고안된 간단한 다분야 모델을 제시한다. '산업화의 공통적인 특징으로, 산업화 모델은 내수의 변화, 공산품의 중간재 사용 증가, 생산요소 비율 변화에 따른 비교 우위의 변화에 따라서 산업의 부상을 추적한다. 이러한 현상은 거의 모든 개발도상국에서 관찰할 수 있지만, 각각의 초기 구조, 보유 자원 및 개발 정책에 따라 상대적 중요성이 다르다.'

1. 국내 수요의 변화: '거의 모든 경우에 수요의 가장 큰 단일 변화는 식품 소비의 점유율 감소이다. 이스라엘, 일본, 한국, 터키의 소득 수준과 비교했을 때 감소는 훨씬 더 가파르다.' '거의 모든 경우에 두 가지 주요 변화가 일어난다: 첫째, 1인당 소득의 증가와 함께 식량 수요의 점유율이 크게 감소한다; 둘째, 투자와 소비자 수요의 증가에 의해 생

산되는 생산자, 기계, 그리고 사회적 간접비의 증가이다.'

2. 중간재 사용의 증가: '최종 수요와 마찬가지로, 이 현상은 두 부분으로 나눌 수 있다: 첫째, 제조업과 더 많은 중간 투입물을 사용하는 다른 부문으로의 산출 믹스의 이동; 둘째, 중간 투입물의 더 많은 사용으로 이어지는 부문 내의 기술적-논리적 변화이다. 두 번째 측면은 기계화가 증가함에 따라 농업 및 운송 분야에서 제조된 투입물 사용이 증가함에 따라 설명된다.'

3. 비교우위의 변화: '수입 대체와 공산품 수출의 확대를 통해, 개발도상국들은 개발 초기 단계의 특징인 1차 생산품의 전문화에서 벗어나고 있다. 이러한 변화의 기저에는 기술 및 물리적 자본의 축적과 중간재 투입물의 가용성 향상과 같은 공급 조건의 변화와 공산품의 국내 시장 성장에 기반한 규모의 경제가 있다.'

4. 자본과 노동의 재분배: '소득 증가에 따른 산출 구성의 변화는 노동과 자본의 재배치에서 1차 생산에서 제조업과 서비스로의 재배치에 다양한 정도로 반영된다.' '산업에서의 고용 증가는 농업의 감소보다 훨씬 작으며, 결과적으로 대부분의 변화는 농업에서 서비스업으로 일어난다.'

I. 성장과 안정을 보장하는 경제정책과 핵심 전략

1. 통화정책: 중앙 은행이 시행하는 이러한 정책은 금리, 통화 공급 및 신용 가용성에 영향을 미친다. (a) 인플레이션 목표제: 중앙은행은 성장과 물가 안정의 균형을 맞추기 위해 적당한 인플레이션(예: 2%)을 목표로 한다. (b) 금리 조정: 낮은 금리는 경기 침체기에 차입과 투자를 장려하는 반면, 높은 금리는 경제 호황기에 인플레이션을 억제한다. (c) 양적완화(QE): 위기 상황에서 중앙은행이 경제에 유동성을 공급하기 위해 금융자산을 매입하는 것을 말한다. (d) 환율 관리: 개방 경제의 경우 환율을 관리하면 수출과 수입을 안정화하여 성장을 촉진할 수 있다.

2. 재정 정책: 정부는 경제 활동에 영향을 미치기 위해 세금과 지출을 사용한다. (a) 역순환적 지출(Counter-Cyclical Spending): 경기 침체기에 수요와 성장을 촉진하기 위해 공공 지출을 늘리거나 세금을 감면하는 것이다. (b) 인프라 투자: 운송, 에너지 및 디지털 인프라에 대한 장기 투자는 생산성을 높이고 일자리를 창출한다. (c) 누진세 (Progressive Taxation): 공공 서비스에 자금을 지원하는 동시에 공평한 부의 분배를 보장한다. (d) 부채 관리: 재정적 지속 가능성을 위태롭게 하지 않고 개발 자금을 조달하기 위해 신중하세 차입한다.

3. 구조적 정책: 생산성과 경제적 효율성을 향상시키기 위해 장기적인 변화에 집중한다. (a) 노동 시장 개혁: 훈련 프로그램, 최저 임금 조

정, 구조적 실업 감소와 같은 고용률 향상을 위한 정책. (b) Ease of Doing Business: 관료주의적 관료주의를 줄이고 혁신을 촉진하는 등 투자를 유치하기 위해 규제를 단순화한다. (c) 무역 자유화: 관세 및 무역 장벽을 줄여 글로벌 무역 기회를 늘린다. (d) 교육 및 기술 개발: 숙련된 인력을 개발하기 위한 교육 및 직업 훈련에 대해 투자한다. (e) 금융 부문 개발: 은행 시스템 및 자본 시장을 강화하여 기업 및 개인의 금융 접근성을 개선한다.

4. 사회 및 환경 안정 정책: 이를 통해 불평등을 해소하고 지속 가능한 성장을 보장할 수 있다. (a) 사회 안전망: 복지 프로그램, 실업 보험 및 연금은 경제적 취약성을 줄인다. (b) 환경 정책: 녹색 에너지 및 지속 가능한 관행으로의 전환은 기후 위험을 완화하는 동시에 새로운 산업을 육성하는 데 도움이 된다. (c) 의료 시스템: 접근 가능한 의료 서비스는 보건 위기로 인한 경제적 충격을 줄이고 인력 생산성을 높인다.

성장과 안정성의 균형: 성공적인 정책은 한 국가의 구체적인 경제적 상황, 제도적 역량 및 정치적 환경에 달려 있다. 정책 입안자들은 종종 단기적인 경제적 안정과 장기적으로 지속 가능한 성장의 균형을 맞추는 것을 목표로 한다. 예를 들어: 경기 침체기에는 확장적 재정 및 통화 정책(예: 세금 감면, 금리 인하)이 우선시될 수 있다. 급속한 성장과 인플레이션의 시기에는 긴축 정책(예: 지출 감소, 금리 인상)이 필요할 수 있다.

II. 경제 성장 대 소득 분배

자본주의에서 개인 또는 기업은 생산 수단을 소유하고 가격은 시장의 힘에 의해 결정되며 각 개인은 지속적인 혁신과 경영 개선을 통해 이익을 극대화하고 자신의 부를 축적하기 위해 열심히 일한다. 부의 불평등한 분배 때문에 부유한 계급과 가난한 계급 사이에 큰 격차가 있는 반면, 국가에 의한 평등한 분배 때문에 그러한 격차가 없는 사회주의와 대조된다. 누진세 정책을 통해 부유층으로부터 더 많은 세금을 징수하여 사회기반시설, 의료, 교육을 위한 공공부문에 투자함 으로써 저소득층에게 혜택을 주는 세금으로 부를 이전한다. 그러나 세수로 나오는 한정된 재원과 경제활동, 성장, 복지에 있어서의 지역적 격차가 크고, 다각화가 불충분하여 소득의 불평등을 극복할 수 없는 데 문제가 있다.

A. 성장과 분배의 상충 관계: 아서 오쿤(Arthur Okun) 은 1975년에 출간된 그의 영향력 있는 저서 '평등과 효율성: 큰 트레이드오프(Equality and Efficiency: The Big Tradeoff)'에서 평등을 추구하면 효율성(주어진 자원으로 생산되는 총 생산량) 을 줄일 수 있다고 주장했다. 예일 대학과 브루킹스 연구소의 경제학자는 소득의 균등한 분배가 노동과 투자에 대한 인센티브를 감소시킬 수 있을 뿐만 아니라 세법과 최저 임금과 같은 메커니즘을 통한 재분배 노력 자체도 비용이 많이 들 수 있다고 말했다. 오쿤은 이러한 메커니즘을 새는 양동이(leaky bucket)에 비유했다. 부유한 사람으로부터 가난한 사람에게 이전되는 자원의 일부는 '운송 중에 그냥 사라질 것이므로, 가난한 사람들은 부자로부터 빼앗은 모든 돈을 받지 못할 것'이다 - 세금을 내는 사람들과 이전을 받는 사람들 모두를 위해 일할 의욕을 잃고 이로 인한 행정 비용의 결과이다.

'최근 연구에서 우리는 성장을 장기적으로 볼 때 효율성과 평등 사이의 균형이 존재하지 않을 수 있음을 발견했다. 사실, 평등은 성장을 촉진하고 유지하는 데 중요한 요소인 것으로 보인다. 수년 또는 수십 년 동안 급속한 성장을 유지할 수 있는 국가와 급격한 성장이 빠르게 사라지는 다른 많은 국가 간의 차이는 불평등의 수준일 수 있다. 국가들은 평등을 개선하면 효율성도 향상될 수 있으며, 이는 보다 지속 가능한 장기 성장으로 이해될 수 있다'고 말했다. 그러나 정부가 새로운 일자리에 더 많은 돈을 쓰지 않고 정부나 공기업에서 더 많은 직위를 늘려 임시직을 고용한다면 성장은 정반대가 될 것이다.

B. 불평등의 측정: '지니계수는 가장 많이 사용되는 불평등 지수다. 그 인기의 이유는 Lorenz 곡선 다이어그램에서 두 영역의 비율로 지니 지수를 계산하는 방법을 이해하기 쉽기 때문이다. 단점으로, 지니 지수는 다이어그램의 속성에만 숫자를 매핑하지만 다이어그램 자체는 분포 프로세스의 모델을 기반으로 하지 않는다. 지니계수의 '의미'는 경험적으로만 이해할 수 있다. 또한 지니는 분포에서 부등식이 발생하는 위치를 캡처하지 않는다. 결과적으로, 두 개의 매우 다른 소득 분포가 동일한 지니 지수를 가질 수 있다.'

Figure IV-5-1. 지니 계수의 그래픽 표현

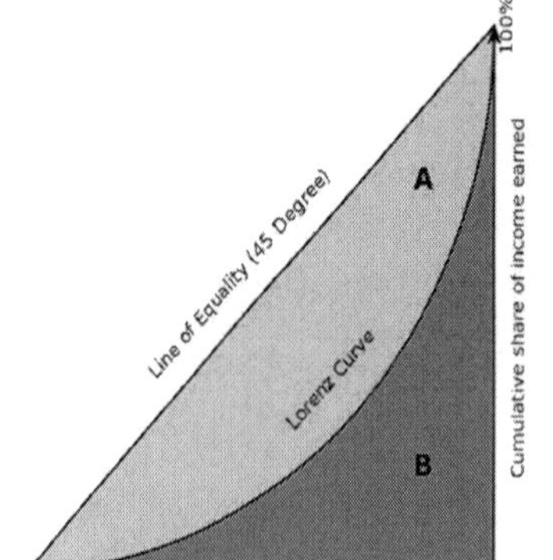

그래프는 지니 계수가 A로 표시된 면적을 A와 B로 표시된 면적의 합으로 나눈 값, 즉 지니 = A/(A + B)와 같다는 것을 보여준다. 또한 A + B = 0.5(축이 0에서 1 크기로 조정)이기 때문에 2A 및 1 − 2B와 같다. 지니 지수의 범위는 0에서 1(0 %에서 100 %) 사이이며, 여기서 0은 완전 평등(영역 A는 0)을 나타내고 1(100 %)은 최대 불평등을 나타낸다. (횡축: 국민 누적 치, 종축: 소득의 누적 지분)

C. 독점이 소득 불평등에 미치는 영향: 독점은 다양한 방식으로 소득 불평등에 상당한 영향을 미칠 수 있는데, 주로 부와 경제력을 소수의 개인이나 기업의 손에 집중시켜 발생한다. 다음은 독점이 소득 불평등에 영향을 미치는 몇 가지 주요 방식이다.

1. 부의 집중과 시장지배력: 독점은 기업이 시장을 지배할 수 있게 해주어 가격 책정과 생산에 대한 과도한 통제력을 부여한다. 이러한 우위는 종종 다음과 같은 결과를 낳는다. (a) 더 높은 이윤: 독점적 기업은 경쟁 시장보다 더 높은 가격을 청구할 수 있으며, 이는 초자연적인 이윤으로 이어질 수 있다. (b) 부의 축적: 이러한 이익은 주주, 임원 및 투자자에게 집중되어 부유층과 사회의 나머지 부분 사이의 격차를 확대한다.

2. 임금 억제: 독점적 기업들은 종종 노동자들의 임금을 억압한다. (a) 노동 시장 지배력: 독점력을 가진 기업은 그들이 주요 고용주인 노동 시장에서 독점자가 될 수도 있다. 이를 통해 그들은 임금을 좌우할 수 있으며, 종종 경쟁 시장보다 낮은 임금을 유지할 수 있다. (b) 협상력 감소: 근로자는 독점 산업에서 고용 옵션이 줄어들어 더 나은 임금이나 복리후생을 위한 협상력을 약화시킨다.

3. 진입장벽과 경제적 이동성 감소: (a) 신규 진입자를 위한 장애물: 독점은 새로운 기업에 높은 진입 장벽을 만들어 경쟁과 혁신을 억압한다. (b) 제한된 기회: 이는 경제적 이동성과 중소기업 또는 기업가의

경쟁 능력을 감소시켜 소득 불평등을 영속화한다.

4. 소비자 착취: 독점은 더 높은 가격을 부과하고 더 적은 선택권을 제공함으로써 소비자에게 해를 끼친다. 불균형한 부담: 저소득 가구는 소득의 더 많은 부분을 필수품에 지출한다. 만약 독점이 필수품(예: 공공요금, 의료, 주택)을 지배한다면, 가난한 사람들은 불균형적으로 영향을 받게 된다.

5. 정책 및 규제에 미치는 영향: (a) 규제 포획: 독점적 기업은 자신의 부를 사용하여 정책과 규제에 영향을 미쳐 지배력을 영속화하고 불평등을 줄일 수 있는 정책을 억압한다. (b) 조세 회피: 거대 독점 기업은 세금을 최소화하기 위해 허점을 이용하여 부를 더욱 집중시키고 공공 복지 프로그램을 위한 자원을 더 적게 남긴다.

6. 혁신과 생산성의 저하: (a) 경제적 침체: 경쟁이 감소함에 따라 독점 기업은 혁신이나 생산성 향상에 대한 인센티브가 줄어들어 전반적인 경제 성장이 제한되며, 그렇지 않으면 불평등을 줄일 수 있다. (b) 기술 독점: 지배적인 기술 기업은 중요한 플랫폼과 데이터를 통제할 수 있으며, 이를 통해 새로운 형태의 부 집중과 경제적 통제를 창출할 수 있다.

7. 세대 간 부의 이전: 독점적 이윤은 세대 간 부의 집중에 기여한다. 상속된 특권: 독점 기업을 소유한 가족이나 개인은 막대한 부를 물려주어 여러 세대에 걸쳐 불평등을 고착화시킨다.

D. 소득 불평등의 문제

1. 소득 불평등의 주요 원인: (a) <u>경제적 요인</u>: 고숙련 노동자와 저숙련

노동자 간의 임금 격차. 자동화 및 기술의 부상으로 특정 유형의 노동에 대한 수요가 감소한다. 아웃소싱과 세계화는 특정 부문에서 일자리 감소를 초래한다. (b) 교육 및 기술 수준은 양질의 교육 및 훈련 기회에 대한 불평등한 접근과 근로자 간의 기술 및 자격의 차이에 기인한다. (c) 부의 집중: 자산(예: 투자, 부동산)을 가진 부유한 개인은 수동 소득(passive income)을 창출한다. 세대간의 부의 상속은 경제적 격차를 초래한다. (d) 정책 및 과세: 고소득 개인이나 기업에 유리한 세금 제도. 탄탄한 사회안전망이나 재분배 정책의 부재. (e) 노동 시장 역학: 노동조합 조직률의 감소는 노동자들의 협상력을 감소시킨다. 긱 경제(gig economy)의 성장과 불안정한 노동 형태. (f) 차별과 기회의 불평등: 인종, 성별 또는 민족에 기반한 제도적 장벽, 그리고 의료, 주거, 일자리와 같은 자원에 대한 접근의 불균형은 소득격차를 초래한다.

2. 소득 불평등의 영향: (a) 경제 성장: 인구의 많은 부분이 구매력이 부족할 경우 경제 성장을 억누를 수 있다. 인적 자본의 활용도가 떨어진다. (b) 사회적 불안: 불평등이 심화되면 분노, 양극화, 사회적 긴장이 고조될 수 있다. (c) 건강과 웰빙: 소득 불평등이 심화되면 건강 결과가 악화되고 기대 수명이 낮아진다. 인지된 불평등으로 인한 심리적 스트레스가 사회적으로 부정적 영향을 미친다. (d) 정치적 결과: 부의 집중은 정치 체제에 대한 불균형적인 영향력으로 이어질 수 있다. 제도와 민주적 절차에 대한 신뢰를 약화시킨다.

3. 소득 불평등 해결책: (a) 교육 및 기술 개발: 저렴하고 수준 높은 교육 및 직업 훈련에 투자하라. 평생 학습 및 재교육 프로그램을 촉진한다. (b) 누진세: 고소득자가 더 공정한 세금을 납부하도록 한다. 허점

을 막고 기업과 부유한 개인의 탈세를 해결한다. (c) 사회 안전망: 실업 수당, 의료 및 주택 지원과 같은 복지 프로그램을 강화한다. 보편적 기본소득(UBI) 또는 이와 유사한 조치를 도입한다. (d) 노동 시장 개혁: 최저 임금을 인상하고 공정한 임금 관행을 촉진한다. 단체 교섭 및 근로자의 권리를 지원한다. (e) 기회 균등 정책: 구조적 차별과 기회에 대한 장벽을 해소한다. 성별 및 인종별 임금 격차를 줄이기 위한 정책을 시행한다. (f) 부의 재분배: 상속세나 부유세를 도입해 상층부에 부가 집중되는 현상을 억제한다. 자산의 광범위한 소유권을 촉진하는 정책을 장려한다. (h) 더 강력한 독점금지법으로 독점적 행위를 방지하기 위해 경쟁법을 집행한다.

III. 경제 발전에서 환경과 기후 문제

A. 환경보존과 경제성장

환경적 지속가능성을 개발 정책 결정에 통합하는 것은 장기적인 경제 성장, 생태 보존 및 사회적 복지를 보장하는 데 필수적이다. 이 접근법은 환경 건강과 개발 목표의 상호 연결성을 인식한다. 이 통합을 달성하는 주요 방법은 다음과 같다.

1. 지속가능성을 정책 프레임워크에 포함시키기: (a) 주류 환경 고려 사항: 지속 가능성 목표를 국가 및 지역 개발 계획, 예산 및 전략에 통합한다. 예를 들어, UN의 지속 가능한 개발 목표(SDG)와 같은 글로벌 프레임워크에 맞게 정책을 조정한다. (b) 녹색 경제 원칙 채택: 환경 발자국을 줄이기 위해 재생 에너지, 에너지 효율성, 순환 경제 및 지속 가능한 농업을 촉진하는 정책의 우선 순위를 지정한다. **2. 부문 간 협업:** (a) 부서 간 조정: 교통, 에너지, 농업 및 도시 계획과 같은 부

문 전반에 걸쳐 환경 목표가 해결되도록 한다. (b) 공공-민간 파트너십(PPP): 기업 및 시민 사회와 협력하여 지속 가능한 관행과 혁신적인 녹색 기술을 구현한다. **3. 환경영향평가(EIA):** (a) 필수 평가: 모든 주요 개발 프로젝트에 대해 EIA가 생태계, 생물 다양성 및 지역 사회에 대한 잠재적 영향을 평가하도록 요구한다. (b) 누적 영향 분석: 여러 프로젝트가 시간이 지남에 따라 환경 지속 가능성에 총체적으로 어떤 영향을 미치는지 평가한다.

4. 지속가능성을 위한 정책적 인센티브: (a) 녹색 이니셔티브에 대한 보조금: 재생 에너지 프로젝트, 보존 노력 및 지속 가능한 농업에 대한 인센티브를 제공한다. (b) 오염 인센티브 감소: 탄소세, 환경 위반에 대한 벌금 또는 배출 제한을 시행하여 책임 있는 행동을 장려한다. **5. 지역 사회 참여 및 교육:** (a) 이해관계자 포용(Stakeholder Inclusion): 지역 사회, 특히 소외된 집단을 정책 결정에 참여시켜 그들의 구체적인 요구 사항을 해결하고 공평한 혜택을 보장한다. (b) 대중 인식 캠페인: 지속 가능성의 중요성에 대해 시민들을 교육하여 풀뿌리 지원과 행동을 촉진한다. **6. 기술 및 혁신 활용:** (a) 데이터 기반 의사 결정: 위성 모니터링, 지리 정보 시스템(GIS) 및 기타 도구를 사용하여 환경 변화를 추적하고 정책을 안내한다. (b) 녹색 혁신 촉진: 재생 에너지, 친환경 재료 및 지속 가능한 기술에 대한 연구 개발에 투자한다.

7. 금융 메커니즘: (a) 녹색 금융: 녹색 채권, 탄소 거래 시스템 및 환경 기금을 개발하여 지속 가능한 개발 프로젝트를 지원한다. (b) 국제 협력: 국제기구 및 개발 은행의 재정 지원 및 기술 지원을 활용한다. **8. 모니터링, 평가 및 책임 측정:** (a) 가능한 목표 설정: 지속 가능성에 대한 명확한 목표를 정의하고 진행 상황을 정기적으로 측정한다. (b) 독립

적인 감독: 환경 약속을 준수할 수 있도록 투명성과 책임을 위한 메커니즘을 수립한다. **9. 장기적인 관점 채택:** (a) 복원력 계획: 기후 적응, 재난 위험 감소 및 미래의 환경 문제를 고려하는 정책을 설계한다. (b) 세대 간 형평성: 미래 세대의 이익을 위해 천연 자원이 책임감 있게 관리되도록 한다.

B. 기후 변화의 문제

기후 변화는 환경적, 사회적, 경제적, 정치적 차원에 걸쳐 심각한 문제를 제기한다. 이러한 문제는 서로 연결되어 있으며 광범위한 영향을 미친다. 다음은 기후 변화와 관련된 주요 문제이다.

1. 환경 문제: (a) 지구 온도 상승: 온실 가스 배출(예: CO_2, CH_4) 로 인해 지구 온도가 상승하여 폭염이 발생하고 기후 패턴이 변화하고 있다. (b) 극지방의 만년설과 빙하가 녹는 현상: 얼음의 손실은 해수면 상승, 해안 지역 위협, 추운 기후에 의존하는 생태계 변화의 원인이 된다. (c) 해수면 상승: 해안 홍수와 담수 시스템에 대한 염수 침투는 지역 사회, 기반 시설 및 농업을 위험에 빠뜨린다. (d) 극단적인 기상 현상: 허리케인, 가뭄, 홍수 및 산불의 빈도와 강도 증가는 생태계와 인간의 삶을 혼란에 빠뜨린다. (e) 생물 다양성 손실: 온도 변화와 극단적인 날씨로 인한 서식지 변화는 생물 종을 멸종 위기에 빠뜨리고 생태계 균형을 깨뜨린다. (f) 해양 산성화: 해양에 의한 CO_2 흡수는 pH 수준을 낮추어 해양 생태계, 특히 산호초와 조개류 개체군에 해를 끼친다.

2. 사회 문제: (a) 인간 건강에 대한 위협: 기온 상승은 열 관련 질병, 매개체 매개 질병(예: 말라리아, 뎅기열) 의 확산 및 오염으로 인한 호흡

기 문제를 악화시킨다. (b) 식량 불안정: 기온과 강수량의 변화는 농업을 방해하고 작물 수확량을 감소시키며 전 세계적으로 식량 공급을 위협한다. (c) 물 부족: 가뭄과 강우 패턴의 변화는 특히 이미 건조한 지역에서 물 가용성을 감소시킨다. (d) 기후 이주: 해수면 상승, 가뭄, 극단적인 날씨로 인해 수백만 명이 고향을 떠나야 하며, 이로 인해 '기후 난민'이 발생하고 수용 지역의 자원에 부담이 가해지고 있다. (e) 토착 공동체의 이주: 생태계가 변화함에 따라 전통적인 생활 방식이 붕괴되어 문화적 정체성과 생존을 위협받고 있다.

3. 경제 문제 기반 시설 손상: (a) 기상 이변으로 인해 주택, 도로, 교량 및 유틸리티가 파괴되고 복구 및 수리 비용이 수십억 달러에 이른다. (b) 농업 손실: 예측할 수 없는 날씨 패턴은 농작물 및 가축 생산에 영향을 미쳐 생계를 위협하고 식량 가격을 상승시킨다. (c) 에너지 문제: 기온 상승은 냉각을 위한 에너지 수요를 증가시키는 동시에 전력 시스템을 위협한다(예: 수력 발전을 위한 물 부족). (d) 보험 및 투자 위험: 자연 재해로 인한 위험 증가는 취약 지역의 보험료 인상과 금융 불안정으로 이어진다. (e) 관광업에 미치는 영향: 안정적인 기후에 의존하는 목적지(예: 스키 리조트, 산호초)는 관광 수입 감소에 직면해 있다.

4. 정치 및 세계적 문제: (a) 자원 분쟁: 물과 경작지와 같은 감소하는 자원을 둘러싼 경쟁은 국가 내부 및 국가 간의 긴장이나 갈등으로 이어질 수 있다. (b) 글로벌 불평등: 배출량에 가장 적게 기여하는 개발도상국은 적응 및 완화를 위한 자원이 제한되어 있기 때문에 종종 최악의 영향을 받는다. (c) 정책적 과제: 일부 지역에서는 다양한 경제적 이해관계, 정치적 우선순위, 기후 회의론이 다르기 때문에 국제적 행동을 조율하는 것이 어렵다. (d) 지연된 조치: 정치적 타성과 업계의

저항으로 인해 지속 가능한 정책과 기술의 채택이 느려지고 있다.

5. 피드백 루프와 비가역성: (a) 영구 동토층 용융: 영구 동토층이 녹으면서 방출되는 메탄은 온난화를 가속화한다. (b) 산림 손실: 삼림 벌채는 탄소 흡수를 감소시켜 대기 중 CO_2에 더욱 기여한다. (c) 티핑 포인트(Tipping Points): 빙상 붕괴나 열대우림 감소와 같은 특정 변화는 돌이킬 수 없게 되어 기후 영향의 폭주로 이어질 수 있다.

6. 윤리적, 도덕적 도전: (a) 세대 간 불평등: 현재 세대의 행동(또는 무행동) 은 미래 세대에 불균형적으로 영향을 미친다. (b) 환경 정의: 소외된 지역 사회는 종종 기후 변화의 영향에 가장 취약하지만 적응하거나 대응할 수 있는 능력은 가장 적다.

제5장
자본주의와 민주주의 :
경제적 효율과 정치적 평등

Capitalism and Democracy:
Economic Efficiency vs Political Equality

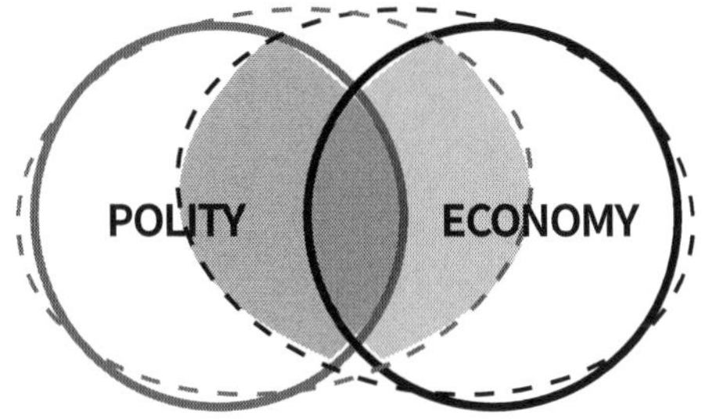

V-0-1: 자본주의 대 민주주의

경제적 효율과 정치적 평등의 문제

Economic Efficiency vs Political Equality: Conflict & Synergy

자본주의와 민주주의의 관계는 경제적 효율성(자본주의의 핵심)과 정치적 평등(민주주의의 초석) 사이의 긴장에 직면한다. 이러한 시스템은 공존할 수 있고 심지어 서로를 보완할 수 있지만 핵심 원칙이 충돌하여 심각한 사회적, 정치적, 경제적 딜레마를 초래하기 쉽다.

자본주의의 경제적 효율: 자본주의는 시장의 힘, 사적 소유 및 경쟁에 의해 주도되는 경제 체제이다. 주요 목표는 자원을 효율적으로 할당하고 생산성을 극대화하며 부를 창출하는 것이다. 주요 특징은 다음과 같다. 1. 시장 경쟁: 경쟁을 통해 혁신과 효율성을 장려한다. 2. 이윤 동기: 개인과 기업의 성공을 우선시하며, 종종 위험을 감수하는 사람에게 보상을 제공한다. 3. 사적 소유권: 자산과 생산 수단은 국가가 아닌 개인이나 기업이 소유한다. 시장은 생산성과 혁신에 따라 개인과 기업에 보상을 주며, 이는 소득 불균형을 초래한다. 시간이 지남에 따라 부는 집중되는 경향이 있어 소수의 사람들에게 자원에 대한 부의 편중을 가져온다. 따라서 경제를 성장시키지만, 그 성장의 혜택이 항상 동등하게 공유되는 것은 아니기 때문에 불평등이 심화된다.

민주주의의 정치적 평등: 민주주의는 집단적 의사 결정, 평등한 대표 및 법의 지배를 강조하는 정치 체제이다. 그 원칙은 다음과 같다. 1. 평등: 모든 시민은 한사람 한표로 투표권과 대표를 통해 동등한 발언권을 갖는다. 2. 책임: 정부는 국민에 대해 책임을 지며 대중의 우려 사항을 해결해야 한다. 3. 자유: 언론 및 집회의 자유를 포함한 개인의 자유가 보호된다. 민주주의는 경제적 지위에 관계없이 모든 개인이 목소리를 낼 수 있도록 하는 것을 목표로 한다. 그것은 통치의 공정성을 창출하고 권력이 사회 전반에 걸쳐 균등하게 분배되기를 열망한다. 민주주의는 경제적 불평등이 존재하더라도 정치적 평등이 유지될 수 있다는 가정에 의존한다. 실제로, 경제적 권력은 종종 정치 권력에 영향을 미친다. 1. 부유한 개인과 기업은 로비, 캠페인 기부, 미디어 내러티브에 대한 통제를 통해 정책을 형성할 수 있다. 2. 경제적 격차는 교육, 의료 및 기회에 대한 불평등한 접근으로 이어질 수 있으며, 이는 간접적으로 정치적 평등을 감소시킨다.

경제와 정치의 갈등: 자본주의와 민주주의의 상호작용은 시너지 효과와 모순을 모두 드러낸다. 1. 부와 영향력: 자본주의 체제에서 부는 종종 정치적 영향력으로 이어지며, 이는 정치적 평등의 원칙을 훼손할 수 있다. 로비와 선거자금 조달은 경제적 권력이 어떻게 민주적 절차를 왜곡할 수 있는지를 보여주는 대표적인 사례다. 2. 불평등 대 형평성: 자본주의는 경쟁을 통해 번성하며, 경쟁은 자연스럽게 승자와 패자를 만들어 불평등으로 이어진다. 반면에 민주주의는 불평등을 완화하고 모든 시민의 권리를 보호하려고 한다. 3. 규제와 자유: 민주주의 국가는 종종 자본주의의 과잉을 억제하기 위해 규제(예: 노동법, 독점 금지법)를 도입한다. 이러한 개입은 공정성을 유지하기 위해 필요한 것으로 보일 수 있지만 경제적 자유를 제한하는 것으로 비판을 받는다.

긴장 완화: 자본주의의 경제적 효율성과 민주주의의 정치적 평등 사이의 균형을 맞추기 위해서는 의도적인 정책 설계가 필요하다. 1. 사회 민주주의(예: 노르딕 모델): 자유 시장과 강력한 복지 국가를 결합하여

경제적 역동성과 사회적 보호를 모두 보장한다. 2. 선거 자금 개혁: 정치적 평등을 유지하기 위해 정치에서 돈의 영향력을 줄인다. 3. 교육 및 사회적 이동성: 교육 및 공공 서비스에 대한 투자는 시장 효율성을 저해하지 않으면서 기회 균등을 촉진한다. 4. 반독점법 및 부유세: 부와 권력의 과도 집중을 방지하여 공정한 경쟁을 촉진하고 불평등을 줄인다.

앞으로 나아갈 길: 자본주의와 민주주의의 균형을 맞추기 위해서는 다음이 필요하다. 1. 재분배 정책: 누진적 과세, 사회안전망, 공공투자는 시장 인센티브를 약화시키지 않으면서 불평등을 줄일 수 있다. 2. 정치적 영향력 규제: 선거 자금 개혁 및 로비 제한은 정치적 평등을 유지하는 데 도움이 될 수 있다. 3. 포용적 성장(Inclusive Growth): 교육, 의료 및 경제적 기회에 대한 평등한 접근을 촉진하는 정책은 경제와 민주주의 모두에 대한 광범위한 참여를 보장한다. 결론적으로, 자본주의와 민주주의는 공존할 수 있지만, 본질적인 긴장은 끊임없는 협상과 조정을 필요로 한다. 경제적 효율과 정치적 평등은 모두 중요하므로, 하나를 과도하게 강조하면 다른 하나를 약화시킬 수 있음을 인식하면서 지혜롭게 균형을 잡아야 건강한 사회를 건설할 수 있다.

개인, 사회 및 국민 국가 간의 관계는 다양한 수준의 권리, 책임 및 영향력을 포함하여 깊이 상호 연결되고 역동적이다. 이러한 관계에 대한 분석은 다음과 같다.

I. 개인의 가치와 직업의 선택

A. 매슬로우 동기 이론(Maslow's Hierarchy of Needs)

공식적으로 Maslow의 욕구 계층 이론으로 알려진 Maslow의 동기 부여 이론은 1943년 Abraham Maslow가 도입한 심리학적 틀이다. 그것은 개인의 욕구를 5 단계 피라미드로 분류하여 인간의 동기를 설명하며, 여기서 낮은 수준의 욕구의 충족은 더 높은 수준의 욕구를 추구하기 위한 기초 역할을 한다. 다음은 5가지 수준에 대한 분석이다.

1. 생리적 욕구(기본적 욕구): 생존을 위한 가장 기본적인 욕구는 음식, 물, 보호물, 수면, 공기 등이며, 이러한 욕구가 충족될 때까지 개인은 더 높은 욕구에 집중할 가능성이 낮다.

2. 안전 욕구(기본적 욕구): 일단 생리적 욕구가 충족되면, 사람들은 자신의 환경에서 안전과 안정을 추구한다. 여기에는 다음이 포함된다. 신체적 안전(위해, 질병 또는 위험으로부터), 재정적 안정(꾸준한 수입, 저축), 건강과 웰빙, 사고 및 피해로부터 보호. 안전은 개인이 인간 관계와 개인적 성장에 집중할 수 있을 만큼 충분히 안전하다고 느낄 수 있도록 한다.

3. 사랑과 소속감 욕구(심리적 욕구): 이는 대인 관계에 대한 인간의 욕구로 우정, 로맨틱한 관계, 가족의 유대, 사회 단체 또는 공동체를 포함한다. 핵심 아이디어: 인간은 의미 있는 관계를 형성하고 소속감을 경험하고자 하는 본능적인 욕구를 가지고 있다.

4. 존중 욕구(심리적 욕구): 이러한 욕구는 자존감, 자신감 및 인정과 관련이 있다. 낮은 존중 욕구는 다른 사람의 존중(예: 지위, 성취, 평판)을 원하며, 더 높은 존중의 욕구는 자존감(예: 개인 유능감, 독립성)을 의미한다. 핵심 아이디어: 사람들은 자신과 다른 사람들이 가치 있다고 느끼고 싶어한다.

5. 자아실현(자아실현 욕구): 계층의 최상위에 있는 자아실현은 자신의 잠재력을 최대한 발휘하고 개인적 성장을 추구하려는 욕구로서 창의적 표현, 개인 목표 달성, 자기 발견과 성취,

더 큰 목적에 기여 등을 포함한다. 핵심 아이디어: 자아실현은 다른 모든 욕구가 충족되면 최고의 자신이 되는 것이다.

B. 자아실현의 가치 추구

인간이 추구하는 높은 가치는 진리, 정의, 심미, 박애 등이며, 개인은 가장 선호하는 최상의 가치를 찾아서 직업을 선택한다. (1) 진리를 최상의 가치로 생각하는 사람은, 진리를 추구하는 연구원이나 교수와 같은 직업을 택하는 것이 현명하다. (2) 정의를 최상의 가치로 생각하는 사람은 이론적으로 법률을 연구하거나, 실천적으로 입법을 하거나 법을 집행하는 검사-판사-변호사 등이 좋을 것이며, 언론 분야에서 정의 구현을 위해 글을 쓰고 부정부패를 파헤치면 좋을 것이다. (3) 심미를 최상의 가치로 생각하는 사람은 문학과 예술 분야에서 아름다움을 추

구하는 어느 분야를 전문화하면 좋은 직업이 될 것이다. (4) 사랑(박애)을 최고의 가치로 지키는 사람은 교육, 종교, 의학, 사회사업 분야에 적합하다. 이러한 가치의 선호는 복합적이다. 이를테면 진리를 추구하는 사람은 정의를 사랑한다. 그러나 직업의 선택은 두 개를 동시에 취할 수 없어 아쉬운 일이다.

C. 적성에 상응한 능력개발과 직업의 선택

일반적으로 개인의 직업은 이론가(Theorist)와 실천가(Practitioner)로 분리하여 생각할 수 있다. 한 인간의 가용 시간이 제한되기 때문에, 이론과 실천 분야를 모두 전문화하면 두 분야에 전문성을 상실하기 쉽다. 이를테면, 정치학을 하는 사람은 학문적으로 접근하는 것이 타당하나, 국내정치나 국제관계에서 정의를 구현하고 싶은 사람은 행동을 통하여 사람을 조직하고 자원을 동원하여 정치적 영향력을 행사한다. 바꿔 말하면, 이론가는 정치이론을 세우는 학문을 하고, 실천가는 인적 물적 자원을 동원하고 대중운동으로 정치에 영향력을 행사한다. 이론확립과 대중동원의 정치적 목적이 같지만, 각자의 방법이 다르다는 점을 인식하고 직업을 선택해야 한다.

직업선택에 고려할 사항은 첫째 개인의 능력이 자신이 추구하는 가치에 합당한 직업을 감당할 수 있는가이다. 자신의 역량이 미흡하면서 추구하는 가치만 내세워 전진하면 소기의 목적을 달성하기 어렵다. 둘째는 추구하는 직업의 보수가 자신의 생존에 필요한 욕구를 재정적으로 충족할 수 있는가이다. 셋째, 원하는 직업을 가지면, 하는 일이 즐거워 가치추구를 위한 별도의 시간을 낭비할 필요가 없다. 그러나 경쟁에서 밀려 다른 직업을 갖는 경우, 자기의 가치구현을 위하여 주말이나 여가에 취미생활을 하게 된다. 고로 자기의 가치, 취미, 적성에 적합한 직업을 갖는 것이 인생을 살아가는 데 매우 중요하다.

따라서 취업 경쟁에 이기기 위해서는 자신의 능력을 개발하는 것이 필수이다. 개인의 능력은 지적, 심리적, 신체적 세 요소가 균형 있게 발전해야 한다. (1) 지적 요소(Intellectual)는 수학(quantitative), 어학(Verbal), 인지 속도(time), 공간 감지능력(space), 귀납적 추론(inductive), 연역적 추론(deductive), 암기력(Memory) 등이다. (2) 심리적 역량(Psychological)은 정서적 안정, 외향적 성격, 경험에 개방적, 합의가 쉽고, 도덕성을 포함한다. (3) 신체적 능력(Physical)은 근력, 유연성, 신체적 균형이 중요하다. 이러한 세 가지 요소가 균형 있게 발전하여 개인의 역량을 극대화하면 총체적 생산성을 높이고 지도력을 발휘하여 조직의 지도자로서 성공할 수 있을 것이다. 우리가 행복해지려면 추구하는 가치, 취미, 적성에 맞는 직업을 선택해야 자기가 하는 일에 생애 동안 실증 없이 오래 그리고 즐겁게 살 수 있을 것이다.

D. 최고가치를 향한 자기실현의 방법

우리가 진리-정의-심미-박애 등의 덕목(Virtues)을 자기 인생의 가치로 세우고 이를 성취하는 자기실현의 방법은 여러 가지가 있다. 첫째 점진적 방법의 진리탐구이다. 어느 개인이 행운아가 아닌 이상, 위의 덕목에 직접 연관된 연구소나 대학교에 직업을 구하는 것은 한국 같은 여건에서 쉬운 일이 아니다. 필자의 경우 항상 진리탐구에 정열의 가지고 있어, 사관학교를 졸업하고 전방부대에 배치를 받아 부임하면서, MacArthur 장군의 Reminiscences(1964)를 짐 속에 가지고 가서, 바쁜 부대 생활 속에서도 사전을 찾아가면서 읽었다. 미국에 이주하여 처음 복잡한 여건 속에서도, Jackson Spielvogel 교수의 Western Civilization을 되풀이하여 읽어 가면서 머릿속에 문명사의 그림을 그려 보았다. 연구소나 대학교에 직함을 두고 본업으로 학문을 하면 가장 편하고 쉬운 일이 되겠지만, 자신의 직업이 학문연구와 직접적인 연관이 없다고 해도, 일상에서 진리탐구에 조금씩 정진하여 가면 진리를 향한 자기 가치를 실현할 수 있다.

둘째, 정의를 구현하는 일은 국회의원이 되어 좋은 입법을 하거나, 검사-판사-변호사 등 직업에서 바르게 실천하거나, 언론 활동을 통해 영향력을 행사하면 직업적으로 최상이 될 것이다. 그러나 그 직업이 아니라 하더라도, 자신의 일상에서 스스로 도덕과 법률에 따라 규범이 되는 삶을 영위하여 타인이 자신의 언행을 따르게 하면, 그것이 매우 소망스러운 정의구현이 될 것이다. 자기 스스로 바른 인생을 사는 것이 곧 사회정의를 구현하는 자기 가치의 실현이다. 정의를 구현하는 것은 꼭 자기의 직업이 연관되어야 한다는 것과는 거리가 있다. 미국의 여론조사에 의하면 가장 정의롭고 국민의 사랑을 받는 직업은 군인이고, 정의구현의 담당자인 변호사 직업은 그 신뢰도가 하위에 조사되었다는 보도를 읽은 적이 있다.

셋째, 진리를 가치로 세우고 학문을 사랑하는 것은, 꼭 자신이 직접 학문을 해서 성취하지 못한다고 해도, 간접적인 방법으로 학문을 지원하고 진흥시킬 수가 있다. 오늘의 유럽을 있게 한 Charlemagne(재위 768-814)은 학문은 거의 없었지만 Frank 왕으로서 수도원에 학교를 세우고 Northumbria 석학인 Alcuin을 초빙하여 학문을 일으키고 영국 및 스페인과 교류하여 문예부흥을 가져왔다. Alcuin은 영국에서 발전한 Latin 문화를 Frank 사람들에게 전파하였다. 다른 한 예로서, Lorenzo de' Medici(통치 1469-1492)는 공화국의 실제 통치자로서 학문과 예술을 지원하여 문예부흥으로 Florence 황금시대를 가져오게

하였다. 프랑스에서 Charlemagne, 이탈리아에서 Lorenzo는 진리를 탐구하고 예술을 발전시켜 문예부흥을 가져오게 한 통치자로 자신의 정치력으로 국가의 문에 부흥을 일으킨 위대한 사람들이다.

넷째, John Rawls 은 그의 정의의 이론(A Theory of Justice, 1971)에서 사회정의를 위해 기본적 기관들이 권리와 의무(rights and duties), 혜택과 부담(benefits and burdens)을 균등히 분배해야 한다고 쓰고 있다. 그는 사회정의를 공평성에 두고(Justice as Fairness), 누구도 사회의 어디서나 특혜를 받거나 불이익을 받아서는 안 된다고 주장하였다. 정의가 평등(equality)이라는 관점에서 보면, 법에 위반되지 않으면 정의롭다 할 수 있다. 그러나 정의를 공평(fairness)하다는 관점에서 보면, 법에 위반되지 않더라도 공평하지 못하면(혜택을 받거나 불이익을 당하면) 정의롭지 못하다고 본다. 이를테면, 키가 큰 사람과 작은 사람이 야구경기를 보려고 같은 입장료를 내고 경기장에 들어가 보니, 키가 작은 사람은 앞에 벽이 가려 관람을 할 수 없다면 불공평하므로 정의롭지 않으니, 좌석을 높여 그를 관람케 해야 정의롭다고 하는 공평의 개념을 설명하였다.

끝으로, 어느 분은 지금 살기 바빠 사업하느라고 정신없이 뛰고 있는데, 자기실현의 가치를 논하고 있으니 자기와는 거리가 있다고 한다. 사람들이 살기가 바빠서 자신의 기본적 욕구와 사회적 욕구를 달성하기에도 숨이 차다. 그러나 바쁜 삶 속에서도 자기가 추구하는 가치를 간직하면서 점진적으로 추구해 가면 원하는 고지에 도착할 수 있다. 자신의 가치를 추구하는 간접적 방법으로, 자기가 기업을 경영하여 축적한 부를 사용하여 자신이 추구하는 가치 있는 일을 지원하게 되면, Charlemagne이나 Lorenzo de' Medici처럼 학문과 예술의 발전에 기여하게 된다. 신이 인간에게 준 물리적 시간은 같지만, 자기 가치의 실현으로 인류문명에 공헌하는 정도는 자신의 능력과 선택한 방법에 따라 결정되고 이루어진다고 할 것이다.

II. 사회계약과 일반의지

A. 개인, 사회, 국가간의 상호 의존성

1. 개인과 사회의 상호 의존성: (a) 개인은 자신의 행동, 아이디어 및 문화적 기여를 통해 사회를 형성하는 반면, 사회는 개인에게 구조, 규범 및 소속감을 제공한다. (b) 권리와 책임: 사회는 종종 개인에게 자유 (예: 언론, 종교)를 부여하면서 법률을 준수하고 타인을 존중하며 공동선에 기여하기를 기대한다. (c) 정체성과 사회화: 사회는 가족, 교육, 미디어와 같은 사회적 제도를 통해 개인의 정체성을 형성하는 데 중요한 역할을 한다.

2. 개인과 국민국가: (a) 시민권 및 충성심: 개인은 국민 국가의 시민이며 법률 또는 헌법에 의해 보장된 권리(예: 투표, 이동의 자유)를 가지며 해당 국가의 통치 및 법률에 충성해야 한다. (b) 참여: 개인은 투표, 행동주의, 시민 참여를 통해 국가에 영향을 미칠 수 있다. (c) 법적, 경제적 역할: 국민국가는 의료, 교육, 보안과 같은 서비스를 제공하면서 법률과 정책을 통해 개인의 행동을 규제하는 경우가 많다.

3. 사회와 국민국가: (a) 사회 계약: 국민 국가는 사회를 조직하고 통치하기 위해 존재하며, 사회적 가치를 반영하는 법률을 집행하고 질서와 안정성을 보장한다. (b) 문화적 정체성: 민족 국가는 종종 사회의 문화, 역사 및 전통을 반영하며, 이는 사회 내의 다양성에 따라 일

체감 또는 갈등을 일으킬 수 있다. (c) 규제와 개발(Regulation and Development): 국민국가는 정책 입안, 경제적 관리, 사회적 결속력 또는 경우에 따라 분열 촉진을 통해 사회를 형성한다.

4. 긴장과 도전: (a) 개인 대 국가 권력: 개인이 권위주의적 통치, 감시 또는 차별과 같은 국가에 의해 자신의 권리가 제한된다고 느낄 때 긴장이 발생한다. (b) 사회 대 개인의 자율성: 사회적 규범은 특히 집단주의 또는 전통 사회에서 개인의 자유를 억압할 수 있다. (c) 세계화와 국민국가 주권(Nation-State Sovereignty): 세계화를 통해 사회가 상호 연결됨에 따라, 국민국가의 권위는 종종 초국가적 기구(예: UN, 다국적 기업)에 의해 도전을 받는다.

5. 현대적 맥락에서의 상호 작용: (a) 민주주의 국가에서 이 세 가지 개체 간의 균형은 개인의 자유, 사회적 복지 및 효과적인 국가 통치를 강조한다. (b) 권위주의 체제에서는 국민 국가가 종종 지배하여 사회적 또는 국가가 정의한 목표를 위해 개인의 권리를 억압한다. (c) 기후 변화, 이주, 디지털 거버넌스와 같은 새로운 글로벌 문제는 개인, 사회 및 민족 국가 간의 전통적인 역할과 관계를 재고할 것을 요구한다.

B. 사회계약과 일반의지(Social Contract and General Will)

사회 계약과 일반 의지의 개념은 계몽주의의 가장 영향력 있는 사상가 중 한 명인 장자크 루소의 정치 철학이 중심적인 역할을 한다. 그는 저서 '사회 계약론'(Social Contract, 1762)에서, 개인들이 사회를 형성하고 상호 이익을 위해 그 규칙을 준수하기로 하는 암묵적인 합의를 유도하였다. 주요 아이디어는 다음과 같다. **1. 사회의 형성:** 자연 상태의 인간은 자유롭고 평등 했지만 고립된 삶을 살았다. 시간이 지나면서 공동의 필요를 해결하기 위해 사회 구조가 생겨났다. 사회 계약은 개인들이 집단의 안전과 질서를 위해 일부 개인의 자유를 포기하는 자발적인 합의를 나타낸다. **2. 권위의 정당성:** 정치적 권위는 피통치자의 집단적 동의에서 파생될 때만 정당하다. 주권은 통치자에게가 아니라 국민에게 있으며, 법은 집단의 의지를 반영해야 한다. **3. 협력을 통한 자유:** 사회계약을 체결함으로써 개인은 '시민적 자유'를 얻게 되는데, 이는 자의적 권위에 종속되는 것이 아니라 집단적으로 만든 법 아래 살아가는 데서 비롯된다.

일반 의지의 개념은 루소의 정치 이론의 중심이며 사회 계약과 밀접하게 연결되어 있다. 그것은 공동선을 목표로 하는 사람들의 집단적 의지를 의미한다. 1. 일반의지는 모든 시민의 공통된 이익이며, 개인의 욕구를 초월하고 사회 전체에 가장 좋은 것에 초점을 맞춘다. 2. 개인의지와 구별: 개인 또는 그룹별 의지는 개인적 이익에 초점을 맞출 수 있으나, 일반의지는 더 넓은 공익을 나타낸다. 3. 주권은 일반의지에 있다. 그에 따라 내려진 법과 결정은 공동선을 반영하기 때문에 정당하다. 4. 민주주의와 참여: 일반의지는 시민들이 의사 결정에 적극적으로 참여하는 집단 숙의와 직접 민주주의를 통해 표현된다. 5. 일반의지에 대한 복종: 루소는 개인이 일반의지(General Will) 에 복종할 때 진정으로 자유롭다고 주장한다.

루소의 아이디어는 강점으로 1. 민주주의, 집단적 의사 결정 및 공공선에 대한 그의 강조는 나중에 민주주의 운동에 영감을 주었다. 2. 집단적 책임에 대한 초점은 시민권과 통치에 대한 현대의 논의에서 영향력을 행사하고 있다. 반면 비평가들은 다음 약점을 지적하였다. 1. 일반의지의 개념이 모호하고 해석의 여지가 있다. 2. 일반의지가 오용될 경우 소수의 목소리를 억압하거나 권위주의를 정당화할 수 있다고 우려한다. 3. 루소의 아이디어는 이상주의로 높은 수준의 시민적 미덕과 참여를 가정하며, 크고 다양한 사회에서는 현실적이지 않을 수 있다고 우려한다. 루소는 현대 정치 사상, 특히 민주주의와 공화정 체제의 발전에 깊은 영향을 미쳤다. 사회계약론과 일반의지의 개념은 헌법, 인권, 집단정의 운동에도 영향을 미쳤다.

인간의 생명은 자연(신)이 주는 것으로, 태어나면서 자유롭게 생각하고 행동하며 노동으로 재산을 모은다. 생명-자유-재산은 타고난 권리이며 이는 인간의 법에 선행한다. 홉스, 로크, 루소 등 사회 계약론자들에 의하면, 인간이 제한된 자연자원으로 개인의 욕망을 채우기 위하여 만인에 의한 만인의 투쟁을 전개하므로, 개인은 권리를 보호하고 방어하기 위하여, 자발적으로 자신의 권리를 공동체에 위임하고 그 일원이 되어 스스로 동의한 의무에 복종한다. 공동체는 사회계약에 따라 정부를 구성하고 일반의지(General Will)에 의해 통치하며, 개인은 그 속에서 자유를 누린다. 개인은 국가나 사회를 구성하는 기본단위로서, 지적-정서적-신체적으로 역량을 균형 있게 개발하여, 자신이 자유롭게 선택한 직장에서 구성원의 역할을 하게 된다.

C. 개인과 국가 & 국가와 국제관계

개인이 국가를 구성하고, 국가는 개인과 사회계약에 따라 국민의 안전과 번영(공통선)을 추구한다. [개인]의 명시된 의무는 납세, 국방, 교육, 근로, 환경보전 등이나, 이에 더하여 첫째 개인은 잠재력을 키우고 직업적 전문성을 개발하여 생산성 있는 개체가 되어야 하고, 둘째 국가의 주인으로 정부가 민주주의 시장경제 체제를 지키고 자유-평등-

정의를 구현하는가를 감독해야 한다. [국가]는 개인의 기본적 사회적 욕구를 충족하는 소임을 다해야 한다. 기본적 욕구는 안전보장과 경제성장이며, 사회적 욕구는 국내적으로 자유롭고 평등하며 정의로운 사회를 보장하는 것이고, 국제적으로 자유로운 교류를 통하여 상호 이해와 협력을 증진하는 것이다. 따라서 개인은 자신의 능력을 개발하여 선택한 직업에서 생산을 극대화하고 정부의 역할을 감시하며, 국가는 개인의 역할을 통합하고 자유-평등-정의를 구현하며, 외교-국방-경제 정책을 바르게 세워 평화와 번영을 가져오도록 해야 한다.

D. 문제의 제기

[개인이나 기업]이 우수한 성취를 이룬다고 하더라도 국가가 이를 통합하지 못하거나, 국가가 내치 외치에서 최선의 정책을 세워 집행하더라도 개인이나 기업이 부실하면 안정과 번영을 달성하기 어렵다. 마찬가지로 [국가와 국제관계]에서 상위체계인 국제질서가 한 국가에 미치는 영향이 지대하여, 국제질서를 이끌어 가는 초강대국이 아닌 군소국가는 국제질서에 순응하여 자국의 이익을 보호한다. 러시아는 전통적으로 흑해 지역에서 터키를 누르고 제해권을 확보하여 지중해로 진출하려고 노력해 왔다. 그러나 크리미아 전쟁(1853-56)에서 영국과 프랑스가 러시아의 남진을 우려하여 터키를 지원하자, 러시아는 패전하여 지중해의 제해권을 상실하고 이를 회복하는 데 20년이 걸렸다. 1991년 소련이 붕괴하여 크리미아는 우크라이나의 영토가 되었으나, 2014년 러시아가 크리미아를 침공하여 지배하게 되었고, 2022년에 시작한 러시아-우크라이나 전쟁은 아직도 진행 중이다. 이처럼 역사는 군사력이나 경제력에 의하여 국제관계가 바뀌고 [국제질서가 변화]하였다. 다음에서 1815년 이후의 국제관계를 살펴본다.

I. 빈 회의와 유럽협조 실패

1815년 빈체제(Conference of Vienna)는 나폴레옹 전쟁의 전승국들이 유럽의 정치체제를 프랑스혁명 이전의 보수적 왕정으로 복귀할 것을 결정하였으나, 유럽은 이미 자유와 평등을 추구하는 새로운 혁명의 물결이 넘쳐흘러 되돌아갈 수가 없게 되었다.

A. 자유주의와 민족주의: 프랑스혁명은 유럽에 자유주의(Liberalism) 사상을 널리 전파하였다. 나폴레옹 전쟁은 인명과 재산의 손실과 함께 피정복 국가가 정치적 자주권의 상실하여, 그들의 분노와 증오는 애국심과 국민국가를 갈망하는 민족주의(Nationalism)를 불러왔다. 한편 프랑스는(왕조가 아닌) 국가와 국민을 지키는 징병제로 전환하여, 나폴레옹 군대는 승리의 자부심과 애국심으로 민족주의 정신을 갖게 되었다.

B. 산업혁명과 사회주의: 영국의회는 1832년부터 여러 차례에 걸쳐 개혁 법안을 통과시켜 노동자의 복지를 개선하였다. 유럽은 산업혁명으로 노동여건이 나빠지고 빈부격차가 커지는 가운데 프랑스는 노동운동이나 민주화 욕구를 억압하였고, 1848년 혁명으로 왕정이 폐지되고 공화정을 수립하여 나폴레옹 3세를 대통령으로 선출하였다. 이때 마르크스와 엥겔스는 공산당 선언을 발표하고 계급투쟁으로 대중을 선동하였다. [우리의 역사는 계급투쟁 역사이다. 자본가계급을 타도하

고 공산주의 혁명으로 지배계급이 떨게 하라. 노동자 계급은 쇠사슬 외에는 아무것도 잃을 것이 없다. 그들에겐 승리할 세상만 있을 뿐이 다. 노동자 계급이여 단결하라.]

C. 크림 전쟁(1853-56): 러시아가(오스만 튀르크가 지배하는) 몰다비 아 공국과 왈라키아 공국을 침공하여 오스만 제국과 전쟁이 발발하였 다. 러시아의 발칸 진출에 위협을 느낀 영국과 프랑스는 러시아에 선 전포고하고 오스트리아는 중립을 취하였다. 러시아는 크림반도를 거 점으로 연합군과 싸웠으나 대패하여, 흑해에서 제해권을 상실하고 러 시아 해군은 20년간 흑해에 접근하지 못하였다. 이로써 프랑스혁명 이전의 왕정으로 복귀하려는 빈체제는 붕괴되었다.

II. 국가 권력의 형성과 제국주의

프러시아는 오스트리아와 전쟁(1866) 및 프랑스와 전쟁(1870-71)에서 승리하여 독일제국을 선포하였다. 가리발디의 지도력은 1861년 이탈 리아를 통일하고, 1866년 오스트리아군의 철수로 베네치아와 로마가 통합되었다. 러시아-터키 전쟁(1877-78)으로 베를린 회의에서 발칸제 국 독립을 인정하였다. 독일과 이탈리아가 식민지 정복에 나서면서, 유럽 국가들은 아프리카와 아시아에서 영토와 자원을 탐하여 제국주 의 식민지 전쟁을 하였다.

A. 아메리카에서의 제국주의: 미국은 멕시코와 전쟁(1846-48) 으로 텍 사스를 병합하여 멕시코와 국경선이 리오그란데로 변하고, 지금의 캘 리포니아, 네바다, 유타, 아리조나, 뉴멕시코주가 미국에 편입되고, 미 국의 영토는 대서양 연안에서부터 태평양 연안까지 확장되었고, 대서 양 횡단철도 건설과 인디언 전쟁으로 인하여 미국인들이 서부로 집단

이주하였다. 미국은 스페인과 전쟁(1898)으로 파리조약에서, 스페인은 쿠바를 포기하고 필리핀, 괌, 푸에르토리코를 미국에 양도하였으며, 파나마 운하의 개통과 함께 미국은 태평양에서 전략적 거점을 확보하였다.

B. 아프리카의 분할: 1871-1900 기간에 아프리카는 유럽 제국주의의 침략, 외교적 압박, 군사적 공격 등으로 정복되어 식민지로 변하였다. 후발 주자인 독일은 모로코와 알제리 등에서 프랑스의 지배에 도전하였고, 프랑스는 콩고 일부를 독일에 양도하여 위기를 해결하였다.

C. 아시아에서 제국주의: 네덜란드는 1815년부터 자바섬을 포함하여 인도네시아를 점령하였고, 다음 10년 간에 영국은 싱가포르, 말레이반도, 북보르네오를 장악하고 수마트라를 요구하였으며, 인도를 식민지로 만들었다, 프랑스는 인도차이나를 식민지로 만들고, 독일은 동뉴기니어, 마샬 군도, 솔로몬 군도를 병합하였다. 중국은 아편전쟁(1856-60), 태평천국의 난(1850-64), 의화단 운동(1899-1901)으로 외세의 침략에 계속 저항하였다. 일본은 1868년 메이지 시대를 열어, 서구 문명을 모방하여 20년 이상 근대화의 노력으로 국력을 신장하여 청일전쟁(1895)과 러일전쟁(1905)에 승리하고 조선과 만주를 식민지로 만들었다.

III. 세계대전과 냉전

발칸동맹은 1912년 10월에 오토만을 공격하여 제1차 발칸전쟁(1912-13)으로 터키는 발칸에서 많은 영토를 상실하였다. 그러나 영토 배분을 둘러싸고 불가리아는 마케도니아 지방 전부를 차지하려고 세르비아와 그리스에 선전포고하여 1913년 6월 제2차 발칸전쟁이 일어나 40여일 만에 불가리아는 항복하였다. 불가리아는 제1차 전쟁에서 잃은 영토를 대부분 상실하였으며, 터키는 유럽에서 완전히 철수하였다.

A. 제1차 세계대전(1914-39)은 상호방위동맹, 제국주의 경쟁, 군국주의, 민족주의를 배경으로 독일의 팽창정책에 대항하는 러시아-프랑스-영국의 연합세력이 발칸에서 충돌하여 전개된 세계 전쟁이다. 1917년 10월 러시아군은 혁명으로 철수하고, 1918년 여름 미국의 병력이 유럽에 도착하여 전쟁을 승리로 마감하였다. 베르사유 조약은 독일의 군사력을 약화시키고 재기불능의 전쟁배상을 부과하였으며, 국제연맹을 창설하였다.

B. 제2차 세계대전(1939-45): 1930년대 대공황으로 유럽 안보체제가 붕괴하고, 독일은 나치가 정권을 장악하여 군대를 재무장하였다. 2차 대전은 연합국(영국, 소련, 미국 등)과 추축국(독일, 이탈리아, 일본 등)이 대적한 전쟁으로, 히틀러의 독일군이 1939년 9월 폴란드 서부국경을 침공하고 스탈린의 소련군이 폴란드 동부 국경을 침공하여 시작된 전쟁이다. 유럽 전선은 1945년 5월 베를린이 함락되었고, 아시아-태평양 전선은 8월 미국의 원폭 투하로 일본이 항복하였다.

C. 냉전과 국지전(1945-85): 전후 세계는 미국과 소련의 양극체제가 시작되었다. 미국은 마셜 계획으로 유럽의 전후복구를 지원하고, 소련은 공산주의 위성국가로 세력을 확장하며, 양대 진영 간에 냉전이 진행되었다. 그 결과 한국전쟁(1950-53), 베트남전쟁(1955-75), 아랍-이스라엘 6일 전쟁(1967) 등의 국지전이 전개되었다. 한편 아시아와 아프리카에서는 민족자결주의의 정신에 따라 자국의 정치체제를 결정하여 독립 국가를 건설하였다. 그러나 정치와 경제의 상호작용으로 국제질서는 유동적으로 움직여, 1973년 OPEC 석유 수출금지가 국제정치에 크게 영향을 미쳤다.

IV. 세계화와 새로운 도전(1985-2015)

소련의 붕괴와 자본주의로의 변천: 1991년 1월 모스크바에서 10만 명이 고르바초프의 사임을 요구하는 시위가 일어나 동년 12월 그는 사임하고 옐친 대통령이 러시아 연방을 통치하고 위성국들은 독립하였다. 블라디미르 푸틴 대통령이 옐친을 계승하여 2000-08 기간에 석유와 가스 가격의 인상으로 지속적 경제성장을 성취하였다. 우크라이나와 전쟁중인 푸틴은 2030년에 대통령 임기가 만료되면 30년을 집권한 스탈린과 대등하게 된다.

유럽의 통합: 유럽연합은 2024년에 27개 회원국(4억 5천만 인구) 의 정치-경제 통합체이며, 회원국은 단일 시장을 구성하며 단일 화폐인 유로를 사용한다. 회원국 간에는 무역장벽이 철폐되어 사람과 물자의 통행이 자유롭다, EU는 공동 외교 안보정책을 취하고 있으며, 2025년에 32개 회원국이 북대서양 조약기구(NATO)에 가입하였고, 비가입 국가는 군사적으로 중립적이다. EU는 평화유지군에 참여하여 세계 분쟁지역에서 활동한다.

중국의 팽창: 중국은 덩샤오핑이 해안지역에 경제특구를 개방하여 시장경제의 이득으로 공산주의 정치체제를 유지해 왔다. 중국은 미국의 지원으로 2001년 12월 세계무역기구(WTO)에 가입하고, 무역과 투자에서 비약적으로 성장하였다. 그러나 중국 경제는 정부에 의한 자원의 배분, 비전문적 기업경영, 과도한 부채에 의존한 투자, 빈부 간의 소득 격차, 활동인구의 감소, 정부 보조금 지급, 환율의 정부 개입, 만연한 부패 등의 문제가 있다. 중국이 지배하는 신장, 티베트, 홍콩에서 자유와 인권을 침해한다는 비판을 받아 왔다. 중국은 스프래틀리 군도를

점령하고 영유권을 주장하며 군사기지를 건설하고 인접국들과 영토 분쟁을 해 왔다. 미국은 지금 중국의 팽창주의 정책에 대해 봉쇄 정책으로 대응하고 있다.

여타 문제: 아프리카는 민족 분쟁, 독재, 저개발 경제의 문제에 직면해 있다. 중동은 이스라엘-팔레스타인 문제가 잠재적으로 남아있고, 이란은 정치개혁과 핵무기 개발 문제를 우려한다. 라틴 아메리카는 민주주의, 시장경제, 지역 안보, 마약과의 전쟁이 시급하다. 새로운 세기는 국제협력, 경제관리, 군비 통제, 비정부 기구의 역할이 중요하다.

V. 국제관계: 현실주의와 국민주의로 환원

A. 자유주의(Liberalism): 국제 사회는 여러 통로로 연결되어 있다. 국가 관계의 의제는 복합적 이슈이므로 군사적 이슈가 계급제도가 없는 의제를 지배하지 못한다. 복잡한 상호의존적 이슈가 우세하면, 군사력은 타 정부를 향하여 사용하지 못한다. 따라서 정책수단으로 군사력 의존은 감소하고, 경제나 상호의존적 다른 수단이 국가 간 협력 가능성을 키운다.

참조: Robert O. Keohane & Joseph S. Nye, *Power and Interdependence: World Politics and Transition(Boston, MA: Brown University Press, 1977).*

B. 현실주의(Realism): 국제관계는 무정부 상태이므로 비군사적 협력에 의존하는 자유주의가 작동하지 못한다. 국가는 생존 수단이다. 자유주의는 개인의 자유나 권리에 초점을 두지만, 사회 집단의 권익을 위해서는 취약하다. 반대로 국가주의는 국가이익에 초점을 두고 있다. 따라서 미국은 자유주의 주도권 정책을 버리고, 현실주의적 억제외교 정책을 펴야 한다.

참조: John J. Mearsheimer, *The Great Delusion: Liberal Dreams and Inter -national Relations(New Haven, CT: Yale University Press, 2018).*

C. 국민주의(Nationalism): 이는 단일 민족의 경우 민족주의로서 국가를 구성하는 국민의 이익을 최우선으로 하는 애국주의이다. 구 소련의 해체 이후에 미국은 유일한 초강대국으로 자유주의 기치아래 세계화를 추구하였다. 그러나 중국의 부상과 러시아의 도전으로 인하여 미국의 외교정책은 다시 현실주의와 국민주의로 돌아와 미국은 MAGA 에 환호하였다.

참조: The New Nationalism(8 Essays), *Foreign Affairs 98(2)(March/April 2019), 10-68.*

1991년 소련이 해체되자 세계는 자유주의 물결이 국가 간의 장벽을 허물고 사람과 물자의 교류를 촉진하였다. 미국 지도자들은 중국 경제가 좋아지면 정치 민주화를 가져온다는 기대에서, 저개발국인 중국을 2001년 세계무역기구에 가입시키고 투자와 무역에서 최 수혜국으로 대우하였다. 그러나 중국 회사들은 정부의 보조금을 받으면서 서방의 기술을 무제한 복사하여 시장에서 불평등하게 경쟁하였다. 중국의 경제력이 급격히 성장하고 군사력이 증가하자, 위협을 느낀 트럼프 행정부는 2018년부터 중국에 대한 무역 및 기술제재를 강화하기 시작하였다. 지금 미국은 중국의 경제발전 속도를 억제하고, 자국의 공급체계를 조정하며, 연구개발에 투자하여 4차 산업혁명의 첨단기술을 선도하기 위하여, 아시아-태평양 지역에서 봉쇄전략으로 군사동맹을 강화하고 있다. 만일 남지나 해를 불법 점거한 중국이 대만을 침공하면 미국과 군사적 대결이 불가피할 것이다. 미국과 중국 간의 패권 전쟁은 양국이 당면한 복잡한 주제이다.

1. 헤게모니 경쟁: (a) 권력 전이 이론(Power Transition Theory): 이 이론은 신흥 강대국(중국)이 기존 패권국(미국)에 도전할 때 충돌의 위험이 증가한다고 제안한다. 역사적으로 이러한 변화(예: 20세기 초 영국과 독일 사이)는 종종 전쟁으로 이어졌다. (b) 현재의 역학 관계: 미국은 여전히 지배적인 세계 강대국이지만 중국의 급속한 경제 성장, 군사 확장 및 기술 발전으로 인해 경쟁 구도가 형성되었다. 중국은 일대일로(一帶一路: 육상·해상 실크로드)를 추진하고 남중국해의 도서

에 임으로 군사기지를 건설하는 등 독단적인 태도로 미국의 영향력에 도전하고 있다.

2. 경제적 상호의존성: (a) 상호 의존: 미국과 중국은 경제적으로 깊이 얽혀 있다. 중국은 주요 무역 파트너이며 상당한 부채를 안고 있는 반면, 미국 기업들은 중국 제조 및 시장에 의존하고 있다. (b) 잠재적 디커플링: 특히 반도체, AI, 희토류 광물과 같은 부문에서 긴장이 고조됨에 따라 경제적 '디커플링'을 향한 노력이 가속화되고 있다.

3. 군사적 고려 사항: (a) 미국의 강점: 미국은 글로벌 군사적 영향력, 동맹(예: NATO, 일본, 한국, 호주), 스텔스 기술 및 사이버 전쟁과 같은 분야의 첨단 역량을 자랑한다. (b) 중국의 전략: 중국은 특히 인도 태평양에서 지역 패권에 초점을 맞추고 있다. 북한의 반접근/지역거부(A2/AD) 전략과 극초음속 미사일, 우주 기술, 해군에 대한 투자는 국경 인근에서 미국의 개입에 대응하기 위해 고안되었다. (c) 발화점으로서의 대만: 대만은 여전히 직접적인 충돌의 가장 가능성이 높은 방아쇠로 남아 있다. 중국은 타이완을 분리독립한 지역으로 간주하는 반면, 미국은 타이완 방어를 지원하고 있어 매우 위험한 시나리오가 형성되고 있다.

4. 외교적, 문화적 요인: (a) 동맹과 영향력: 미국은 자신의 위치를 유지하기 위해 동맹 네트워크에 의존하는 반면, 중국은 경제적 인센티브와 소프트 파워를 사용하여 특히 남반구에서 영향력을 구축한다. (b) 가치와 거버넌스: 민주주의 대 권위주의라는 이데올로기적 분열은 경쟁을 부추긴다. 두 나라 모두 자국의 시스템을 글로벌 거버넌스의 모델로 홍보하고 있다.

5. 에스컬레이션 위험 오판: (a) 남중국해에서의 사건, 사이버 공격 또는 군사 자산과 관련된 사고는 더 광범위한 분쟁으로 확대될 수 있다. (b) 투키디데스의 함정: 역사학자 그레이엄 앨리슨(Graham Allison)은 부상하는 강대국과 지배 강대국 간의 전쟁은 불가피한 것이 아니라 피하기 위해 신중한 관리가 필요하다고 주장한다.

6. 전쟁에 대한 제약: (a) 핵 억지력: 두 나라 모두 핵무기를 보유하고 있어 대규모 전쟁은 매우 파괴적이며 바람직하지 않다. (b) 글로벌 영향: 미중 전쟁은 세계 경제를 불안정하게 만들고 공급망을 혼란에 빠뜨리며 수십억 명의 삶에 영향을 미칠 것이다.

가능한 결과: (a) 냉전 2.0: 미국과 소련의 냉전과 유사하게 대리 전쟁, 경제적 경쟁, 기술 경쟁을 포함하는 직접적인 군사적 충돌 없는 장기간의 경쟁이 가능하다. (b) 관리된 경쟁: 특정 영역(예: 기후 변화, 세계 보건)에서 협력하면서 다른 영역에서는 경쟁을한다. (c) 갈등: 가능성은 낮지만 국지전이나 세계전은 오판이나 대만과 같은 위기로 인해 발생할 수 있다. 이 마라톤 경주에서, 미국과 여타국가들(the rest)의 발전 속도에 의하여 그 간격이 결정될 것이다. 지금 미국은 최상의 자유민주주의 정치제도, 식량과 에너지의 자급자족과 시장경제, 대양으로 보호된 대륙에 적정의 인구를 가지고 있다. 그러나 중국을 포함한 후진국들이 빠르게 발전하여 미국이 만들어놓은 세계질서에 도전하고 있다.

I. 미국형 자유 자본주의: 경제성장과 소득분배의 문제

A. 개인의 시작조건의 문제: 개인소득의 근원은 자본과 노동이다. 부유한 가정에서 태어난 사람은 자신의 노동에서 오는 소득 이외에, 상속받은 자본으로부터 임대료나 이자를 받아 소득을 추가한다. 가난한 가정에 태어난 사람은 자신의 노동으로 가져오는 소득이 전부이다. 부유한 가정의 자녀들은 좋은 여건으로 최고 수준의 교육을 받을 수 있어, 전문직종에서 높은 소득을 받아 개인소득의 격차는 더 커진다. 지적-정서적-신체적으로 개인 여건이 동등한 경우에, 부유한 가정과 가난한 가정에 태어난 사람 사이에 개인소득의 격차가 자연히 발생하여, 세대 간에 신분 상승과 계층 이동이 어렵게 된다.

B. 정부 능력의 한계: 자본주의 경제는 이윤을 추구하여 경제성장에서 효율을 극대화하기 때문에 빈부의 소득 격차가 당연히 발생한다. 민주주의 정치는 자유를 추구하며 모두가 평등하게 잘 살게 하려고 정책을 수립하여 집행한다. 정부가 부자에게 많은 세금을 징수하여 사회 간접자본에 투자하고, 교육과 의료지원을 향상하여 저 소득층에 복지혜택을 증진한다. 그러나 일정 기간에 한 국가의 가용자원이 제한되어 복지의 요구를 완전히 충족할 수 없다. 만일 정부가 과도한 세금을 징수하면 납세자들이 저항하여, 국가는 법과 질서를 유지하기 어렵다. 따라서 경제성장(효율)과 소득분배(평등)는 정책적인 타협을 하게 된다.

C. **성장과 분배의 교환관계:** 국민 총생산에서 성장 위주의 경제정책은 투자(I) 부분이 증가하고, 분배 위주의 정책은 소비(C) 부분이 증가한다. 제한된 가용자원에서 투자가 증가하면 소비가 감소하고 그 반대도 성립한다. 이를테면, 자원 배분을 [투자:소비]에서 7:3 또는 3:7 비율을 택하면, 전자(투자우선)는 현재의 내핍을 요구하나 미래에 풍요를 수확하고, 후자(소비우선)는 현재의 소비로 만족하나 미래에 소득감소로 고통을 받는다. 자유민주주의 체제에서 경제정책이 성장과 분배 사이에서 시계추와 같이 좌우로 움직여 제3의 길에서 적절한 타협을 하게된다.

II. 중국식 정치 자본주의: 자원 배분의 문제

'중국식 정치 자본주의'는 현대 중국의 정치 및 경제 시스템의 독특한 혼합을 설명하는 데 자주 사용되는 용어이다. 이 체제는 시장 자본주의의 요소와 강력한 국가 통제 및 중국 공산당(CCP)의 지도 아래 권위주의적 정치 구조를 결합한다. 다음은 주요 기능과 역할에 대한 개요이다.

1. 핵심특성: (a) 국가 주도 경제: 정부는 경제 발전을 이끄는 데 중심적인 역할을 한다. 국영 기업(SOE)은 에너지, 통신, 은행 및 운송과 같은 핵심 부문을 지배한다. 전략 산업은 국가에 의해 엄격하게 통제되는 반면, 민간 기업은 덜 중요한 부문에서 번창하도록 장려된다. **(b) 국가 감독을 받는 시장 메커니즘:** 시장 메커니즘은 자원을 배분하고 경쟁을 장려하는 데 사용되지만, 국가는 경제의 더 넓은 방향에 대한 통제를 유지하기 위해 개입한다. '메이드 인 차이나 2025(Made in China 2025)' 이니셔티브와 같은 정책은 기술 자급자족과 글로벌 경쟁력 향

상을 목표로 한다. **(c) 정치적 통제:** 중국 공산당은 절대적인 정치적 권위를 유지하고 있다. 자유민주주의 국가에서 볼 수 있는 삼권분립은 없다. 기술적인 결정은 종종 기술 회사에 대한 엄격한 규제 또는 부패에 대한 캠페인과 같은 정책에서 볼 수 있듯이 정치적 통제는 순수한 경제적 고려보다 우선한다.

2. 정치와 자본주의의 관계: (a) 국가와 기업의 상호의존성: 민간 기업가들은 종종 국가와 밀접하게 일한다. 많은 성공한 비즈니스 리더들은 중국 공산당의 당원이거나 중국 공산당과 긴밀한 관계를 유지하고 있다. 공산당은 기업 내 당 위원회와 같은 메커니즘을 통해 민간 기업에 영향력을 행사한다. **(b) 중앙 집중식 의사 결정:** 주요 경제 정책은 중앙 정부에 의해 결정되며, 중앙 정부는 5개년 계획 및 기타 정책 도구를 사용하여 개발을 구체화한다. 지방정부는 이러한 정책을 이행하는 데 중요한 역할을 하며, 중앙과 지방의 협력과 경쟁의 역동성을 창출한다. **(c) 성장과 통제의 이중적 논리:** 경제 성장은 사회 안정을 유지하고 중국 공산당의 통치를 정당화하기 위한 수단으로 우선시된다. 그러나 민간 기업이나 부문이 너무 강력해지면 알리바바와 텐센트 같은 거대 기술 기업에 대한 단속에서 볼 수 있듯이 국가가 개입하여 통제력을 다시 주장한다.

3. 주요 성과: (a) 급속한 경제 성장: 중국의 시스템은 수억 명의 인구를 빈곤에서 벗어나게 하고 중국을 세계 2위의 경제 대국으로 변모시키는 놀라운 성장을 이뤘다. **(b) 불평등과 사회적 과제:** 성장에도 불구하고 도시와 농촌의 격차와 부유한 해안 지역과 가난한 내륙 지역 간의 불균형으로 인해 불평등은 여전히 도전 과제로 남아 있다. **(c) 글로벌 포부:** 중국은 일대일로(육상·해상 실크로드)같은 이니셔티브를 통해

경제적 영향력을 활용하여 글로벌 입지를 확대하는 동시에 지정학적 이익을 증진하고 있다.

4. 서구 자본주의와의 대조: (a) 소유 구조: 사적 소유가 서구 자본주의를 지배하는 반면, 중국의 체제는 상당한 국가 소유권을 유지하고 있다. **(b) 국가의 역할:** 중국 정부는 자유민주주의 국가에 비해 경제와 사회 문제에 훨씬 더 개입주의적이다. **(c) 정치적 맥락:** 서구 자본주의는 일반적으로 민주주의 체제 내에서 운영되는 반면, 중국의 체제는 일당 체제에 의해 엄격하게 통제된다.

Table V-4-1. Comparison between Free Capitalism & Political Capitalism
자유자본주의와 정치자본주의의 비교

Aspect	U.S. Free-Market Capitalism	Chinese Political Capitalism
Economic Growth	Driven by innovation, entrepreneurship	State-coordinated, infrastructure-heavy
Innovation	High due to private sector competition	Moderate, state-led focus on priorities
Wealth Inequality	Significant	Regional and rural-urban disparities
Government Role	Minimal regulation, laissez-faire approach	Centralized and interventionist
Stability	Cyclical booms and busts	Controlled and stable
Global Influence	Strong through trade & financial dominance	Expanding via investment and diplomacy
Environmental	Market-driven and inconsistent	State-driven, with increasing emphasis
Innovation	High due to private sector competition	Moderate, state-led focus on priorities

중국식 정치 자본주의는 시장을 개방하여 자본주의 경제체제를 도입하고 이득을 취하고 정치적으로 공산주의 체제를 유지하여, 중국 공산

당이 정치적 의지로 경제정책을 결정한다. 따라서 개방 초기에는 외국 자본의 유입과 노동집약적 상품의 효율적 생산 및 수출로 고도성장을 이루었다. 특히 일대일로 주도권으로 유럽에 이르는 도로 항만을 건설하여 중국의 정치 경제적 주도권을 확대하였다. 그러나 정치 권력이 경제를 장악하여 다음과 같은 문제에 직면하였다. (a) 자원 배분의 문제; (b) 기업경영의 문제; (c) 방만한 부채투자와 원리상환의 문제; (d) 인구 노령화와 활동인구의 감소; (e) 지역 및 계층 간 소득 격차의 문제; (f) 정부 보조 및 환율 개입; (g) 부정부패로 인한 경제적 효율이 감소; (h) 무역분쟁과 안보위협으로 국제적 제재에 직면.

III. 자유 자본주의 vs. 정치 자본주의의 충돌

도표 V-4-1. The Compromise between Economic Efficiency and Political Equality
경제적 효율과 정치적 평등의 타협

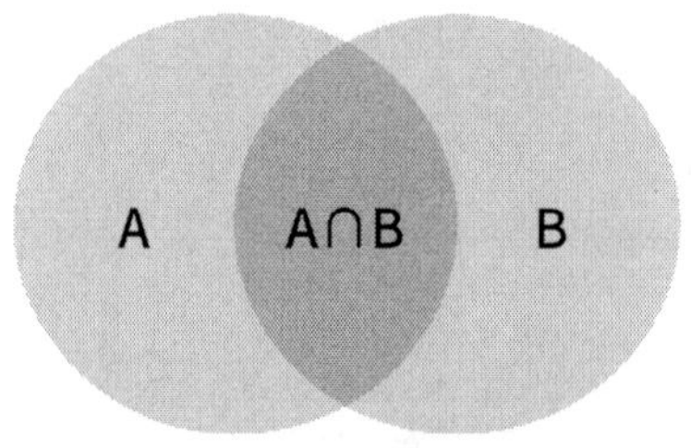

A: 자유 자본주의(성장), B: 정치 자본주의(분배), A∩B: 제3의 길(타협)

A는 자유 자본주의로 경제적 효율(Economic Efficiency)을 추구하며, B는 정치 자본주의로 정치적 평등(Political Equality)을 추구한다. 통상 미국 공화당은 성장 위주 정책(A)을, 민주당은 분배 위주 정책(B)을 추진해 왔다. 정권이 교체되면서 두 정책이 제3의 지점(A∩B)에서 타협을 이루게 된다. 따라서 민주국가에서 유권자들의 선택에 의해 성

장과 분배의 극단적 대결을 피하게 된다.

1. 자유 자본주의는 성장 위주의 효율을 추구하지만, 정치 자본주의는 분배 위주의 평등을 추구한다. 그러므로 전자는 성장과 분배의 문제에 직면하고, 후자는 자원의 배분에서 병목과 잉여(Bottlenecks and Idle Capacities)로 효율성을 상실한다.

2. 자유자본주의는 경제정책에서 성장 대 분배를 7:3 또는 3:7로 할 것인가는 선택의 문제이다. 소비를 줄이고 투자를 많이 하면 미래는 풍요 속에 기쁨이 오고, 반대로 소비를 늘리고 투자를 줄이면 현재는 풍요하나 미래는 빈곤 속에 고통이 온다.

3. 역사에 존재하는 어떤 정치제도도 자원의 제약과 정부 능력의 한계 때문에 경제정책으로 개인의 시작조건을 평등하게 해줄 수가 없다. 불평등한 시작조건을 극복하려는 개인의 노력 없이 국가의 능력은 매우 제한적이다.

결론: 미국 모델은 더 많은 자유를 제공하고 개인의 혁신에 보상을 제공하지만, 불평등과 시장 실패로 어려움을 겪는다. 중국의 모델은 급속한 성장과 빈곤 감소를 달성하지만 개인의 자유와 경제적 비효율성을 희생시킨다. 두 시스템의 장점을 결합한 하이브리드 접근 방식은 불평등, 환경 지속 가능성 및 경제적 회복력과 같은 글로벌 문제를 해결할 수 있다.

자유자본주의와 정치자본주의의 충돌 방지 대책

1. 규칙 기반 경쟁 확립: (a) WTO 개혁: 분쟁 해결, 투명성 및 집행 메커니즘 강화. (b) 공정한 경쟁 환경: 중국 내 외국 기업에 대한 공정한

대우를 요구하고 시장 왜곡 보조금을 억제. (c) 목표: 서로 다른 시스템이 전복 없이 상호작용할 수 있는 규칙 기반의 프레임워크.

2. 협력 구역을 통한 전략적 분리: (a) 국가들은 반도체나 희토류와 같은 주요 부문에 대한 의존도를 줄이면서 기후 변화, 팬데믹, AI 안전과 같은 글로벌 문제에 대해서는 여전히 협력할 수 있다. (b) 완전한 분리보다는 선택적 참여가 평화로운 공존의 길을 제시한다.

3. 두 시스템의 국내 개혁: (a) 서구에서는 보호무역 없이 경쟁할 수 있도록 교육, 인프라, 산업 전략에 재투자해야 한다. (b) 중국에서는 법적 투명성을 높이고 외국 투자자에게 더 안정적인 규칙을 보장해야 한다. (c) 상호 개혁은 의심을 줄이고 장기적인 호환성을 향상시킬 수 있다.

4. 다자주의와 중견국들: (a) EU, 인도, 일본, 한국과 같은 국가들은 규범을 중재하고 영향을 미쳐 이분법적 갈등을 줄일 수 있다. (b) 이념이 덜 갈라지는 분야에서(예: 녹색 에너지, 디지털 무역) 다자간 협정을 촉진해야 한다.

5. 경제 방화벽 구축: (a) 안보 민감 산업과 일반 상업 간의 명확한 경계를 설정해야한다. (b) 끝없는 경제 공격을 정당화하는 '모든 것이 안보' 정책을 피해야한다. 정의된 적색선은 불신과 전략적 모호성을 감소시킬 수 있다.

끝으로 다음 조건이 가능하면 두 시스템이 공존할 수 있다. (1) 정당성에 대한 상호 인정(반드시 합의가 아닐 수도 있음). (2) 규칙 기반의 프레임워크에 대한 헌신. (3) 갈등을 격화 없이 관리할 수 있는 메커니즘.

경제적 효율성과 정치적 평등은 종종 정책 결정에서 상충되는 목표를 나타낸다. 경제적 효율성은 생산량을 극대화하기 위해 자원의 최적 배분을 우선시하는 반면, 정치적 평등은 거버넌스에 대한 공정하고 공평한 참여와 권력 분배를 강조한다. 이러한 두 가지 목표 간의 충돌을 해결할 수 있는 잠재적 해결책은 다음과 같다.

1. 균형 잡힌 인센티브를 통한 누진적 과세: 정치적 평등을 보장하기 위해서는 재분배 정책이 필요할 수 있지만, 과도한 재분배는 생산성을 떨어뜨리고 경제적 효율성을 저해할 수 있다. 경제 성장을 저해하지 않으면서 사회 프로그램에 자금을 지원하는 균형 잡힌 한계 세율로 누진적 조세 제도를 시행한다. 교육, 직업 훈련 및 인프라에 대한 투자에 대한 세액 공제를 도입하여 장기적인 생산성을 촉진한다.

2. 양질의 교육에 대한 보편적 접근: 경제적 격차는 정치 참여를 제한하고 평등을 가로막는 장벽을 만들 수 있다. 교육에 대한 공평한 접근에 투자하여 모든 시민이 경제적, 정치적으로 기여할 수 있는 도구를 가질 수 있도록 한다. 양질의 공교육, 장학금 및 기술 개발 프로그램을 우선시한다.

3. 선거자금 개혁: 부유한 개인이나 집단이 정치에 불균형적인 영향력을 행사하여 정치적 평등을 훼손하는 경우가 많다. 캠페인을 위한 공공 자금 조달을 도입하고, 개인 기부금을 제한하고, 정치 자금의 투명성을 보장하여 공평한 경쟁의 장을 마련한다.

4. 근로자 대표 및 참여: 경제적 효율성은 종종 노동자의 복지보다 주주의 이익을 우선시하며, 노동자의 목소리를 소외시킴으로써 정치적 평등을 감소시킨다. 노동조합, 협동조합 비즈니스 모델 또는 이사회 대표를 통해 근로자 대표성을 강화한다. 이를 통해 노동자들은 경제적 안정과 정치적 발언권을 모두 가질 수 있다.

5. 조건부 사회복지 프로그램: 복지 프로그램은 평등을 촉진하지만 잘못 설계될 경우 비효율성을 초래할 수 있다. 고용, 교육 또는 기술 개발과 관련된 조건부 사회 복지 프로그램을 설계한다. 이를 통해 자원이 형평성과 경제적 생산성을 모두 촉진하는 데 사용되도록 한다.

6. 탈중앙화 거버넌스: 중앙집권적 거버넌스는 지역적 정치적 평등보다 국가적 효율성을 우선시한다. 지방 정부가 국가 경제 목표를 유지하면서 고유한 지역사회 요구 사항을 해결할 수 있는 분산형 거버넌스 모델을 장려한다. 연방제는 자원을 보다 공평하게 배분할 수 있다.

7. 기술 및 혁신에 투자: 정치적 평등을 달성하려는 노력은 시장을 제한하고 혁신을 둔화시킬 수 있다. 공공-민간 파트너십은 사회적 과제(예: 재생 에너지, 의료 기술 및 교육 플랫폼)를 해결하는 동시에 효율성을 개선하는 기술 발전에 자금을 지원할 수 있다.

8. 참여예산제: 경제적 효율성에 초점을 맞춘 정책은 자원 배분에서 소외된 목소리를 무시할 수 있다. 시민들이 지출 우선순위에 직접적인 영향을 미치는 참여예산 프로세스를 사용한다. 이것은 책임을 희생하지 않고 정치적 평등을 촉진한다.

9. 기본소득세 또는 음의 소득세: 불평등은 경제적 효율성(소비자 수요 감소를 통해) 과 정치적 평등(권력 집중을 통해) 을 모두 훼손한다. 기

본소득세(basic income) 또는 음의 소득세(negative income tax)를 도입하여 사회안전망을 제공하는 동시에 일자리와 기업가 정신을 장려하는 방안을 모색한다.

10. 독점의 규제: 독점은 이윤을 극대화하지만 부와 권력을 집중시킴으로써 정치적 평등을 훼손한다. 반독점 규제를 강화하여 경쟁을 촉진하고 불평등을 줄이며 경제적 역동성을 유지한다.

I. 출생여건과 인간이 평등하다는 우상(에세이)

개인의 출생환경이 인생의 운명을 결정하는 경우가 많다. 부유하고 선진한 가정에 태어난 사람과 빈곤하고 교육이 없는 가정에 태어난 사람, 그리고 심신이 우량아로 태어난 사람과 유약하게 태어난 사람은 출생에서부터 현격히 차별화된 여건에서 양육되기 때문에, 한 인생의 시작조건이 불평등에서 출발한다. 이는 신생아 자신의 선택이 아닌 운명적 출생이기 때문에 그에게 부여된 불평등은 너무나 억울하다. 이들이 자라서 자신의 직업을 선택하는데 과연 평등할 것인가? 출생부터 시작조건이 불평등한 인간 사회가 어떻게 이를 극복하여 개개인이 모두가 평등하게 할 수 있을 것인가?

우리는 이념적으로 인간은 평등하다는 우상을 가지고 살고 있으나, 일상생활의 정치 경제 사회적 측면에서 계층이 존재한다는 것을 실감한다. 부모의 유산을 받지 못한 평범한 사람들은 직장에 출근하여 열심히 일하고, 봉급을 받아서 은행 월부금 넣고, 기초 생활비, 자녀 교육비, 교통 통신 문화비 등을 제하고, 아껴서 조금씩 저축을 할 수 있으면 다행일 것이다. 보통 사람들이 자신의 힘으로 자본을 축적해서 주식이나 비트코인을 살 수 있으려면 행운이 있는 사람을 제외하고는 아마도 나이가 최소 50대는 넘어 저축이 있어야 할 것이다. 요사이 20~30대 젊은이들이 비트코인 투자로 행운을 가졌다면, 그 종잣돈은 아마도 자신이 번 돈이 아닐 것이다.

개인 소득의 근원은 자본과 노동이다. 부유한 가정에서 태어난 사람은, 자신의 노동에서 오는 소득 이외에, 상속받은 자본으로부터 임대료나 이자를 받아 소득을 추가한다. 가난한 가정에 태어난 사람은 자신의 노동으로 가져오는 소득이 전부이다. 또한, 부유한 가정의 자녀들은 좋은 여건으로 최고 수준의 교육을 받을 수 있어, 전문직종에서 높은 소득을 받게 되므로 개인 간의 소득 격차는 더욱 커지게 된다. 개인의 지적-정서적-신체적 여건이 동등한 경우에도, 부유한 가정과 가난한 가정에 태어난 사람 사이에, 특수한 경우를 제외하고는, 개인 소득의 격차가 자연히 발생하게 된다. 인간이 평등하다고 하지만, 시작 조건이 달라 실제에서 계층 간의 이동이 어렵다.

고대 그리스 사회에도 빈부의 차이가 심하여, Aristophanes는 그의 작품 속에서, 나는 모든 사람이 똑같은 분배를 받고 모든 재산은 공동으로 소유하기를 원하며, 그렇게 되면 가난하거나 부자가 없어질 것이라고 하였다. 이러한 공산주의 사상은 여러 형태로 출현하였고, 산업혁명에서 자본가와 노동자 간에 계급투쟁으로 발전하여 1848년 Karl Marx가 공산주의 선언을 하기에 이른다. 1917년에 Lenin이 러시아 공산혁명에 성공하여 73년간 국가가 통제하는 사회주의 혁명을 시험하였으나 생산성 저하로 실패하였고, 중국도 자본주의 경제 체제로 전환해 왔으나 자원의 배분에 문제가 생겨 경제가 추락하고 있다. 그러면 우리가 인간 사회를 어떻게 평등하게 할 수 있을 것인가?

유럽 국가들이 사회주의 정책을 채택하여 평등을 추구하며 시험해 보았으나 실패하여 다시 자본주의 체제로 환원하였다. 그리스 같은 나라는 지나친 복지정책 때문에 국가 부도 사태에 직면하여 지금까지 긴축 재정을 취하고 있다. 문제의 본질은, 정부가 성장 위주의 정책을 펴면 빈부 격차가 증가하고, 분배 위주의 정책을 펴면 생산성이 저하하여 경제성장이 감소한다는 것이다. 성장 위주의 정책을 펴서 경제 규모를 키워 개인에게 배분하면 성과가 있겠지만, 국민이 인내하지 못하고, 정치인들이 무상급식 등 인기 전술을 편다. 미국 경우도 공화당은 성장 위주 정책을, 민주당은 분배 위주 정책을 펴 정권이 바뀌고 정책이 바뀌어, 시계추처럼 우(성장)와 좌(분배)로 왕래하며 제3의 지점에서 적절한 타협을 하게 된다.

그러면 과연 어떤 정치 형태가 인간의 시작조건을 평등하게 할 수 있을 것인가는 해답이 없다. 정부는 부자에게 세금을 많이 거두어 사회간접자본에 투자하고, 교육 후생 의료 복지 시설을 보완하고 저소득자를 위해 혜택을 증가하려 하지만, 가용자원에 한계가 있게 마련이다. 따라서 국가가 개인의 시작조건을 평등하게 해 줄 수 없어, 각 개인이 자신의 노력으로 이를 극복하여야 한다. 또한, 각 개인이 선천적으로 가지고 있는 능력의 차이도 있으니 개인차를 극복하기 위한 각자의 의지는 더욱 중요하다. 북한 정치 체제를 생각하면, 남한 청년들이 정부를 원망하는 것은 사치스러운 생각이다.

민주정치는 모두의 행복을 위하여 가용한 자원을 효율적으로 배분하는 데 큰 역할이 있다. 수출이 감소하면 경제불황으로 발전하여 금융위기를 몰고 오게 될 수도 있다. 각 기업의 자구노력 없이 도산되는 기업마다 정부가 지원해줄 능력이 없다. 만일 집권당이 인기 위주의 사회주의 정책을 펴면 국가 부도의 위기를 가져올 수 있다는 것을 명심해야 한다. 인간이 평등하다는 것은 인도주의적 우상이다. 인간의 불평등한 시작조건을 극복하려는 개인의 자발적 의지와 꾸준한 노력 없이는 국가가 해 줄 수 있는 것은 매우 제한적이다.

[기고/김휘국] 인간이 평등하다는 우상 < 기자수첩·기고 < 기사본문 – 펜앤드마이크 (pennmike.com)(펜앤드마이크 2018년 3월 30일 게재)

II. 행복의 경제학: 당신도 행복해질 수 있다(에세이)

인간은 누구나 행복하게 살기를 원하고 그래서 행복을 추구하는 인간의 노력은 수명이 다할 때까지 계속된다. 행복이 무엇이며 어떻게 이것을 얻을 수 있는 것일까? 현재 자신의 처지는 몇 점의 행복지수가 되는 것일까? 현대인의 평균수명이 연장되어 향후 90세까지 건강하게 살 수 있다고 볼 때, 60세에 직장에서 정년 퇴직한 사람이 30년을 더 활동하게 되니 '당신은 행복해질 수 있다'는 행복의 경제학 강의가 필요해지고 있다.

행복의 정의: 행복하다고 하는 것은 자기 삶에 대한 만족의 정도라고 볼 수 있다. 자신의 일상생활에 만족하면 행복하고, 불만족하면 행복하지 못한 것이다. 따라서 행복이 무엇이며 어떻게 이를 달성할 것인가 하는 의문은 '개인이 추구하는 가치가 무엇이며 이를 어떻게 달성할 것인가'이다. 이는 경제학의 효용가치 이론(Utility Theory)으로 제한된 자원과 시간을 가지고 개인이 최대 만족을 추구한다는 뜻이다.

행복의 경제학은 목적함수(Objective Function)와 제약조건(Constraints)의 두 부분으로 나누어 생각할 수 있다. 목적함수는 사람마다 가치가 다르고, 가치가 같더라도 욕구 수준이 달라 단순화해서 기술하기 어렵다. 심리학의 동기 이론에서, 인간의 욕구는 기본적 욕구 - 사회적 욕구 - 자기실현의 욕구로 발전한다고 하였다. 개인은 욕구 수준이 달라 같은 성취에 대한 만족의 정도가 서로 다르게 마련이다.

목표의 조정: 행복의 첫째 비결은 개인의 목적함수에서 찾아볼 수 있다. 자기의 처지가 제약조건을 바꿀수록 없다면, 자기의 능력에 적합한 목표를 설정해야 한다. 욕심이 과하여 자기 능력의 한계를 벗어나면 항상 불만족스럽게 된다. 욕심을 줄여서 자기의 성취가 기대치를 초과하면 만족스러워 진다. 위를 보고 걸으면서 자신을 채찍질하고, 아래를 보고 걸으면서 자신을 위로하라는 옛말에 행복의 경제학이 자리 잡고 있다.

세상일에 욕심을 부려 늘 분주하고 거두어들이는 알곡이 적게 되면 마음고생만 하고 불만족하게 된다. 인간에게 주어진 시간이 유한하니, 자신의 능력에 맞는 목표를 설정하면 하는 일마다 결실이 있어 행복하다. 처리할 업무가 많게 되면, 우선순위를 결정해 수행하고 나머지는 버리는 것이 현명하다. 일을 끝내려 해도 다 할 수 없으니 결과는 마찬가지 이며 아쉬워한다고 달라지지 않을 것이다. 과욕은 소득 없이 피곤할 뿐이다.

제약조건의 완화: 행복의 둘째 비결은 제약조건을 완화하여 자신의 능력 밖에 설정한 목표를 달성하는 것이다. 이는 보다 공격적 방법으로 가용자원(예: 자본과 노동)을 더 많이 투입함으로써 추가소득으로 부족한 부분을 채우는 것이다. 주당 40시간 일하던 사람이 10시간 더 늘

여서 일하거나, 생산시설을 확장하여 가동하면 같은 효과를 가져올 수 있다. 이는 노동과 자본의 가용성을 확대하여 주어진 제약조건을 완화하는 것이다.

1980년대에 MIT 폴 크루그먼 교수는 동아시아 국가들의 경제발전은 투자를 증가하고 농촌의 유휴 노동력을 제조업에 고용하여, 즉 생산요소의 투입을 증가시킴으로써 경제성장을 한 것이며, 생산성 향상이 없는 성장은 한계에 도달하였다고 주장하였다. 그러나 영국의 경제 주간지 The Economist는 동아시아 국가들이 기술도입 - 연구개발 - 교육 투자를 증가하고 산업구조를 조정하여 생산성 향상을 도모한 결과 지속적으로 성장하고 있다고 보았다.

생산성 제고: 행복의 셋째 비결은 개인의 생산성을 제고하는 데 있다. 산업에서 새로운 기술과 경영방법을 도입하여 생산성을 높이는 것처럼 자기의 능력을 개발하여 과거 50시간 일해서 생산하던 것을 40시간에 해내면 되는 것이다. 이것은 물리적, 기계적 현상으로 보일지 모르나, 형이상학적인 일들에도 똑같이 적용될 것임을 생각해 보면 알 것이다.

행복을 향한 목표설정은 연령 구간별로 다르겠지만, 생산성을 향상시키는 노력은 모든 연령대에서 지속되어야 한다. 개개인의 능력 개발을 통한 생산성 향상은 거시적으로 국가 경제를 발전시키고, 소득증가로 자신이 즐길 수 있는 행복지수를 향상하게 될 것이다. 목표를 조정하는 것은 소극적 방법이며, 제약조건을 완화하여 투입요소를 늘리는 것은 곧 한계에 도달하겠지만, 생산성 제고는 무한한 가능성을 향한 도전이다. 개인이나 기업의 생산성 제고는 인류가 새로운 문명을 향하여 도약할 수 있는 현명한 수단이며, 비약적 경제성장으로 삶의 질을 높여서 인류가 추구하는 행복을 창조한다.

육사 총동창회보 제85호(2016년 3월)에 게재(47-48)

III. 한국정치가 당면한 창조적 파괴(에세이)

경제성장 우선의 독재적 경로에서 정치 후진으로 인한 기회 비용

경제학자 Joseph Schumpeter(1883-1950)가 창안한 창조적 파괴라는 개념은 오래된 제도, 산업 또는 정치 시스템을 해체하고 혁신과 진보를 위한 길을 만드는 과정을 말한다. 현재 한국 정치의 맥락에서 이 개념은 정당의 변화와 리더쉽 변화, 개혁 대 저항, 부패단속 및 제도적 변화, 그리고 새로운 정치운동의 부상 및 세대교체를 포함한다. 본질적으로 한국의 정치 체제는 낡은 구조에 도전하는 창조적 파괴의 순환을 겪어왔다.

최근에 윤석열 대통령의 계엄과 탄핵 과정에서 반국가세력이 카르텔을 형성하여 불법을 자행하고 헌정질서를 파괴하는 과정이 적나라하게 노출되어, 국민 대부분이 거짓 선동으로 가려진 사실을 인지하게 되었다. 이에 분개한 시민들은 윤대통령의 비상계엄 선포가 국민을 깨우치는 계몽령이라고 인식하게 되었고, 경향 각지에서 20-30대가 합세하여 불법과 불의를 규탄하는 거대한 대중시위가 몇 달째 째 계속되었고 대학생들과 각종 사회단체가 이에 참여하고 있다.

인류 문명은 '창조적 파괴의 모멘텀'이 추진 동력을 창출하여 정치나 경제에서 변혁을 가져왔다. 한국의 정치는 본질적으로 무엇이 문제이

고, 개혁의지가 집결하고 있는 지금의 모멘텀에서 누가 무엇을 어떻게 하여 번영하는 문명을 건설해 나갈 것인가 진지하게 생각해 본다.

첫째, 진리(Truth)가 오염되면 정의(Justice)가 존재하기 어렵다. 지난 문재인 정권은 방통위를 장악하여 언론을 조종하였고, 여론 조사기관의 도움으로 항상 높은 지지율을 보였으며, 심지어 정부의 통계까지 조작하였다. 진실이 오염되면 판단의 기준이 불명하여 정의가 희미해진다. 이러한 현상은 정권이 바뀌어도 인사의 카르텔이 지속되어 개혁을 어렵게 하였으며 한국이 정치후진국의 범주를 탈피하지 못하게 하고 있다.

둘째, 선관위는 각종 비리와 부정선거 조사를 거부하고 있다. 공병호 박사는 한국의 부정선거를 통계적으로 증명하는5권의 책을 연속적으로 출간하였다. 일부 보도는 지난 총선에서 53명의 국회의원이 선거 부정으로 당선되었다고 명단을 열거하였다. 만일 이들이 다수당을 차지하여 줄탄핵과 예산삭감으로 정부기능을 마비시켰다면 이는 무서운 내란 행위 이다.

셋째, 북한 간첩과 중국 등 외세의 정치개입 문제이다. '한국 내 초한전(超限戰) 수행 전사세력은 중국 국적 조선족, 중국인, 유학생, 비밀경찰 등을 동원하여 거대한 자금으로 댓글활동, 선거개입, 마약 밀매와 유통 등을 통해 한국 내 사이버공간 잠식·장악, 가짜뉴스 양산 및 확산 등 온갖 불법적 활동을 전개하고 있다'고 오랜 지인이 에세이에 기술하였다.

넷째, 사법기관의 견제와 균형이 제도적으로 망가졌다. 검찰과 경찰의 기능은 분명히 구분되어 있었으나, 문재인 정권은 국정원의 대공수사권과 검찰수사권의 상당부분을 전문성이 부족한 경찰에 이관시켜 검수완박의 문제를 초래하였고, 불필요한 공수처를 신설하였다. 사법기관에 종사하는 일부 검사나 판사들의 정치적 편향성도 사법 정의의 구현에 큰 장애가 되고 있다.

현 야당이 다수당으로 기소된 당수의 방탄을 위하여 줄탄핵으로 국회를 수준 이하로 운영해 온 것을 보면, 위에 열거한 문제들은 현행 정치체제로 해결하기 어렵다고 생각된다. 이 시점에서 본인이 제안하고 싶은 것은 대통령의 탄핵 기각과 함께 대담한 정치변혁을 위하여 하나의 창조적 파괴가 혁명적으로 이루어져야 한다는 것이다. 창조적파괴를 통하여 친중-친북 세력을 제거하고 굳건한 한미동맹 하에 자유 민주주의 시장경제 질서를 회복하기 위하여, 최고의 두뇌 집단이 미래지향적 전략을 세우고 단계적으로 과감하게 추진해 나가야 할 것이다.

'창조적 파괴가 혁명적으로 이루어져야 한다'는 뜻은 현 국회 해산이나 선관위 해체, 그리고 헌법개정 등을 포함할 수도 있다. 따라서 구체적으로 가용한 방책들이 무엇인가 열거하고 평가하여 최적의 방책을 채택하고 집행하는 지혜와 결단이 필요하다고 생각한다.

IMF에 의하면 한국의 1인당 국민소득은(2024년4월) 구매력 기준으로 $55,595 이며, 이는 같은 해 일본($55,521)을 추월하였고, 영국과($58,687), 프랑스($58,759), 독일($66,132)에 근접하고 있다. 한국은 반도체, 자동차, 전자제품, 선박 건조, 철강 산업, 석유화학, 배터리, 인프라 건설, 핵 발전소 건설, 방위 산업, 그리고 엔터테인먼트와 게이밍 등 다양한 분야에서 경쟁력 있게 세계시장에 진출하고 있다. 6.25 전쟁으로 폐허가 되었으나 짧은 기간에 이러한 경이적 번영을 이룬 나라는 세계에서 한국이 유일할 것이다. 개인이나 국가에 기회가 찾아오지만 이렇게 도약하는 기회는 항상 오지 않는다. 지금 세계는 치열한 경쟁속에서 기회와 위기가 공존하고 있다. 새로 나라를 세우는 결기로 국민이 단합하여 매진해야 평화와 번영을 가져올 수 있다고 믿는다.

김휘국, '한국 정치가 당면한 창조적 파괴,' 한국일보 KOREATIMES.COM
(2025년3월28일) 한국 정치가 당면한 창조적 파괴 - 미주 한국일보

IV. 자본주의의 미래(AI 의 해답)

자본주의의 미래는 경제학자, 정치 사상가 및 정책 입안자들 사이에서 중요한 논의 주제이다. 자본주의는 부와 혁신을 창출하는 데 놀라운 효과를 발휘했지만, 21세기에는 그 미래를 재편하거나 변화시킬 수 있는 몇 가지 심각한 도전과제에 직면해 있다.

A. 자본주의가 직면한 주요 도전 과제(Key Challenges Facing Capitalism)

1. 불평등(Inequality): 특히 초부유층과 중하류층 간의 부와 소득 불평등이 증가함에 따라 사회적 결속력과 경제적 이동성이 약화되고 있다. Thomas Piketty등은 자본이 소득 성장보다 더 빠르게 축적되는 경향이 있음을 보여주고 었다.

2. 기후 위기(Climate Crisis): 자본주의의 성장과 이윤에 대한 집중은 종종 환경에 해를 끼친다. 녹색 자본주의나 ESG(환경, 사회, 지배구조) 투자와 같은 기후 인식 모델에 대한 수요가 증가하고 있다.

3. 기술적 혼란(Technological Disruption): 자동화와 인공지능은 수백만 개의 일자리를 없앨 위험이 있고, 근로자들을 불안정한 임시직으로 내몰 수 있다. 플랫폼 자본주의(아마존, 우버 등)는 노동권과 데이

터 소유권에 대한 질문을 제기한다.

4. 기업의 힘과 민주주의(Corporate Power and Democracy): 다국적 기업은 종종 정부보다 더 많은 권력을 행사하며, 민주적 거버넌스와 규제에 영향을 미친다. 세금 회피, 로비, 규제 포획은 자유 시장을 왜곡한다.

5. 글로벌화 반발(Globalization Backlash): 자본주의가 특히 아시아에서 수십억 명을 빈곤에서 구했지만, 서구의 산업을 잠식시켜 대중주의와 보호무역주의로 이어졌다.

B. 새로운 동향과 대안(Emerging Trends and Alternative)

1. 이해관계자 자본주의(Stakeholder Capitalism): '주주 가치'에서 '이해관계자 가치'로 이동하며, 노동자, 지역사회 및 지구에 대한 책임을 강조한다. 이는 세계 경제 포럼과 같은 단체에서 지지한다.

2. 탈성장 및 포스트 성장 경제학(Degrowth and Post-growth Economics): 일부는 무한 경제 성장이 지속 불가능하다고 주장한다. GDP 성장보다 웰빙, 지속 가능성 및 재분배에 중점을 둔다.

3. 보편적 기본 소득 및 복지 혁신(Universal Basic Income and Welfare Innovation): UBI는 AI와 자동화로 인한 일자리 손실 문제를 해결하기 위해 제안되며, 모두를 위한 안전망을 보장한다.

4. 사회민주적 자본주의(Social Democratic Capitalism): 북유럽 스타일의 시스템은 자본주의 경제 내에서 재분배, 노동 보호 및 공공 서비스를 강조한다.

5. 디지털 및 플랫폼 협동 모델(Digital and Platform Cooperative Models): 근로자 소유 앱 및 분산 금융과 같은 협동적 플랫폼은 전통적인 기업 구조에 도전한다.

C. 지정학적 및 지역적 변동(Geopolitical and Regional Variations)

1. 중국은 시장 역학과 엄격한 정치적 통제를 혼합한 국가 자본주의를 계속하고 있다. 2. 미국은 자유 시장 자본주의 쪽으로 기울고 있지만 불평등과 사회 정의 문제를 해결하라는 압박을 받고 있다. 3. 유럽은 더 엄격하게 규제되고 사회적으로 책임 있는 자본주의를 채택하고 있지만, 고령화 인구와 이민 문제에 직면해 있다.

D. 가능한 시나리오(Possible Scenarios)

1. 개혁: 자본주의는 규제, 지속 가능성, 이해관계자 참여를 통해 발전한다. 2. 붕괴: 위기(기후, 불평등) 가 심화되면 자본주의는 대체되거나 대폭 구조조정될 수 있다. 3. 하이브리드 시스템: 시장 경제와 사회주의, 협동 소유 또는 디지털 거버넌스의 혼합을 고려할 수 있다.

E. 대안적 관점(Alternative Perspectives)

자본주의가 하이브리드 시스템이나 완전히 새로운 시스템으로 진화한다면 어떨까?

1. 인간 중심 자본주의로의 이행(Transition to Human-Centered Capitalism): 이윤과 GDP 에만 초점을 맞추는 대신, 기업 시스템이 인간의 복지를 우선시 할 수 있다. (a) 행복 경제(Happiness Economy): 부탄과 같은 국가에서 영감을 받은 기업은 직원 및 사회적 웰빙을 기반으로 국민 총 행복을 측정할 수 있다. (b) 목적 지향 기

업(Purpose-Driven Companies): 이윤이 사회적 영향에 비해 부차적 조직인 혜택 기업이 더 많이 등장할 수 있다.

2. 협력적 자본주의(Collaborative Capitalism)의 부상: 공유 소유권 및 협력 모델은 전통적인 계층 구조에 도전할 수 있다. (a) 협동조합 및 분산 자율조직(Co-Ops & DAOs): 탈중앙화 자율 조직(블록체인을 통해)은 민주적 의사 결정을 가능하게 하여 기업에서 커뮤니티로 권력을 재분배한다. (b) 긱 이코노미(Gig Economy) 2.0: 우버(Uber)와 같은 플랫폼은 중앙화된 거대 기업이 아닌 노동자 소유 네트워크로 진화할 수 있다.

3. 위기에 따른 재구상(A Crisis-Driven Reimagining): 자본주의는 외부의 압력에 의해 급격히 변화할 수 있다. (a) 위기 후 적응: 팬데믹, 기후 재난 또는 경제 붕괴와 같은 사건은 정부가 사회주의와 자본주의(예: 보편적 의료 또는 주택)를 병합하여 더 큰 역할을 하도록 강요할 수 있다. (b) 자원 부족: 자원이 줄어들면서 자본주의는 끝없는 성장에서 자원 배분으로 초점을 옮겨 배급제 경제나 엄격한 생태학적 제한으로 이어질 수 있다.

4. 윤리적 AI 자본주의(Ethical AI Capitalism): AI는 자본주의에서 '가치'의 의미를 재정의할 수 있다. (a) 화폐로서의 윤리: 소비자는 윤리적인 생산 프로세스를 요구할 수 있으며, 기업은 경쟁력을 유지하기 위해 'AI 윤리 인증'을 채택할 수 있다. (b) AI 기반 재분배: 정부는 AI 시스템을 배포하여 자원을 효율적으로 재분배하거나 공공재를 관리하여 불평등을 줄일 수 있다.

5. 퇴근 후의 경제(Post-Work Economy): 직업이 점점 더 자동화되

면 노동의 개념 자체가 해체될 수 있다. (a) 여가 자본주의(Leisure Capitalism): 자동화를 통해 기본적인 욕구가 충족되면 사람들은 창의성, 여가 또는 사회적 활동에 더 많은 시간을 할애할 수 있다. (b) 문화 자본(Cultural Capital): 부는 화폐 시스템에서 문화적 명성으로 이동할 수 있으며, 영향력, 창의성 또는 디지털 상태가 전통적인 자본을 대체한다고 생각해 보라.

F. 자본주의 미래에 대한 결론

1. 자본주의의 미래는 완전한 대체보다는 지속적인 진화를 포함할 가능성이 높다. 이 시스템은 시장 메커니즘, 이해관계자의 압력, 그리고 규제 개입을 통해 자기 수정 능력을 보여주고 있다. 그러나 변화의 속도와 깊이는 자본주의가 불평등, 환경 지속 가능성, 그리고 민주적 정당성과 관련된 근본적인 도전에 얼마나 효과적으로 대응할 수 있는지에 달려 있다.

2. 이 진화를 형성하는 주요 트렌드는 이해관계자 자본주의의 부상, AI와 자동화를 통한 기술 혁신, 재생 가능한 비즈니스 모델을 추동하는 기후 요구사항, 그리고 새로운 형태의 국가 자본주의적 거버넌스를 만드는 지정학적 경쟁을 포함한다. 결과는 정책 선택, 사회 운동, 그리고 자본주의 기관이 변화하는 사회적 기대와 환경적 제약에 얼마나 잘 적응하는지에 달려 있다.

3. 단일한 미래보다는, 우리는 지역마다 다르게 발전하는 여러 가지 자본주의 변형을 볼 가능성이 높으며, 각기 지역 조건, 문화적 가치 및 정치 시스템에 맞추어져 있다. 다가오는 수십 년간의 도전 과제는 이러한 진화하는 자본주의 형태가 소수 엘리트에게 부와 권력을 집중시

키는 것이 아니라, 인류의 번영과 지구의 지속 가능성을 위해 봉사하
도록 하는 것이다.

참고문헌(REFERENCES)

Kim, Hugo W. *The Transformation of Politics, Economy, and Science: The Twenty-First Century*(History of Politics and Economy, **Book VII**). North Charleston, SC: CreateSpace, 2020. **ISBN-13: 978-1656263926**(392 pages).

본인의 상기 영문 저술 세계문명사 제7권 REFERENCES 312-320 페이지 참조
1. The Development of Modern Macroeconomics(312)
2. The Development of Modern Microeconomics(313)
3. A Historical Overview of Socialism(314-315)
4. Critiques in Neoclassical Economics: Socialism versus Capitalism(316)
5. Capitalism and Democracy: Efficiency versus Equality(317-320)

안내 말씀(NOTES)

1. 본 저서는 본인의 영문 저술 세계 문명사 제7권 *The Transformation of Politics, Economy, and Science*(2020) 에 기초하여 인공지능(AI)의 도움을 받아 보완하였습니다.

2. 본서의 '제5장 자본주의와 민주주의: 경제적 효율과 정치적 평등' 은 제목의 성격 상 본인의 한국어 전자책 *세계질서의 변화와 자본주의의 미래*(2024) 의 일부 내용을 포함하고 있으니 이를 양지해 주시기 바랍니다.

3. 본서의 일부 내용이 도표 등에서 영문과 혼용한 부분이 있으니 양해해 주시기 바랍니다.

자본주의와 사회주의 : 성장과 분배

초판 1쇄 2025년 9월 15일
지은이 김휘국
펴낸곳 한국전자도서출판
발행인 고민정
주소 서울특별시 서대문구 연희로37길 77-13 402호
홈페이지 www.koreaebooks.com
이메일 contact@koreaebooks.com
전화 1600-2591
팩스 0507-517-0001
원고투고 edit@koreaebooks.com
출판등록 제2021-000021호

ISBN 979-11-86799-62-8 (03300)